广州市轨道交通三号线北延段 土建工程技术研究

Research on the Construction Technology of Guangzhou Metro Line 3 (north extension)

黄辉 肖瑞传 仇培云 雷振宇 主编

人民交通出版社股份有限公司
China Communications Press Co.,Ltd.

内 容 提 要

本书以广州市轨道交通三号线北延段土建工程建设为工程背景,以工程建设中的科学理论、实践资料和准确数据为基础和依据,总结了三号线北延段土建工程建设过程中的技术进步、方法创新和经验教训,是一本专业性、针对性较强的轨道交通土建施工技术著作。

全书由四部分构成:第一部分主要介绍三号线北延段地质情况、勘察及设计要点,第二部分主要介绍盾构机、盾构掘进技术和辅助工程施工技术,第三部分主要介绍明挖结构施工技术、矿山法施工技术等,最后对三号线北延段整个工程实施后效及技术创新进行总结。

本书可供城市轨道交通工程土建工程设计、施工以及相关技术人员参考,并可作为大专院校、科研单位等专业人员的参考用书。

图书在版编目(CIP)数据

广州市轨道交通三号线北延段土建工程技术研究 / 黄辉等主编. — 北京:人民交通出版社股份有限公司,2017.8

ISBN 978-7-114-13233-9

Ⅰ.①广… Ⅱ.①黄… Ⅲ.①城市铁路—铁路工程—工程施工—广州市 Ⅳ.①U239.5

中国版本图书馆 CIP 数据核字(2016)第 175734 号

书　　　名:	广州市轨道交通三号线北延段土建工程技术研究
著 作 者:	黄　辉　肖瑞传　仇培云　雷振宇
责任编辑:	刘彩云
出版发行:	人民交通出版社股份有限公司
地　　　址:	(100011)北京市朝阳区安定门外外馆斜街 3 号
网　　　址:	http://www.ccpress.com.cn
销售电话:	(010)59757973
总 经 销:	人民交通出版社股份有限公司发行部
经　　　销:	各地新华书店
印　　　刷:	北京盛通印刷股份有限公司
开　　　本:	787×1092　1/16
印　　　张:	15.75
字　　　数:	350 千
版　　　次:	2017 年 8 月　第 1 版
印　　　次:	2017 年 8 月　第 1 次印刷
书　　　号:	ISBN 978-7-114-13233-9
定　　　价:	98.00 元

(有印刷、装订质量问题的图书,由本公司负责调换)

本书编委会

主　　编：黄　辉　肖瑞传　仇培云　雷振宇

副 主 编：彭洪秋　张家德　邱仕雄　黄嘉恒

主　　审：丁建隆　竺维彬　张志良　谭　文

编　　委：黄威然　李立军　张会东　罗淑仪　应　勇　赖俊鹏

　　　　　章利晖　刘国辉　熊　辉　陈志伟　周建春　魏　琴

　　　　　马子皓　梁建波　单泽深　祝思然　李世佳

鸣谢个人：杨将晓　石战利　王小忠　刘建新　梁兴林　叶雅图

　　　　　朱劲峰　李　锐　章利辉（大桥院）

主要参编单位：广州地铁集团有限公司建设事业总部

　　　　　　　广州轨道交通建设监理有限公司

　　　　　　　广州地铁设计研究院有限公司

本书著作者简介

■ 黄　辉

本书主编

教授级高工，广州地铁集团有限公司建设事业总部副总经理，时任三号线北延段土建项目部负责人

■ 肖瑞传

本书主编

高级工程师，广州地铁集团有限公司建设事业总部土建二中心工程一部副经理，时任三号线北延段广州东站—人和站负责人

■ 仇培云

本书主编

高级工程师，广州地铁集团有限公司建设事业总部质量安全部副经理，时任三号线北延段嘉禾站（南始发井）—同和站（吊出井）盾构区间土建项目部负责人

■ 雷振宇

本书主编

高级工程师，广州地铁设计院有限公司，时任三号线北延段工程设计总体

■ 彭洪秋

本书副主编

高级工程师,广州地铁集团有限公司建设事业总部土建二中心工程一部经理,三号线北延段工程管理业主主要管理人员

■ 张家德

本书副主编

高级工程师,东莞轨道交通有限公司总工程师。时任广州地铁建设总部土建二部经理,主管三号线北延段土建工程

■ 邱仕雄

本书副主编

高级工程师,广州地铁集团有限公司建设事业总部土建二中心工程一部项目部经理,三号线北延段工程管理业主管理人员

■ 黄嘉恒

本书副主编

高级工程师,广州地铁集团有限公司建设事业总部土建二中心工程一部项目部经理,三号线北延段工程管理业主管理人员

序 一

今天是个很特别的日子，回想起 19 年前的今天——1997 年 6 月 28 日，广州地铁 1 号线首通段通车，标志着当时广州市期盼 30 多年的地铁梦圆。如今，广州地铁已陪伴广州市民走过 19 年。

时光荏苒，广州经历了地铁从无到有，从 1 条线到 9 条线，从开通之初观光作用到如今成为市民日常通勤主要交通工具的过程。

中国工程院院士　施仲衡

前不久，再次收到广州地铁同仁们的《广州市轨道交通三号线北延段土建工程技术研究》研究成果初稿，令我们这些早期指导过广州地铁建设的老一辈专家感动。广州地铁在地质环境非常复杂的条件下，顺利地实现了既定的地铁建设目标，说明他们在盾构工程管理和技术上已走上成熟的道路，他们踏踏实实的科学精神值得学习和推广。

通读全书，反映出以下几个特点及创新点：

一、盾构法隧道比例最高，是当时投入盾构机最多的一条线：77％的线路采用盾构法施工，共投入了 24 台盾构机。

二、穿越岩溶发育区最长的线路：长达 9km 位于岩溶发育区，其中近 4km 在高风险区。

三、穿越密集孤石群：在梅花园至南方医院站之间发现花岗岩孤石群（在 14m×7m 的区域内竟有 30 个钻孔发现孤石，甚至一个钻孔内从上至下有 4 块之多）。

四、大规模使用先钻爆法后盾构拼装管片工法，三个区间共计近 6km 的双线隧道，提高了盾构穿越硬岩段的工效。

五、综合应用各类注浆工法，水平前进式注浆、垂直前进式注浆、水平后退式注浆、袖阀管注浆、WSS 注浆、TSS 注浆等，成功实施了富水砂层和遇水软化花岗岩残积土地层的超浅埋暗挖隧道。

六、在遇水软化花岗岩残积土地层施作了超深换乘车站燕塘站：一是基坑深达 32m；二是地下水丰富，一个抽水井的日抽水量达到 500m^3；三是地质情况复杂，车站地面 5m 以下至基底都是花岗岩残积土；四是周边环境复杂，场地狭小。

七、盾构成功掘进通过建筑物密集且岩土软硬差异巨大的区间：梅花园至燕塘盾构区间长 1780m，其中 60％为上软下硬地层且岩面起伏变化快，岩石强度最高达 180MPa，地下水极其丰富且带承压性。隧道上方的房屋多达 30 栋并且基础较差。施工中采取了多种开仓措施保证掘进，如土压平衡盾构做泥膜、土压盾构泥浆平衡掘进、洞内更换刀座、分段排气回填等新工艺。

众所周知，近年来国家经济建设的飞速发展，使得包括城市轨道交通在内的城市基础设施建设呈现出了大好形势，工程实践中涌现了很多行之有效的创新技术和创新工法，值得人们去认真总结。由众多技术人员参与撰写的《广州市轨道交通三号线北延段土建工程技术研究》就是这样一本专著，它源于建设工程第一线，对工程建设期间的诸多重大问题都进行了详细梳理，使人们有机会认识和了解广州市轨道交通建设的最新成就和取得的丰硕成果。书中不但归纳总结了通过实践证明的大量成功经验，还对工后效果进行了分析和总结，为今后工程建设提供一份可贵的参考资料。

深表祝贺，并祝不断进步！

2017 年 3 月 28 日

序 二

广州市轨道交通三号线北延段起于广州火车东站,与既有三号线连接,北至白云机场北。三号线北延段在轨道交通线网中的功能定位是加强广州市北翼发展区与城市中心区的联系,提升广州新白云国际机场综合配套水平,满足新白云国际机场的客流需求和北翼地区发展的需要。三号线北延段线路设计速度为120km/h,与既有三号线一致。由于三号线北延段直接连接了广州火车东站与广州白云机场,同时也照顾了广州北部沿线组团,所以此线路具有机场快线与一般地铁线路的双重特点,在整个广州市轨道交通线网规划中起到重要作用,对广州城市的发展具有极其深远的影响。

广州市轨道交通三号线北延段工程建设走过了一段极不平凡的艰难历程——由于规划设计及前期原因,全线至2007年3月才确定线路敷设方案,完成全线修改初步设计及专项审查工作,2007年4月首座车站燕塘站实现开工,大部分工点于2008年初实现开工,2010年10月31日即建成通车,在不到三年半的时间内建成一条长达30km的地下线,这在世界地铁建设史上亦少见,其中土建工程工期最短时间不足两年,压力之大可想而知。期间,工程建设者遇到了众多难以想象的困难,面对地质条件非常复杂、周边环境条件极其恶劣、施工风险无比巨大等复杂局面,他们不畏艰难,团结一致,克服一切艰难困苦,充分发挥自己的智慧和才干,勇于创新,续写了广州地铁建设事业的新篇章。

广州地区地质情况复杂,号称地质博物馆,地铁施工难度和风险均较大,这一点在轨道交通三号线北延段尤其明显。三号线北延段沿线经过广州市区最主要的断裂带——瘦狗岭断裂和广从断裂,在广州东至同和段为花岗岩地层,岩石球状风化体发育;同和至嘉禾段为灰岩地段,土洞和溶洞发育;人和至机场南段富水砂层发育。三号线北延段土建工程建设,开创了国内轨道交通建设的诸多先河,其建设过程中综合应用了明挖法、盾构法、矿山法等多种工法以及花岗岩球状风化体、岩溶、砂层发育地层加固和预处理技术,其工程规模和车站基坑深度等技术指标均位居广州市轨道交通建设项目的前列,相关先进工法的大规模综合成功应用,其技术难度之大和涵盖范围之广,都使得本工程具有鲜明的技术特色和创新之处。

本书以广州市轨道交通三号线北延段土建工程建设为工程背景,以工程建设中的实践资料和准确数据为基础,总结了三号线北延段土建工程建设过程中的技术进步、方法创新和经验教训。本书内容丰富、数据翔实、图文并茂。书中详细讨论了三号线北延段土建工程所遇到的难题,成功采用新工法、新工艺克服困难的过程,并列举了大量工程实例。该书深入浅出、理论联系实际,对促进广州市轨道交通建设事业的科技创新与技术进步,以及对全国轨道交通建设都具有十分重要的参考意义。

  本书由我公司建设事业总部全程参与了三号线北延段建设的土建工程技术管理者,利用工作之余在有限的时间内完成。从组织讨论写作工作大纲到正式付梓印刷,无不凝聚着大家的智慧和辛劳。在此,特向广州市轨道交通三号线北延段工程全体参建人员表示衷心的感谢!

广州地铁集团有限公司董事长 丁建隆

2017 年 3 月 28 日

前　言

本书以广州市轨道交通三号线北延段土建工程建设为工程背景,以工程建设中的科学理论、实践资料和准确数据为基础和依据,总结了三号线北延段土建工程建设过程中的技术进步、方法创新和经验教训,是一本专业性、针对性较强的地铁土建施工技术著作。全书由以下四部分构成:

勘察设计篇主要介绍三号线北延段地质情况、勘察及设计要点。

盾构工法篇主要介绍盾构机、盾构掘进技术和辅助工程施工技术。

明挖及矿山法篇主要介绍明挖结构施工技术、矿山法施工技术等。

最后对三号线北延段整个工程实施后效及技术创新进行总结。

广州市轨道交通三号线北延段起于广州火车东站,与既有三号线连接,北至白云机场北,是轨道交通三号线的北延伸线。三号线北延段加强北翼发展区与城市中心区的联系,同时适迎 2010 年亚运会的召开,提升广州新白云国际机场综合配套水平,满足新机场的客流需求和北翼地区发展的需要。三号线北延段试验性工点于 2005 年 11 月 18 日开工,2008 年 6 月全部土建工点进场开工,2010 年 10 月 31 日建成开通。回顾不长的建设岁月,三号线北延段土建工程建设过程历历在目,最终在全体参建者的共同努力下,高质量、高标准建成并开通运营。

作为这项工程的参与者,我们一直有一个愿望,那就是把工程建设过程的经历及时总结成书,让更多的人了解建设过程中的经验和教训,以此为契机,让更多有幸从事这项事业的人能创造出更多的精品工程。基于这样的出发点,我们选择工程项目克服的难题及创新技术、工法等相关内容拟订了写作大纲,利用工作之余在有限的时间内收集资料、整理和写作,在初稿的基础上,经过反复讨论和修改,形成修改稿,经过专家组认真审核后又进行了多次修改,最终由黄辉统稿完成全部书稿。

本书作为新的工作起点,承载着我们的梦想和自豪,激励着我们去开创更美好的未来。最后向广州地铁集团有限公司副总经理竺维彬、总工程师张志良、副总工程师谭文全程指导本书写作、审阅书稿表示衷心的感谢,向付出辛勤劳动的全体参建者、专家、学者,向本书全体参编人员、审稿专家表示衷心的感谢!

承蒙我国著名地铁工程专家、中国工程院院士施仲衡在百忙之中审阅本书书稿并为之作序,广州地铁集团有限公司董事长丁建隆指导本书写作、审阅书稿并欣然作序,人民交通出版社股份有限公司副总编陈志敏在审校书稿、提高全书出版质量方面付出的辛劳,作者在此一并表示衷心的感谢!

限于时间关系和作者的水平,难免会有片面的认识甚者是错误之处,希望专家和作者批评指正,以便我们积累经验,更好地为地铁建设事业服务。

全体编者

2017 年 3 月

目 录

勘察设计篇

第一章 综述 /3
第一节 建设标准 …………………………………………………………… 3
第二节 工程综述 …………………………………………………………… 4
第三节 地质综述 …………………………………………………………… 4
第四节 技术特点 …………………………………………………………… 6

第二章 工程地质与勘察 /7
第一节 全线地质特点 ……………………………………………………… 7
第二节 花岗岩地层特性 …………………………………………………… 12
第三节 石灰岩地层特性 …………………………………………………… 14
第四节 开创性勘察 ………………………………………………………… 14

第三章 土建设计 /18
第一节 土建结构设计 ……………………………………………………… 18
第二节 换乘站设计 ………………………………………………………… 24
第三节 岩溶处理设计 ……………………………………………………… 26

盾构工法篇

第四章 工程风险分析与盾构选型 /35
第一节 典型地层工程风险分析 …………………………………………… 35
第二节 典型地层盾构选型 ………………………………………………… 37
第三节 土压平衡盾构机选型及对比 ……………………………………… 39
第四节 泥水平衡盾构机选型及对比 ……………………………………… 47

第五章 花岗岩地层盾构掘进及辅助工法 /55
第一节 全断面硬岩掘进 …………………………………………………… 55
第二节 上软下硬地层穿越建(构)筑物掘进 ……………………………… 62
第三节 花岗岩球状风化体预处理及掘进 ………………………………… 74
第四节 盾构换刀 …………………………………………………………… 85
第五节 盾构空推过矿山法隧道 …………………………………………… 97

第六章 石灰岩地层盾构掘进及辅助工法 /114
第一节 石灰岩地层盾构隧道概况 ………………………………………… 114

第二节　溶、土洞处理施工 …………………………………… 116
　　第三节　盾构掘进 …………………………………………… 120

第七章　富水砂层盾构掘进及辅助工法　/ 129
　　第一节　盾构端头加固及始发到达 …………………………… 129
　　第二节　土压平衡盾构掘进 …………………………………… 143
　　第三节　泥水盾构掘进 ………………………………………… 152

明挖及矿山法篇

第八章　明挖工法　/ 169
　　第一节　石灰岩地层明挖工法风险分析 ……………………… 169
　　第二节　石灰岩地层明挖工法基底加固 ……………………… 172
　　第三节　花岗岩残积土地层明挖工法风险分析 ……………… 176
　　第四节　花岗岩残积土层降水试验 …………………………… 177
　　第五节　花岗岩残积土地层超深基坑施工 …………………… 187
　　第六节　富水砂层车站基坑施工 ……………………………… 190
　　第七节　富水砂层竖井开挖联络通道施工 …………………… 197

第九章　矿山法工法　/ 200
　　第一节　花岗岩残积土地层矿山法 …………………………… 200
　　第二节　高水头裂隙发育带穿越建筑物 ……………………… 202
　　第三节　富水砂层浅埋暗挖法技术 …………………………… 214

后　　记

第十章　工程后效及创新　/ 225
　　第一节　工程建设项目管理 …………………………………… 225
　　第二节　工后效果 ……………………………………………… 231
　　第三节　技术创新 ……………………………………………… 235

第一章 综　　述

第一节　建设标准

广州市轨道交通三号线北延段起于广州东站,与既有三号线连接,北至新白云国际机场北,是轨道交通三号线的北延伸线。线路设计起点里程为 Y(Z)DK0＋036,终点里程为 Y(Z)DK-30-801.3,全长约 30.9km。三号线北延段共设 12 座车站,全部为地下站,平均站间距为 2.6km,最大站间距为 6.29km(嘉禾望岗站—龙归站),最小站间距为 0.95km(永泰站—白云大道北站)。三座车站(燕塘站、嘉禾望岗站、高增站)与其他轨道交通线有换乘关系。

一、功能定位

三号线北延段在轨道交通线网中的功能定位是加强北翼发展区与城市中心区的联系,支持北翼地区的发展,同时配合 2010 年亚运会的召开,提升广州新白云国际机场综合配套水平,满足新国际机场的客流需求和北翼地区发展的需要。

二、建设标准

(1)三号线北延段线路设计时速为目前国内地铁最高设计时速,达到 120km/h。
(2)由于三号线北延段直接连接了广州东站与新白云国际机场,同时也照顾了广州北部沿线组团,所以此线路具有机场快线与一般地铁线路的双重特点。

三、列车类型

为了适应大客流以及在三号线原有线路上混跑的需求,三号线北延段列车选型为 B 型车,采用-A＋B＋C×C＋B＋A-六节编组。每个独立的车辆单元由 A、B、C 车组成,一单元内的三辆车之间通过半永久车钩进行机械连接,两个单元以半自动车钩联挂。电气连接通过固定在车辆之间的跨接电缆实现,气动功能则通过用于连接车辆的软管进行传递。六节编组列车长约 140m,宽 2.8m。设计最高运行速度为 120km/h,直流 1500V 供电。车体结构为轻量化、整体承载、大型中空挤压铝合金型材全焊接结构,运用成熟的"V"字形车体。地板、车顶、侧墙、端墙采用隔热、隔声、环保材料。

如图 1-1 所示,三号线北延段列车外形采用流线型结构,车身两边颜色以白色、橙色和银色色带为主,车头色彩图案"飞机"飞翔造型,动感十足。列车的外玻璃窗宽阔通透,现代感十足。每节车每侧设置 5 对密封性良好的电动塞拉门。每节车客室的两侧各有 3 个长座椅,沿车厢纵向靠墙布置,座椅廓形按人机工程学要求设计,表面采用压纹的不锈钢制成。

客室立柱扶手采用表面经过阳极氧化处理的铝合金材料。车厢内墙面与天花板以米白色调为主，使列车客室显得清爽优雅。

图 1-1　三号线北延段列车及内部

第二节　工程综述

广州地区地质情况复杂，号称地质博物馆，地铁施工难度和风险均较大，这一点在轨道交通三号线北延段尤其明显。三号线北延段全长 30.9km，其中需新建线路 29.2km，改造线路 1.7km（原机场轻轨试验段土建工程已于 2002 年与新机场航站楼同步建成），全线共设 12 座车站（含未建机场北站），全部为地下线。全线 7.8km 花岗岩残积土、孤石地带，9.8km 岩溶发育地带，5.3km 深厚富水砂层地带，密布着 10 余座车站、7 处中间风井、41 个联络通道、66 次盾构端头加固，工程风险极大。

该线路建设时间十分紧迫，2007 年 4 月才完成土建工程的初步设计审查，2007 年 9 月才完成土建工程招标，其中最后一座车站开工在 2008 年 6 月，但必须在 2010 年亚运会召开之前建成通车。要在三年的时间内建成这条全长 30.9km 的地下线，无论是工期风险还是安全风险均极大。在广州地铁各级建设者的高度重视、科学决策下，三号线北延段土建工程车站主体于 2009 年底全部完成、区间隧道于 2010 年 4 月全线贯通、附属工程于 2010 年 7 月底全部完成，全线于 2010 年 10 月 30 日开通，从而为亚运会提供了高素质的运行服务。

第三节　地质综述

三号线北延段沿线经过广州市区最主要的断裂带——瘦狗岭断裂和广从断裂，在广州东至同和段为花岗岩地层，岩石球状风化体发育；同和站—嘉禾站区间为石灰岩地段，土洞和溶洞发育；人和站—机场南站区间富水砂层发育。如图 1-2 所示，三号线北延段沿线通过了广州市主要的四大类地层——砂岩地层、石灰岩地层、花岗岩地层、混合岩地层，遭遇了广州地区主要的不良地质条件——富水砂层、断裂带、溶土洞、花岗岩孤石等。具体来说可以划分为：

（1）永泰站以南的花岗岩地层：即广州东站—永泰站区间均属于花岗岩地层，长约 8.6km。涉及四站五区间，即燕塘站、梅花园站、京溪南方医院站、同和站及广州东站—燕塘站区间、燕塘站—梅花园站区间、梅花园站—京溪南方医院站区间、京溪南方医院站—同和站区间、同和站—永泰站区间。该地层上部风化土具有遇水软化、崩解的性状,基坑施工风险大;同时球状风化体即孤石发育,给盾构掘进带来重大影响。

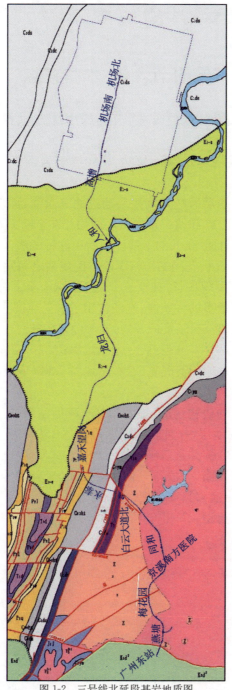

图 1-2　三号线北延段基岩地质图

(2)永泰站以北的岩溶地区:永泰至 6 标始发井以北 600m 约 5.7km、10 标始发井至机场南约 3.3km 为岩溶地区,总长约 9km。涉及两座车站五个盾构标,即白云大道北站、高增站及施工 4 标、5 标、6 标、10 标、11 标。经统计,左右线共有 3890m 隧道底板下 5m 深度范围以内遇到中微风化石灰岩,有1989m长隧道洞身范围内遇到中微风化石灰岩和泥灰岩。

(3)龙归站至机场段的富水砂层问题:从龙归站以北到机场南站第四系富水砂层发育,总长约10.2km,中部穿越流溪河,包括施工7标、8标、9标、10标、11标以及人和站、高增站,局部在全断面砂层掘进。

第四节 技 术 特 点

(1)盾构法隧道比例最高:77%的线路采用盾构法施工,共投入了24台盾构机,为当时投入盾构机最多的一条线。

(2)穿越岩溶发育区最长的线路:长达9km位于岩溶发育区,其中近4km在高风险区。

(3)最多使用钻爆法开挖后盾构管片拼装通过的一条线:燕塘站—梅花园站区间、梅花园站—京溪南方医院站区间、同和站—永泰站区间均存在全断面花岗岩硬岩,使用钻爆法开挖后盾构拼装管片通过,累计近3km的单线隧道使用这种工法。

(4)遭遇最密集孤石群:在梅花园站—京溪南方医院站之间发现花岗岩孤石群(在14m×7m的区域内竟有30个钻孔发现孤石,甚至一个钻孔内从上至下有4块之多)。

(5)应用各类注浆工法最多的一条线:全线应用了水平前进式注浆、垂直前进式注浆、水平后退式注浆、袖阀管注浆、WSS注浆、TSS注浆等注浆工艺。

(6)风险最大的地铁车站——燕塘站:一是基坑深达32m;二是地下水丰富,一个抽水井的日抽水量达到500m^3;三是地质情况复杂,车站地面5m以下至基底都是花岗岩残积土;四是周边环境复杂,场地狭小。

(7)岩土软硬差异巨大的盾构区间:梅花园站—燕塘站盾构区间长1780m,岩面起伏变化快,遇到60%的上软下硬地层,并且岩石强度最高达180MPa,地下水极其丰富且带承压性。隧道上方的房屋多达30栋并且基础较差。施工中采取了土压平衡盾构做泥膜、泥浆平衡土压盾构掘进、洞内更换刀座、分段排气回填等新工艺、新措施来克服这些困难。整个工程盾构先后共开仓27次,更换刀具343把。

(8)埋深最大的地铁隧道:广州东站—燕塘站区间下穿瘦狗岭断裂,隧道最大埋深113m。

第二章　工程地质与勘察

第一节　全线地质特点

一、地貌

广州市轨道交通三号线北延段主要分为三个地貌段：

广州东站—燕塘站为低山丘陵地貌。本段线路自广州东站向北出发，下穿瘦狗岭断裂和较密集的房屋。沿线地面高程25.6～130.6m，高差105m，地形起伏大。

燕塘站—永泰站沿线为剥蚀残丘和山间冲洪积小盆地。线路经过区地表为公路、房屋、工厂和学校等，地面高程16.6～54.9m，高差38.3m，地形起伏较大。

永泰站—机场北站为广花冲积平原，地形较平坦、开阔，地面高程7.78～23.85m，地形略有起伏。沿线地表多为公路、农田及低层民居。其中，龙归站—人和站区间线路下穿流溪河，下穿河流处河面宽约185m。

二、断裂

沿线附近的断裂主要有瘦狗岭断裂、景泰坑—梅花园断裂、广从断裂、磨刀坑断裂，以及新市—嘉禾向斜中的次级断裂等。

(一)瘦狗岭断裂

瘦狗岭断裂是区内重要的控制性构造，东西向断层。其西起白云山南麓的马鞍山，经瘦狗岭、吉山东至横沙新村，则被文冲断层右旋错移至庙头村，并向东延伸，西部被马鞍山断层所截切，长约18km。走向为90°～110°，西段走向为90°，中段走向为100°，东段走向为110°，向南倾，倾角一般为50°～60°，局部为35°和68°。以构造岩为主，其次为硅化构造角砾岩和硅化破碎岩，并残留一部分挤压构造岩及糜棱岩，表明该断层具有多期活动特点，早期有过低角度的韧性变形，后期为高角度的脆性变形。瘦狗岭断裂属于晚第四纪活动断裂，进入全新世后活动迹象不明显，断裂沿现在的广源东路(原为瘦狗岭路)北面的瘦狗岭山脚部位通过，断裂位置距线路起点南端约150m。

(二)景泰坑—梅花园断裂

该断裂西起景泰坑，东止于梅花园，走向北东50°～60°，倾角较陡。在梅花园站的南侧通过。受断裂影响，梅花园一带基岩风化强烈，发育有风化深槽。

(三) 广从断裂

广从断裂北起从化区的良口,向南经温泉、从化、神岗至三元里附近潜伏于第四系之下,并向南延伸。主断面在广州以北清楚显示舒缓波状,呈北北东向延伸。总体走向北东30°~50°,断面倾向北西,倾角60°~70°。断裂带宽几米至数十米。断裂生成于加里东运动,在海西—印支构造阶段控制着广花凹陷的形成。燕山晚期至喜马拉雅早期对龙归盆地的形成和演变起一定的控制作用,也是区域控岩、控热结构。早期多表现为张性断裂,晚期多表现为压性断裂。广从断裂带常与其他方向断裂交接切错,本区内广从断裂被磨刀坑断层切断,出现错移现象。

(四) 磨刀坑断裂

本断裂出露于磨刀坑一带,长约5km,断裂走向NW320°左右,倾向南西,倾角45°,为平移右旋断层。它切过广从断裂,使三叠系与石炭系地层左旋错动相接。在马鞍山附近见许多构造岩分布在山坡上,变粒岩具片理化现象。

(五) 新市—嘉禾向斜中市次级断裂

在新市—嘉禾向斜的东南翼发育一组走向断裂,这组断裂的走向大致与岩层走向一致,呈北东向,倾角陡缓不一。发育另一组为横断裂,呈北西向,切断走向断裂,形成棋盘状。

三、褶皱

三号线北延段自广从断裂至新机场为广花复式向斜的东翼,该复向斜轴向以北北东向为主,往南收敛,往北或往北东面撒开,复向斜略呈"帚状"。三号线北延段经过广花复式向斜中的新市—嘉禾向斜的东翼、龙归向斜和凤朝庄背斜。

(一) 新市—嘉禾向斜

向斜轴向北北东,长15km以上,宽约6km,槽部为下三叠统,两翼依次为下二叠统、中上石炭统和下石炭统,东北翼岩层倾向北西,西北翼倾向南东,两翼倾角较陡,均在50°~60°,为一个轴面直立对称向斜。根据二叠系地层分布向北变宽、向南变窄,可知向斜枢纽向南翘起、向北倾没。此外,该向斜中亦有纵向断层和横向断层破坏其完整性,北端为第三系所覆盖。

(二) 龙归向斜

为第四系冲积—洪积层覆盖,向斜轴向大致呈南北向延伸,北部至花都,南至嘉禾,地层倾角很缓,约8°~13°,组成地层为第三系莘庄村组、宝月组的泥岩、钙质泥岩、泥质粉砂岩、泥灰岩、石灰岩、砾岩等。

(三)凤朝庄背斜

位于高增至机场北,为第四系冲积—洪积层覆盖,背斜轴向大致与线路基本一致,呈北东向展布,南端至矮岗一带被第三系覆盖,北至花东镇,凤朝庄背斜的东南为李溪圩向斜,西北为九传湖向斜,南东翼地层倾向 SE130°,倾角 50°~80°,北西翼倾向 NW320°,倾角 40°~50°,较南东翼平缓,而轴部较宽缓,为箱式背斜。

四、地层与岩性

沿线发育的地层有下古生界震旦系(Z),上古生界石炭系(C),中生界二叠系(P)、三叠系(T),新生界第三系(E)和第四系(Q),以及燕山期侵入岩(γ)。

(一)第四系(Q)

第四系包括全新统(Q_4)和上更新统(Q_3),其下缺失中更新统和下更新统。第四系冲积—洪积层由人工填土(Q_4^{ml})、淤泥—淤泥质土、河湖相沉积淤泥质土层(Q_4^{al})、洪积—冲积砂层、土层(Q_3^{al+pl})组成。第四系沿线路方向广泛分布。

(二)第三系(E)

第三系主要分布在永泰站—高增站一带,属第三系下统莘庄村组地层,是一套下粗上细的红色地层,其下部为暗红色砾岩、砂砾岩、含砾砂岩,中上部为暗红色至灰色的泥质粉砂岩、粉砂质泥岩与泥灰岩、石灰岩、泥岩、钙质粉砂岩互层。普遍具交错层理。其泥灰岩和石灰岩中,局部发育岩溶。

(三)三叠系(T)

线路中三叠系主要分布在永泰站一带,为内陆湖泊相的碎屑及碳酸盐沉积建造,属三叠系小坪组(T_3^x)地层,岩性主要为炭质页岩、泥岩及砂岩,岩性较为复杂。

(四)二叠系(P)

沿线主要分布在永泰至嘉禾一带发育二叠系栖霞组(P_1q)地层,主要岩性为炭质泥岩、炭质石灰岩、粉砂岩、石灰岩等,岩性复杂。

(五)石炭系(C)

中上统壶天群($C_{2+3}ht$):发育于永泰村及高增站。矮岗站及南侧部分钻孔钻透第三系莘庄组粉砂岩后揭示到壶天群石灰岩。该地层中,岩溶剧烈发育。

下统大塘阶测水组(C_1dc):发育于永泰站后,岩性主要为石灰岩、炭质灰岩、炭质页岩、泥灰岩,岩性较为复杂。该地层中,岩溶较发育。

下统大塘阶石磴子组(C_1ds):主要发育于永泰站、高增站—机场北站,岩性为石灰岩,岩溶剧烈发育。

(六)震旦系(Z)

震旦系发育于梅花园站前后以及白云供水管理所至永泰站一带，是一套变质程度深浅不一的变质岩系，主要岩性为混合花岗岩、花岗片麻岩等，地表出露岩石多被强烈风化。

(七)燕山期侵入岩(γ_5^{3-1})

燕山期侵入岩发育于燕塘、京溪南方医院、同和一带，为燕山三期侵入岩，岩性主要为中粗粒花岗岩，中粗粒结构，块状构造。

五、岩土分区及其特点

依据沿线的地貌、地质构造、岩土特征、水文地质等条件进行地质单元划分。按上述地质条件的差异，将沿线划分成两个地质单元。

(一)广州东站—永泰站(I单元)

1. 地质单元划分

为低山丘陵地貌，沿线有剥蚀残丘和山间小盆地。第四系土层厚度变化较大，其中冲积—洪积砂层部分地段分布，软土零星分布，残积层和全～强风化带，厚度较大，下伏基岩为震旦系变质岩及燕山期侵入岩。不良地质作用有软土震陷、砂土液化、风化深槽、花岗岩球状风化。特殊岩土有冲积—洪积淤泥质土、花岗岩类残积土和风化岩。变质岩及花岗岩残积土层和全～强风化带，具有遇水软化、崩解特点，岩石中微风化带，岩质坚硬，强度较高。第四系冲积—洪积砂层分布在山间小盆地，地下水富水程度中等，花岗岩和变质岩强风化带和中风化带在地形低洼处，富水性稍好。

2. 工程地质条件

本段软土零星分布，厚度不大，埋藏较浅。在京溪南方医院至同和一带，冲积—洪积砂层分布较广，富水性、透水性较好。本段残积土及风化岩由燕山期花岗岩、震旦系混合花岗岩或花岗岩片麻岩等风化残积而成，花岗岩、花岗岩片麻残积土层及其全风化带和强风化带具有遇水易软化、崩解的特点，遇水后承载力、强度、自稳性会急剧降低。各阶段勘察都在地表风化壳中揭露到花岗岩和变质岩球状风化(孤石)，孤石风化程度既有中风化亦有微风化，残积土层至基岩强风化带均揭露到孤石发育，孤石发育平面位置及深度规律性不明显。

本段变质岩和花岗岩交替出现，局部地段微风化岩面突起。花岗岩和变质岩中风化带及微风化带岩石抗压强度高，中风化岩一般为较硬岩，微风化岩属坚硬岩。受原始地貌及断裂构造影响，局部岩面突起，局部发育风化深槽。

(二)永泰站—机场北站(II单元)

1. 地质单元划分

为广花冲积平原，地形较平坦。第四系冲积—洪积砂层、土层分布广泛，且厚度较大，下伏基岩为石炭系、二叠系、三叠系、第三系地层,岩性复杂,其中在石灰岩、泥灰岩分布区,岩溶发育。不良地质作用有软土震陷、砂土液化和岩溶。特殊岩土有零星透镜状分布的软土。沿线石炭系、二叠系、第三系地层中岩溶发育,工程地质条件复杂。第四系冲积—洪积砂层分布广泛,厚度大,补给条件较好,地下水丰富。岩溶发育区地下水丰富。

2. 工程地质条件

人工填土层分布广泛,主要为杂填土、素填土,部分地段为耕植土,欠压实～稍压实,局部可能存在上层滞水。人工填土层对施工影响甚微。冲积—洪积砂层分布广泛,厚度较大,地下水位较浅且水量丰富,补给条件较好。在 7 度地震烈度下,松散饱和的粉细砂层会产生轻微至中等液化。冲积—洪积土层为粉质黏土、黏土和粉土,分布广泛,层厚变化较大,为弱～微透水层,有一定的承载能力和自稳能力。冲积—洪积淤泥质土层零星分布,厚度较薄,透水性差,易压缩变形,强度低,自稳能力差。残积土层为碎屑岩风化而成,局部为石灰岩风化而成,主要为粉质黏土,厚度变化较大,具有遇水软化、失水干裂等特点。

本段基岩包括碎屑岩和石灰岩两种类型。石炭系、二叠系、三叠系和第三系地层碎屑岩岩性复杂,主要岩性有泥岩、粉砂岩、泥灰岩、炭质页岩、石英砂岩等。碎屑岩强风化带和中风化带风化裂隙较发育,含地下水,但富水程度较差,软弱夹层较多,为软质岩。石炭系、二叠系和第三系地层中石灰岩分布较广,且岩溶较为发育,局部位置岩面处发育有土洞。

六、水文地质条件

(一)广州东站—永泰站(Ⅰ单元)

本段地下水类型有松散岩类孔隙水、块状基岩风化裂隙水及断层水。

本段松散岩类孔隙水主要赋存于冲积—洪积砂层中,其主要发育地段为京溪南方医院至同和一带,砂层分布范围较广,地下水较丰富,砂层综合渗透系数为 5～25m/d。本段基岩为变质岩或岩浆岩,岩石为块状构造,基岩裂隙小,基岩水主要赋存于花岗岩和变质岩强风化带和中风化带中,地下水富水性不强,在山沟谷口处,地下水相对较丰富,根据抽水试验资料和地质经验,渗透系数为多数在 0.1～0.5m/d。断层水赋存于瘦狗岭断裂、景泰坑—梅花园断裂、磨刀坑断裂通过的地段,受断裂的影响,基岩破碎,裂隙发育,在断裂破碎带附近地下水水量丰富,分布不均匀。

综合各阶段水质分析结果,大多数水样对混凝土结构无腐蚀性,对钢筋混凝土结构中的钢筋有弱腐蚀性,对钢结构有弱腐蚀性。

(二)永泰站—机场北站(Ⅱ单元)

本段地下水类型有松散岩类孔隙水、层状基岩裂隙水、岩溶水及断层水。

本段松散岩类孔隙水主要赋存于冲积—洪积砂层中,砂层厚度较大,分布范围广,补给条件较好,地下水丰富,渗透性强。在松散填土中亦有少量第四系孔隙水,主要为上层滞水。残积土层和岩石全风化带含水贫乏,渗透性较差。

本段层状基岩裂隙水主要赋存于第三系红色碎屑岩类强风化和中风化带,由于风化裂隙大部分被泥质充填,故其富水性不大,岩体大部分完整,透水性较弱。岩溶水主要赋存于石炭系、二叠系及第三系碳酸盐岩中,溶蚀裂隙和溶洞发育,水量中等～丰富。在广从断裂通过的地段,受断裂的影响,基岩破碎,裂隙发育,在断裂破碎带附近地下水水量丰富,分布不均匀。

综合各阶段水质分析结果,除少数水样对混凝土有弱腐蚀性以及对混凝土结构中的钢筋有弱腐蚀性外,大部分水样对混凝土结构无腐蚀性、对混凝土结构中的钢筋无腐蚀性、对钢结构有弱腐蚀性。

七、场地及地基的地震效应

根据波速测试成果,计算并判定三号线北延段沿线场地土类型为中软～中硬土,建筑场地类别均为Ⅱ类。沿线各工点均揭露到软弱土或可液化砂土,沿线场地属建筑抗震不利地段。

广州东站区间—龙归站冲积—洪积粉细砂、中粗砂、砾砂整体上为非液化土层,仅在局部地段零星分布可液化土层,液化等级为轻微～中等;龙归站—机场北站液化钻孔占统计总数的37%,其中轻微液化钻孔占液化孔数的64%,中等液化钻孔占液化孔数的22%,严重液化钻孔占液化孔数的14%。

沿线软土主要是河湖相淤泥质土,全线零星分布,呈饱和、流塑状,厚度0.60～8.65m,平均厚度2.48m。软土具含水量高、透水性差、强度低、高压缩性、高灵敏性等特征,当其受到震动时土层结构易受破坏,抗剪强度和承载力大幅度降低,引起地面或建筑物下沉。沿线淤泥质土层〈4-2〉具软土震陷特征。地震时可能因触变失去强度而产生震陷。

第二节 花岗岩地层特性

岩土形成的地质年代见表2-1。

地 质 年 代 表　　　　　　　　　表2-1

	地质年代(单位:百万年)		地层
新生代	第四纪(1.8～今)		第四系
	第三纪(65～1.8)		第三系
中生代	白垩纪(145～65)	燕山期花岗岩(205～66±2)	白垩系、侏罗系、燕山期花岗岩
	侏罗纪(213～145)		
	三叠纪(248～213)		三叠系
古生代	二叠纪(286～248)		二叠系
	石炭纪(360～286)		石炭系
	泥盆纪(410～360)		泥盆系
	志留纪(440～410)		志留系
	奥陶纪(505～440)		奥陶系
	寒武纪(544～505)		寒武系
前寒武纪(地球起源～544)			前震旦系

由表 2-1 可以看出，不同地质时代形成的原生岩层其成岩程度、变质程度、岩性、结构、构造等都会有很大的差别，盾构施工过程中出现的问题也就不一样。

比如，在广州市区北部出现的花岗岩是燕山四期形成的，在市区南部出现的花岗岩是燕山三期形成的。燕山四期花岗岩的残积层、全风化层和强风化层中残留着很多花岗岩球状风化体，给盾构施工造成极大困难。而在燕山三期花岗岩中至今还没有发现证据可靠的花岗岩球状风化体。

上述地层的差异是非常巨大的，会对盾构施工采取的对策产生极大的影响。

花岗岩的球状风化，是花岗岩岩体风化过程中特有的一种地质现象。在广州地区修建地下工程的过程中，尚未在变质岩中，包括其母岩为花岗岩的花岗片麻岩中，发现有球状风化体。

花岗岩球状风化体的特征是体量比较小，一般多为 1.0～3.0m（个别体量较大），如图 2-1、图 2-2 所示，多赋存在花岗岩的全风化〈6〉、强风化〈7〉、残积层〈5H〉中。由于它与其周围围岩的强度相差巨大，且体量小，因此不易被钻探发现。施工过程中，由于瞬间荷载突然加大，甚至会造成刀盘变形（图 2-3）和刀具的严重损坏（图 2-4）。

图 2-1　刀盘前的花岗岩球状风化岩体

图 2-2　天然地质剖面中的花岗岩球状风化体

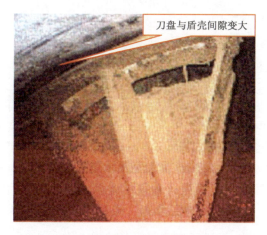

图 2-3　刀盘变形（深圳地铁一号线）

图 2-4　边刀崩掉

第三节　石灰岩地层特性

岩溶稳定与地下水密切相关，无论是自然因素还是人类工程活动导致的地面塌陷，首先都是这些因素改变了水文地质条件，从而引起地下水位发生变化，这对地面稳定的影响十分明显。

岩溶发育在宏观上存在规律，广花盆地的岩溶发育在平面上总体呈北东－南西向带状分布，与区域构造的走向一致，在垂直深度上发育范围为 20～60m。但在局部是千变万化的，无规律可循，如在桩基础施工时，在同一根桩的桩端石灰岩，都经常出现半边岩层、半边溶洞的复杂情况。同时，由于岩溶发育存在很大程度的不均匀性，其岩溶水的赋水性也是不均匀的，水文地质条件变得非常复杂，在岩石完整的部位，水量贫乏，不透水；而在溶洞处，水量非常丰富，岩溶水通过溶洞、溶蚀裂隙、构造破碎带等通道连通，影响范围大。所以，施工过程中若遇到溶洞，其水量有时大到无法估计，地下工程施工阶段容易发生岩溶水突水透水的重大事故；在运营阶段，线路附近的工程建设对线路的地基稳定影响也将是很明显和很不利的，应引起高度重视，对线路范围实施监控措施。

广花盆地属岩溶强烈发育区，三号线北延段矮岗站—机场北站岩溶地面塌陷稳定性为不稳定。而在三号线北延段里程 YAK12＋650～YAK25＋900 段，即龙归沉积盆地范围，只在局部石灰岩夹层或钙质砾岩中发育有溶洞，地面较为稳定。

第四节　开创性勘察

一、广从断裂专题勘察

广从断裂是广州地区规模最大的区域性断裂之一，它与三号线北延段线路大角度相交，断裂带处于变质岩、石灰岩分界区，地质条件复杂。断裂构造降低了岩体的强度及稳定性，断层破碎带力学强度低，压缩性增大，易发生沉陷，易造成隧道结构开裂或桩基倾斜。同时，断裂面是极不稳定的滑移面，对隧道、基坑和桩基的稳定性都有重大影响。断裂构造带岩体破碎且常为地下水良好的通道，由于断裂两盘岩性不同，设计和施工过程中处理不当易产生不均匀沉降，严重时会造成结构开裂。因此，很有必要开展专题勘察工作。

三号线北延段广从断裂岩土工程勘察，是地铁工程针对广从断裂这一大区域性断裂的首次专题勘察。本次专题勘察中，根据推断的断层布置初拟孔位和工作量，在专题勘察施工过程中根据实际揭露情况进行调整。勘察遵循由已知到未知、由浅入深的原则，避免盲目性。并且，加强对断裂的采样，对于采取的断层代表性岩、土样进行了热释光、岩矿鉴定和碳-14 项目测试。本次勘察场地处于广从断裂受后期磨刀坑断裂"切错"的位置，较好地揭示了广从断裂被切错后的两支断裂特征，查明了断裂带的产状、构造破碎情况及水文特征，查明了断裂的活动性。有关勘察成果不仅为三号线北延段设计和施工提供了准确的地质资料，而且获取了丰富的广从断裂地质特征资料，加深了本地区对于广从断裂的认识，能为后续工程应对广从断裂提供经验。

广从断裂专题勘察揭露到的有关断层标记如图 2-5～图 2-8 所示。

图 2-5　断层构造角砾岩

图 2-6　断裂滑动石物质

图 2-7　断裂擦痕面

图 2-8　断层泥

二、花岗岩地区勘察

针对花岗岩地区，三号线北延段在勘察、设计过程中提出以下注意点：

(1)准确认识花岗岩风化土层遇水膨胀、崩解的机理才能制订相应的防控措施。

花岗岩风化土层遇水膨胀、崩解以致流淌的机理是：花岗岩风化土中含有大量的黏土、高岭土矿物，当基坑开挖或隧道掘进卸载时，赋存在强、中风化花岗岩节理裂隙中的承压水将从下向上涌出，并带出黏土、高岭土类矿物，从而出现花岗岩风化土崩解、泥化的现象，其物理力学指标明显变差，基坑支护结构将会出现"下沉"、"踢脚"等险情，隧道掘进会出现仰拱软化上拱、掌子面坍塌、地面及建(构)筑物下沉等险情。封堵"自下而上涌出的承压水"就不能按常规的防渗墙、截水墙去布设工程量了。

(2)花岗岩风化土层遇水膨胀、崩解风险处理方法的建议：

①认真复核花岗岩风化土的岩土参数，检查各工点支护结构的计算是否充分考虑上述特性。

对于花岗岩地区风化土在开挖时所出现的崩解泥化、岩土的物理力学性能变差情况，如果支护结构完全按照工程地质报告所提供的岩土参数进行支护结构设计，施工中的风险就会比较大。

三号线北延段(广州东站折返线以北至永泰站)明挖车站、工作井应充分考虑花岗岩地区的上述特性,检查与复核支护结构计算是否已考虑花岗岩风化土崩解泥化、物理力学性能变差时对支护结构受力的影响;检查与复核所采取的抗崩解、泥化的措施是否合理。

②因地制宜制订防范基底风化土崩解泥化的措施。

防止基底风化土崩解泥化的关键,在于如何封堵住"自下而上涌出"的,赋存于花岗岩强、中风化岩节理裂隙及断裂带中的承压水。一般可采用如下措施:

a. 采用搅拌桩、旋喷桩加固并截水,防止基底风化土崩解泥化。

多数工点处理这类风险会采用搅拌桩、旋喷桩进行基底固结,减少承压水的涌出量。这对于较浅的基坑,风化土标贯击数较低的地段上述方法是可行的。

b. 采用降水措施控制基底风化土崩解泥化。

对于一些较深的基坑风化土,在基坑开挖前的标贯击数比较高,基底强、中风化层裂隙中的承压水又比较发育,采用搅拌桩、旋喷桩均无法达到对风化土加固防涌水的目的时,在条件较好的地段[指基坑周边无建(构)筑物]可优先采用降水的方法。

降水应针对强、中风化岩的节理、裂隙及断裂破碎带,降水孔的深度应进入上述层位。

c. 采用截水措施控制基底风化土崩解泥化。

在条件不容许降水的地段[基坑周边有建(构)筑物]需考虑采用截水的措施。

截水的目的层是强、中风化岩的节理、裂隙及断裂破碎带,截水的方法是在强、中风化岩的节理、裂隙及断裂破碎带中注入水泥砂浆进行封堵,有效地减少及控制承压水在基坑开挖时的涌出。

d. 在基底增设排水沟、导滤层及预埋注浆管防止工后结构沉降。

由于各种加固、堵截水措施并不能完全控制花岗岩地基土的泥化及对结构施工的影响,建议在基坑底增设深度不少于0.5m的格状排水沟及导滤层,使未完全封堵住的节理裂隙水顺沟槽排水,减少基坑底上部土的泥化;底板施工前在排水沟埋设水平注浆管,待结构完成后进行注浆封闭所设的排水沟,防止及控制结构完成后产生的沉降。

三、施工图设计阶段球状风化(孤石)补充勘察

三号线北延段广州东站—永泰站沿线,基岩风化带中发育有花岗岩和变质岩球状风化(孤石)。孤石的发育和分布规律较难明确,不同地貌单元和不同深度的残积土层中均有发育的可能。盾构在掘进过程中如果遇到孤石,掘进会非常困难并频繁卡刀盘,令盾构机姿态难以控制,刀具磨损非常严重,刀座和刀盘易变形。位于不良地层时,盾构施工进仓换刀困难,特别是在隧道地质条件较差或孤石上方存在地面建筑物、繁忙道路及密集管线时;同时,掘进时震动过大,刀盘压力较难控制,对保护地面环境不利;在桩基施工时,有可能将孤石误判为稳定的桩端持力层,留下隐患。

孤石的发育主要是对盾构施工造成不利影响。明挖施工遇孤石时,可以通过爆破或凿除的方式清除孤石。矿山法隧道洞身一般围岩完整性较好,洞身开挖范围已远离孤石发育地层。因此确定三号线北延段球状风化孤石补勘范围如下:补勘针对洞身范围岩土层为燕山期花岗岩、震旦系变质岩残积土层、全风化带和强风化带的盾构区间隧道。

依据已有的详勘成果,当盾构隧道洞身范围为花岗岩类残积土或全风化带时,补勘钻孔间距为10m;当盾构隧道洞身范围为花岗岩类强风化带时,补勘钻孔间距为20m。钻孔深度

要求进入隧道结构底板以下 0.5m,钻探时如揭露孤石,则采取孤石样品进行岩石单轴抗压强度试验。对于新揭露孤石的钻孔,以该钻孔为中心沿线路纵向向前、向后各增加一个钻孔(即将纵向钻孔间距加密 1 倍),同时在隧道左、右侧结构边缘各增加一个钻孔。

上述孤石勘察范围内凡具备施工条件的部位均进行了针对球状风化孤石的补充勘察,三号线北延段岩土工程勘察揭露到的典型孤石岩芯照片如图 2-9 所示。球状风化(孤石)补勘成果为施工图设计和施工提供了详细的资料,为土建施工采取措施提前处理孤石、降低土建施工的地质风险、保证工期起到了很好的促进作用。

图 2-9 典型球状风化(孤石)岩芯照片

四、施工图设计阶段岩溶补充勘察

三号线北延段永泰站—嘉禾站、人和站—机场北站沿线岩溶发育,溶洞发育于石炭系石灰岩地层中,分布不均。部分石灰岩面上覆盖砂层。由于采用盾构法施工,盾构机载荷较大,为了保证盾构掘进安全,同时降低地铁运营时的安全风险,经有关方案讨论并研究,决定对全线岩溶发育区盾构隧道进行补充勘察。通过勘察手段揭示区间结构影响范围内的溶洞和土洞,以便施工时依照有关措施对溶洞和土洞进行处理,保证施工安全,降低运营风险。

岩面位于结构底板以下 5m 范围内的地质区段为高风险区,反之为低风险区。以区间详勘资料为依据,盾构隧底以下 5m 深度范围内发育有石灰岩的地段均为补勘范围。凡具备加密钻孔施工条件时,采用加密钻孔方案进行补勘。钻孔沿左、右线隧道中心线按 8m 间距布置。要求钻孔深度到达石灰岩面以下不小于 5m,且超过结构底板以下 5m。在此深度内,如新揭示溶洞则应钻穿溶洞。当因地面房屋等原因,不能加密钻孔时则采用跨孔 CT 法,CT 钻孔间距 10~20m。

岩溶补勘工作通过采用加密钻探和跨孔 CT 的方式,为广州市轨道交通三号线北延段岩溶治理、岩溶区盾构法施工提供了较为详细地质资料。

第三章 土建设计

第一节 土建结构设计

一、概况

如图 3-1 所示,三号线北延段自广州东站向北延伸,下穿燕岭公园后,设燕塘站与六号线换乘,然后过北环高速公路,经南华工商学院、广州某电梯厂,到达广州大道北后设梅花园站,随后线路继续沿广州大道北行进,在南方医院西南侧设京溪南方医院站。之后线路沿同和中路北上,在同和镇设同和站。线路折向西北,下穿白云山制药厂,在松园山庄北面折向西,沿规划华南路南侧行进,在永泰村东侧白云山脚设永泰站,线路下穿广从路后,在广从立交西南侧设白云大道北站。出站后,线路下穿华南路后折向北,与二号线并行,沿规划七路西侧行进,设嘉禾望岗站,与二号线终点嘉禾望岗站平行换乘。出嘉禾望岗站后,线路继续北行,随后转入 106 国道,之后沿 106 国道前行,在龙归镇设龙归站。线路沿 106 国道继续向北行进,下穿北二环、高压走廊、流溪河后在人和镇设人和站。线路在人和华侨医院西侧折向北,经人和镇合龙庄、积阴庄后在机场高速公路东侧设与九号线的换乘车站高增站。之后线路进入新机场高速路中央绿化带,并沿绿化带北行,进入新机场,与已施工完成的原机场线试验段贯通,先后设机场南站、机场北站,其中机场南站已与南航站楼结合建成,终点站机场北站计划与规划北航站楼结合同步建设。

三号线北延段区间包括明挖框架结构、矿山法马蹄形结构及盾构圆形管片结构。施工方法主要有明挖法、矿山法和盾构法。采用明挖法施工的主要是车站两端的存车线或停车线及区间中风井,包括同和站后存车线、龙归站前存车线、高增站后停车线。采用矿山法施工的区间主要有广州东站—燕塘站区间。全线各段长度及有关数据详见表 3-1。

三号线北延段车站主要为明挖或明暗挖结构,施工方法主要有明挖法、盖挖法和矿山法。采用全明挖法施工的车站有京溪南方医院站、永泰站、白云大道北站、龙归站、人和站、高增站。采用明暗挖法结合施工的车站有燕塘站,采用明挖兼盖挖法的车站有同和站;同时附属工程局部采用矿山法施工的有京溪南方医院站的北风亭、永泰站和白云大道北站的过街通道。全线各车站分布及站间距详见表 3-2。

图 3-1 广州市轨道交通三号线北延段线路示意图

三号线北延段区间工法汇总表　　　　表 3-1

项目	区间名称	工法
1	广州东站—燕塘站	矿山法
2	燕塘站—花园站	盾构法(局部矿山法)
3	梅花园站—京溪南方医院站	盾构法
4	京溪南方医院站—同和站	盾构法
5	同和站—永泰站	盾构法
6	永泰站—白云大道北站	盾构法
7	白云大道北站—嘉禾望岗站	盾构法
8	嘉禾望岗站—龙归站	盾构法
9	龙归站—人和站	盾构法
10	人和站—高增站	盾构法
11	高增站—机场南站	盾构法
12	机场南站—机场北站	盾构法(后做部分明挖法)
13	机场北站站后折返线	明挖法

三号线北延段车站分布和站间距表　　　　表 3-2

序号	站名	车站中心里程	站间距(m)	车站性质	备注
0	广州东站	YDK0+454		首期工程起点站,新机场线与首期工程衔接	该站已建。YDK0+036里程向北延伸
			1021		
1	燕塘站	YDK-0-567		地下岛式车站	与六号线换乘
			1911		
2	梅花园站	YDK-2-478		地下岛式车站	
			1329		
3	京溪南方医院站	YDK-3-807		地下岛式车站	
			1371		
4	同和站	YDK-5-178		地下岛式车站	
			3398.593		
5	永泰站	YDK-8-574		地下岛式车站	
			953.4		
6	白云大道北站	YDK-9-527.4		地下岛式车站	
			2123.836		
7	嘉禾望岗站	YDK-11-649.933		地下双岛平行车站	与二号线换乘
			6287.307		
8	龙归站	YDK-17-938		地下岛式车站	
			5391.487		
9	人和站	YDK-23-330.1		地下岛式车站	
			2434		
10	高增站	YDK-25-764.1		地下岛式车站	与九号线换乘
			3544.596		
11	机场南站	YDK-29-308.696		地下侧式车站	YDK-28-076.696~YDK-29-818.697(机场试验段起终点里程)
			1161.604		
12	机场北站	YDK-30-470.3	331.0	地下侧式车站	待建

二、区间结构

(一)盾构法施工区间

由于三号线北延段工程主要穿越广州市城市区域及主干道,为了尽量减少地铁施工对城市交通和居民生活的影响,三号线北延段区间主要采用盾构法施工,这些区间包括:燕塘站—梅花园站—京溪南方医院站—同和站—永泰站—白云大道北站—嘉禾望岗站—龙归站—人和站—高增站—机场南站—盾构吊出井区间。其中,因梅花园站—京溪南方医院站—同和站区间部分存在孤石群,采用人工挖孔桩处理,部分采用矿山法施工后,盾构空推通过。盾构衬砌采用C50防水钢筋混凝土预制单层管片,隧道断面为圆形。单线区间隧道内径为5.4m,管片厚300mm、宽1500mm(在曲线半径小于300m时采用宽1200mm),全断面共分6块管片,错缝拼装;盾构隧道结构按自由变形的弹性均质圆环,并考虑衬砌与地层共同作用、接头影响的弹性铰圆环校核的计算原则进行设计。

(二)矿山法施工区间

广州东站—燕塘站区间及燕塘站—梅花园站部分区间,考虑地面现状、结合配线、地质和线路条件、工程筹划、盾构机现状等因素,采用矿山法施工。

本区段隧道断面为单线单洞马蹄形,以"新奥法"原理为指导,采用复合式衬砌结构及喷锚支护法,初期支护由砂浆锚杆、超前小导管、钢筋网、P6C25湿喷混凝土、钢架等组成;二次衬砌为C30模筑钢筋混凝土。初期支护、二次衬砌之间设全封闭防水层,隧道衬砌及支护参数根据结构断面、围岩类别、水文地质条件,采用理论计算与工程类比法相结合的方法进行确定。其支护参数和施工方法如下:

1. 支护参数

隧道结构支护参数根据《铁路隧道喷锚构筑法》的参数,结合工程类比法按工程所处不同围岩、工程地质和水文地质条件确定。

本区间矿山法隧道为单线单洞断面,实际应用断面共四种,见表3-3。

衬 砌 参 数 表　　　　　　　表3-3

断面类型	初 期 支 护	二 次 衬 砌	备 注
A	150mm厚初期支护,挂网不设格栅钢架,φ22砂浆锚杆拱部120°范围设置	500mm厚模筑混凝土,设排水孔	应用于微风化岩层段,实施时砂浆锚杆改为药卷锚杆
B	150mm厚初期支护,挂网不设格栅钢架,φ22砂浆锚杆拱顶及侧墙范围设置	300mm厚模筑混凝土,设排水孔	应用于中风化岩层段,实施时砂浆锚杆改为药卷锚杆。二次衬砌配筋在实施时根据50m水头设置
C	300mm厚初期支护,φ22格栅钢架间距0.75m,φ42超前小导管拱部120°范围设置	300mm厚模筑混凝土,设排水孔	应用于强风化岩层段,二次衬砌配筋在实施时根据50m水头设置
D	300mm厚初期支护,φ22格栅钢架间距0.6m,φ42超前小导管拱部150°范围设置	300mm厚模筑混凝土,设排水孔	应用于残积土岩层段,二次衬砌配筋在实施时根据50m水头设置

2. 施工方法

单线隧道的施工,以正台阶法为基本方法,并根据地质条件的变化而变化,地质条件变差时,可变化为超短台阶、环形开挖,而地质条件变好时,则可变化为长台阶或全断面开挖。

对Ⅱ类围岩,在小导管超前注浆预支护条件下,上半断面环形开挖,留核心土以保证掌子面稳定,开挖后及时施作喷射混凝土及型钢钢架和临时仰拱,保证支护系统及时发挥作用,必要时用喷射混凝土封闭掌子面。在拱脚设置锁脚锚杆或锚管,以控制下沉。

对Ⅲ、Ⅳ、Ⅴ类围岩,以正台阶法为主,也可采用全断面法施工。爆破开挖,施工中严格控制炸药用量,减少爆破震动,采用预裂爆破、光面爆破等新技术,不仅可以减少爆破震动及对地层的扰动,同时还可以减少超挖,提高光爆效果,带来可观的经济效益。

对大跨度双线断面,视地质条件,分别用台阶法、中隔壁法或单侧导坑法分部开挖,对连拱墙段,先开挖和施作中隔墙,而后分别施作两侧隧道。

3. 明挖法隧道

矩形断面内轮廓与地铁设备限界最为接近,断面净空可得到充分利用。采用明挖法施工时,区间隧道一般采用钢筋混凝土矩形框架的结构形式。

根据线路设置条件,单线隧道一般为单孔钢筋混凝土矩形断面,双线隧道一般采用双孔钢筋混凝土矩形断面,中间设隔墙分开,以利于区间隧道通风。

三、车站结构

(一)车站结构形式

三号线北延段车站结构因地制宜地采用了三种类型:燕塘站、梅花园站、京溪南方医院站、同和站、永泰站、白云大道北站、龙归站、人和站、高增站为明挖岛式站台车站,嘉禾望岗站为双岛式站台车站,机场南站、机场北站(未建设)为明挖侧式站台车站。

(二)地下车站结构

明挖车站当围护结构与内衬墙之间设置防水隔离层时,其墙体按重合式设计,按各自的刚度进行内力分配,内衬承受全部水压。由于内外墙不能避免部分接触现象,会产生内力传递不均匀的情况,必须考虑内外墙水平方向变形不尽相同的特点。

车站一般采用钢筋混凝土柱,当柱内力很大时,可采用钢管混凝土柱,以提高其承载能力。

明挖车站结构可按底板支承在弹性地基上的平面框架进行内力分析,计算时宜考虑立柱和楼板压缩、斜托的影响。车站换乘节点、盾构井段、空间受力作用明显处,应按空间结构进行内力分析。车站围护结构应根据交通繁忙情况、房屋密集情况、地下管线情况、道路情况,采用合适基坑防护,以确保车站周围的交通和建筑物的安全。根据广州地区的地质、水文条件及常用的施工方法,可选用钻孔桩、地下连续墙、喷锚支护、土钉墙等作为围护结构。

用暗挖法施工的车站结构,其结构计算简图应根据工程地质和水文地质条件、衬砌构造特点及施工工艺加以确定。二次衬砌除了要考虑承受未稳定的围岩压力、地震作用外,还要按使用期间发生最不利情况下的水压力检算其强度和配筋,并且应满足最小配筋率的要求。

根据车站施工方法及施工顺序,分别按施工各阶段和使用阶段时最不利组合进行结构内力及强度计算。

裂缝宽度:普通钢筋混凝土结构在永久荷载和可变荷载组合作用下最大裂缝宽度允许值,车站结构背水面为0.3mm,车站结构迎水面原则上不应大于0.2mm。对于保护层厚度较大的围护结构(地下连续墙、排桩)在验算裂缝宽度时,保护层厚度按30mm计算。

抗浮设计:车站结构按最不利情况进行抗浮验算,其抗浮安全系数在不考虑侧壁摩擦力时,不小于1.05。当结构抗浮不能满足要求时,应采取相应的工程措施,一般采用设置抗拔桩、底翼板、压顶梁等措施解决抗浮问题。

四、地下结构防水

(一)防水标准

车站主体结构、出入口通道及机电安装集中区域防水等级为一级,结构不允许渗水,结构表面无湿渍;风道、风井防水等级为二级,结构不允许漏水,结构表面可有少量湿渍;总湿渍面积不应大于防水面积的6/1000,任意100m^2防水面积上湿渍不超过4处,单个湿渍的最大面积不大于0.2m^2。

盾构管片防水等级为一级,矿山法隧道防水等级为二级。

(二)防水要求

(1)防水是一个系统工程,建筑结构与防水必须密切配合,当建筑结构与防水发生矛盾时,在保证建筑结构适用安全的前提下,建筑结构应服从防水。

(2)明挖车站的主体(包括车站、通道、风道等)及明挖区间的主体结构必须采用防水混凝土结构,并根据防水等级要求设置附加防水层。

(3)矿山法车站的主体(包括车站、通道、风道等)及矿山法区间的主体结构必须采用防水混凝土结构,并设置全包附加防水夹层。

(4)盾构法区间的主体,必须采用防水混凝土结构。

(5)变形缝、施工缝、穿墙管、预埋件、预留通道接头、桩头等部位是防水的薄弱环节,必须加强防水措施。

(6)对防水型结构,泄水盲沟减压排水措施不应作为永久性结构考虑,只可作为施工中降水的工程措施。

(7)地铁车站主体结构优先采用复合式或分离式结构形式,不采用叠合式结构。

(8)主体结构抗浮优先考虑压顶梁或底翼板等方案,不允许采用抗拔锚杆。

(三)结构自防水

(1)主体结构与地下水直接接触部分应采用防水混凝土,防水混凝土的抗渗等级不得低于P8,并同时满足表3-4要求。

防水混凝土抗渗等级　　　　　　　　　　　　表 3-4

经常作用水头(m)	设计抗渗等级
<20	P8
≥20～<30	P10
≥30	P12

(2)有侵蚀性地段,混凝土的抗侵蚀系数不得低于 0.8。
(3)防水混凝土结构厚度不应小于 250mm。

(四)附加防水层

(1)防水材料包括防水板类、涂料类等。
(2)防水卷材宜单层使用。塑料防水板厚度不应小于 1.5mm,加强段双层使用时,总厚度不应小于 2.4mm。

对于潮湿基层,应选用与潮湿基面黏结力大的防水涂料。

第二节　换乘站设计

燕塘站为三号线北延段和六号线的换乘站,为地下四层车站,地下一层为站厅层,地下二层为六号线站台层,地下三层为换乘平台层,地下四层是三号线站台层,如图 3-2、图 3-3 所示。车站位于广汕公路与规划路燕兴路(现为住宅小区内的通道)的三角交叉口,三号线沿燕兴路呈南北走向,六号线垂直三号线呈东西走向。车站南接广州东站,北连梅花园站。

针对换乘车站客流不均匀性强、容易拥堵的特点,对燕塘站设计做出了相应优化措施:采用站台十字岛岛换乘模式,通过负三层设置换乘平台连接三、六号线的站台,换乘客流可通过换乘平台进行付费区换乘,换乘便捷。

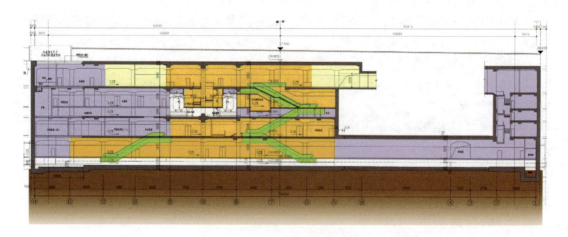

图 3-2　燕塘站纵剖示意图

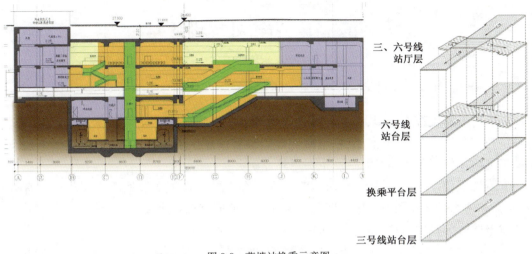

图 3-3　燕塘站换乘示意图

具体措施有：

(1)增大了换乘平台(图 3-4)，而且在换乘平台采用 3 台扶梯并列布置的方案，提高客流疏导能力。

(2)利用本站为明暗挖结合车站，暗挖段线间距较大的特点，调整站台布置(图 3-5)，尽量加大明挖段站台公共区面积及宽度，使站台最宽处达 17m，侧站台宽度大于 4m。

图 3-4　换乘平台

图 3-5　站台

(3)扩大站厅布置(图 3-6)，利用站厅特点尽量增加闸机数量(图 3-7)，加快乘客进出站速度。

图 3-6　站厅

图 3-7　增加车站闸机数量

第三节　岩溶处理设计

一、岩溶处理设计原则

岩溶地区的发育有溶洞、土洞、溶沟、溶槽及岩溶坍塌区等不良地质体。在岩溶地区进行基坑开挖、隧道掘进容易产生突、涌水的风险。岩溶地区所发育的溶、土洞在地下水及人类的工程活动作用下容易"活化"产生坍塌等地质灾害。

岩溶处理设计的主要目的:针对岩溶地区所存在的不良地质及地质风险制订相宜处理措施,确保地铁车站及隧道在施工期的安全及运营期的结构稳定性。

岩溶地区的处理内容及处理方法:

(1)溶、土洞的处理:主要采用注浆充填,防止土洞及浅层溶洞的坍塌与突涌水对地下工程构成影响;

(2)溶沟、溶槽及岩溶坍塌区、突变区的处理:主要采用固结方式,防止盾构设备在掘进时发生"栽头""陷落"等事故;

选取原则:

(1)根据工程内容;

(2)根据岩溶不良地质体所发育的位置、深度及对工程施工、结构安全的影响程度;

(3)通过实施难度、条件及造价对比选取。

二、明挖结构岩溶处理措施

(一)明挖结构溶、土洞查探

补充勘察探孔要求:

(1)对于初勘(详勘)揭示存在石灰岩地层的工点,应进行围护结构及独立桩基施工超前钻孔及基坑基底探孔。

(2)围护结构及独立桩基探孔布置原则:

间距:对于地下连续墙,沿地连墙每3m长度范围施作一个超前钻孔;对于围护桩,可隔桩实施超前钻孔,但应保证超前钻孔间距不大于3m;对于独立桩基,应每桩进行超前钻孔。

补充探孔揭示有溶、土洞时,应在围护结构两侧2m范围内、独立桩基周边2m范围内按不大于2m间距梅花形布孔,进行二次衬砌探孔。

若围护结构或桩周边及底部为砂层等中等或以上透水层时,溶、土洞探查范围尚需根据实际情况适当加大。

深度:超前钻孔深度应钻至围护结构或桩基底以下3m。如遇溶洞,需钻穿溶洞。如遇溶蚀凹槽、破碎带等特殊地质,应根据其埋深、地下水性质综合判断后确定终孔条件。

(3)基坑基底探孔布置原则:

间距:在详勘钻孔基础上加密布置钻孔,应在所揭示溶、土洞探孔周边2m范围内按不大于2m间距梅花形进行补充探孔;补充探孔揭示有溶、土洞时,应继续在揭示孔周边2m与基坑重叠的空白区域进行补充探孔,按此循环推进。

深度:超前钻孔钻至基坑底以下中微风化岩2m。遇溶洞,需钻穿溶洞。如基底没有入岩,则钻至基底下10m。如遇溶蚀凹槽、破碎带等特殊地质,应根据其埋深、地下水性质综合判断后确定终孔条件。

(4)对于大直径溶、土洞或存在溶沟、溶槽及破碎带(含岩溶坍塌区)等特殊情况时,应根据实际情况进行相应的探查。

(二)明挖结构溶、土洞处理范围

(1)围护结构及独立桩周边溶、土洞处理:围护结构及独立桩周边2m以内、围护结构或桩基底下3m以上范围,溶、土洞应进行施工前处理。若围护结构或桩周边及底部为砂层等中等或以上透水层时,溶、土洞处理范围尚需根据实际情况适当加大。

(2)基坑基底溶、土洞处理:

①揭示的溶、土洞全部处理。当基底为石灰岩地层时,对车站底板下2m范围内的已揭示溶、土洞,全部自地面进行充填加固处理。底板2m以下范围的溶、土洞,岩面以上有一定厚度且较稳定的隔水层时,其下石灰岩所发现的岩溶原则上不需要处理,具体结合溶、土洞的厚跨比(小于1处理)和对车站主体结构及连续墙围护结构的影响分析确定。

②对位于基底以上的溶土洞,仅对影响连续墙施工的基底以上溶、土洞进行处理,对基坑开挖范围内的已揭示浅层溶、土洞可不进行加固处理。

(3)工程范围揭示有大口径溶、土洞时,尚应根据厚跨比(基底稳定层顶至溶、土洞顶距离与溶洞直径的比值)、地层情况等具体分析其影响,采取合适的处理措施。

(三)明挖结构溶、土洞处理措施

(1)对于连续墙底不入岩或与岩面交接时,在连续墙内施工预埋注浆管。

(2)对于未填充溶、土洞,采用水泥砂浆或水泥浆进行注浆充填;对于较大溶、土洞,可先用水泥砂浆填充。并统一采用PVC花管注浆。充填压力需根据溶、土洞的充填情况进行调整。对于填充溶、土洞,填充物采用标贯进行检验,标贯击数大于10击的可不用处理。

(3)充填注浆需边注浆边摸查溶、土洞的规模及处理后的状态。

摸查方法:根据注浆量及注浆孔所检测到的溶、土洞洞径、初步估算溶、土洞的规模后再向周边布设检查孔。

检查孔除需要注意检查溶、土洞的延展状况外,还需要检查注浆充填状况,发现注浆不饱满的需利用检查孔继续注浆。

(4)对于规模较大的溶、土洞,其范围已超出地铁结构设定的安全限界时,可先在安全限界钻孔,采用速凝浆控制边界,减少注浆的范围及注浆量。

(5)注浆材料采用双液浆和水泥浆,溶、土洞外围可用双液浆封闭,内部采用水泥浆,水泥采用42.5级普通硅酸盐水泥。注浆管应进入溶、土洞底部以下不小于0.5m,岩层不小于0.1m。

(6)注浆参数:

①周边孔:以相对小压力、多次数、较大量控制;压力 0.6~0.8MPa,3~4 次;注浆浆液为双液浆,配比建议为水泥∶水∶水玻璃＝1∶1.38∶0.3(质量比),水泥采用 42.5 级普通硅酸盐水泥,水玻璃模数 $m=2.4$~3.4(浓度为 30~40°Bé),具体配合比应根据现场试验确定。

②中央孔:压注水泥浆,压浆三次。

设计参数为:

a. 注浆压力为 0~1.0MPa。注浆压力逐步提高,达到注浆终压并继续注浆 10min 以上。

b. 水泥采用 42.5 级普通硅酸盐水泥,水灰比为 1.0~1.5,具体应根据现场试验确定。

c. 注浆速度:30~70L/min。

d. 实际灌浆参数根据现场试验确定。

(7)对溶、土洞的充填注浆效果检验,主要采用钻孔抽芯法结合标贯进行,检测数量为注浆孔数量的 1%,且每个溶、土洞检测数量不少于 1 个检测钻孔。

(8)溶沟、溶槽及破碎带(含岩溶坍塌区)采用固结注浆进行处理。固结注浆需分段进行,注浆深度需从地铁结构底板上 3m 至地铁结构底板下不少于 5m。

(9)施工前应进行现场注浆试验,注浆参数根据试验情况进行调整。注浆量和注浆有效范围通过现场试验确定。

(四)明挖结构设计重点及注意事项

(1)支护结构的选型:

①基坑围护结构的选型应根据具体地质条件,按不同结构形式进行综合比选。

②基坑围护结构尽量采用非嵌岩的桩(墙),减少对基底石灰岩的扰动与破坏。

③可通过增设支撑,减少围护结构的嵌固深度。若围护结构需进入石灰岩,建议以进入 0.5~1m 为宜,外围如有岩溶与基坑开挖深度内的岩溶连通,可考虑注浆截断水力联系。

④地下连续墙施工,应根据岩面起伏情况,分段进行有针对性的设计与施工。

⑤岩溶区内,基坑第一、二道支撑宜采用钢筋混凝土,加强支护结构的整体性,防止岩溶局部坍塌对周边建(构)筑物的影响。

(2)防止基坑开挖时基底涌水。

(3)防止未查明及处理的岩溶在运营期坍塌对地铁结构的损坏。

岩溶地区基坑支护结构选型可根据基坑所处的工程地质条件及基坑开挖深度合理选择,建议优先选择地下连续墙加内支撑支护;需充分注意嵌岩段岩溶发育状况,根据地质情况判断围护结构下溶洞对基坑开挖的影响并决定处理措施。

防止溶、土洞对地铁结构安全影响的措施有水泥土加固、固结注浆法,注浆参数需经现场试验决定。

三、盾构隧道岩溶处理措施

(一)处理目的及补勘要求

(1)降低盾构施工的"栽头"、"陷落"、地表沉降过大或坍塌的风险。

(2)预防溶、土洞的坍塌,减小后期运营风险。

(3)隧道补勘应针对详勘和施工超前钻预先对整个区间范围进行初判,对隧道位于溶、土洞发育区段进行补勘。补勘钻孔应设置于隧道轮廓线外 3m 范围内,在岩溶发育较剧烈区域,补勘按不大于 5m 布设,在单一土层或岩溶发育不剧烈区域可按不小于 10m 布设,发现溶洞后再行加密布孔。钻孔终孔标准明确为当隧道底板以下为岩层时,应在底板以下 2m 终孔,但底板不位于岩层的,应进入隧道底板以下 2 倍径,如遇溶洞需钻穿溶洞,如遇溶蚀凹槽、破碎带等特殊地质,应根据其埋深、地下水性质综合判断后确定终孔条件。

(二)盾构隧道溶、土洞处理原则

盾构隧道岩溶处理应遵循以地面、盾构机内预处理相结合为主,洞内预留措施处理为辅的原则,防止盾构施工发生"栽头"、"陷落"、地表沉降过大或坍塌事故,降低工后差异沉降,满足运营安全。

(三)盾构隧道溶、土洞处理范围

在满足列车高速运行条件下地基承载力要求的基础上,溶、土洞的处理范围应根据岩面以上土层性质、岩体特性、溶洞填充情况等综合判断,一般情况下可参照以下要求执行:

(1)当地铁工程处在岩溶区段时,为了保证施工期间的安全和使用期间的正常运营,所有勘察资料揭露的工程影响范围内的溶、土洞必须处理。

(2)隧道底板为石灰岩,结构轮廓外放 1m 后,隧道底板以下 2m 内溶、土洞必须处理。

(3)当隧道底板为较稳定隔水层(例如黏土、粉质黏土)时:

①若隔水层厚度≥2m,则隧道底板下的岩溶一般不做处理。

②若隔水层厚度<2m,且最上层溶洞顶板厚度<2m 或厚跨比<1,则隧道结构轮廓外放 3m 后,岩面以下 2m 内溶、土洞必须处理。

(4)当隧道底板至岩面为砂层或无较稳定隔水层时:

①若最上层溶洞顶板厚度≥2m,则隧道底板下的岩溶一般不做处理。

②若最上层溶洞顶板厚度<2m 或厚跨比<1,隧道结构轮廓外放 3m 后,岩面以下 2m 内溶、土洞必须处理。

(5)盾构隧道洞身范围的溶、土洞宜进行处理。

(6)结构轮廓外放 1m 后,对隧道底板以下大于 2m 的空洞且距离上层溶、土洞距离较近时(连续溶、土洞或串珠),尚应结合溶、土洞的厚跨比和塌落拱高度确定,一般处理为宜。

(7)设计单位应针对具体工程进行岩溶风险分析,在风险分析的基础上,按照已有的计算理论及方法对处理范围进行复核。

(四)盾构隧道溶、土洞处理措施

1. 地面溶、土洞处理

(1)地面溶、土洞采用充填注浆的方法进行处理。

①充填压力需根据溶、土洞的充填情况进行调整;未填充溶、土洞采用水泥砂浆进行注

浆充填;对于全填充溶、土洞应根据填充物的情况确定是否处理,填充物采用标贯进行检验,标贯击数大于 10 击的可不用处理。

②充填注浆需边注浆边摸查溶、土洞的规模及处理后的状态。

摸查方法:根据注浆量及注浆孔所检测到的溶、土洞洞径初步估算溶、土洞的规模后,再向周边布设检查孔。

检查孔除需要注意检查溶、土洞的延展状况外,还需要检查注浆充填状况,发现注浆不饱满的需利用检查孔继续注浆。

③规模较大的溶、土洞,其范围已超出地铁结构设定的安全限界时,可先在安全限界钻孔、采用速凝浆控制边界、减少注浆的范围及注浆量。

④充填注浆需根据溶、土洞所处的深度、地层条件分别采用振动沉管及钻孔埋管进行注浆。

a. 埋深较浅、围岩为砂土层的溶、土洞可采用振动沉管方式进行充填注浆。

b. 溶、土洞需先成孔、后埋入注浆管,并注意封闭溶、土洞顶板及注浆管与孔壁间的间隙后才能注浆。

c. 对于大于 3m 无填充溶、土洞和半填充溶、土洞(含特大溶、土洞),可采用 ϕ200 的 PVC 套管注水泥砂浆。对于非填充或半填充的较大溶、土洞,可采用泵送进行填充。

(2)溶沟、溶槽及破碎带(含岩溶坍塌区)采用固结注浆进行处理。固结注浆需分段注浆,注浆深度需从地铁结构底板上 3m 至地铁结构底板下不少于 5m。

(3)施工前应进行现场注浆试验,注浆参数根据试验情况进行调整。注浆量和注浆有效范围通过现场试验确定。

2. 盾构机内对溶、土洞的预处理

(1)由于岩溶地区工程地质条件复杂,城区内受交通、管线、建(构)筑物的影响,较难全面开展与探明岩溶的发育状况,因此盾构机内需配置超前探测仪或机械设备(小型钻机),并在地面配备巡查车辆,随时监控盾构掘进对地面、地层的扰动情况。

(2)盾构机内配置的超前探测仪或机械设备每次探测距离应不少于 15m,探测范围应不少于隧道结构外 3m。

(3)在岩溶地区盾构掘进前需进行超前探测,当掘进到超前探测距离前 3~5m 时,需再向前进行超前探测,即超前探测应"交叉"3~5m。

(4)采用机械设备(小型钻机)进行超前探测时,每个断面需施工不少于 6 个探测孔,分别向掘进前方及前下方,重点是探测前下方有无导致盾构机掘进时发生"栽头""陷落"的溶、土洞。

(5)超前探测发现需处理的溶、土洞时,可根据实际施工条件选择地面或盾构机内处理方法,在有条件时优先采用地面处理方法。

(五)盾构隧道基底处理

盾构隧道预加固应以地面预处理为主、洞内预处理为辅的原则进行软基与液化砂层的处理方案设计,以降低工后差异沉降带来的结构安全风险。

(六)盾构结构设计要求

(1)所有石灰岩地区,盾构隧道设计时应预留注浆管。
(2)盾构隧道施工过程中应加强二次注浆。
(3)隧道周边工程活动及施工过程的影响无法准确模拟,根据计算统计与工程类比,从提高管片施工质量及运营阶段的安全系数考虑,增加管片含钢量是有必要的。

(七)预留注浆措施的实施条件及技术要求

(1)若区间隧道部分位于软弱地层、液化地层及软弱不均地层等情况,应在土建工程实施时采取设计及施工措施,以满足地基承载力、抗液化及减少差异沉降的要求。
(2)预留注浆措施的实施条件。
①运营期间隧道差异沉降影响列车运营安全(减速运营)或综合物探有异常的情况。
②运营有关部门认为有必要提前实施的情况。
③技术要求:因运营隧道实施注浆条件困难,受工作时间、注浆设备的限制,应根据既有线路的注浆情况再补充。

(八)联络通道岩溶处理措施

由于岩溶地区地质条件复杂,联络通道设计宜在盾构隧道通过前,采用素混凝土形成的止水帷幕把通道外包围护,再进行土体加固及明挖施工。止水帷幕施工按照以下要求进行处理。

(1)影响工程安全的溶、土洞均应处理。
(2)工程影响范围内的非全填充溶、土洞均应处理,对于全填充溶、土洞应根据填充物性质、地基承载力、周边环境等情况确定处理方案,参考盾构隧道处理执行。
(3)联络通道处理应与盾构隧道、土体加固综合考虑。
(4)联络通道处施工素混凝土地下连续墙止水帷幕时的处理原则为,地下连续墙内外3m,墙底下的溶、土洞顶板厚度小于3.0m的必须处理。地下连续墙成槽(孔)时,若成槽内外3m范围内有流塑或软塑土层时,应根据实际情况综合判断是否需要加固处理。

四、质量检验

1)溶、土洞充填注浆效果及密实程度检查
(1)溶、土洞充填注浆效果检查:主要是检查填充率及密实程度,可考虑采用"二次衬砌压浆"方法进行检查填充率。
(2)密实程度检查:采用标贯法测定,标贯值达到"坚硬"状土为优,"硬塑"状土为合格。
2)注浆加固效果检查
(1)对溶槽、溶沟、破碎带及砂层注浆加固效果进行检查。
(2)建议以检查"固结状态"及"固结强度"进行评定:
①"固结状态"——按"土层取样"取样方式进行取样,样品"完整、不破碎"表明固结效果较好,样品"松散"、"碎块状"表明固结效果"差"及"较差"。

②"固结强度"——采用标贯法测定,标贯值达到"坚硬"状为优,"硬塑"状为合格。

3)有地基承载力要求时的检查方法与标准

(1)采用钻孔抽芯法,做抗压试验,要求28d无侧限抗压强度≥0.2MPa。

(2)采用随机原位标贯试验,标贯击数应不小于10击。

(3)检测原则和数量:按1‰孔数抽查,且不小于3点,要求每个溶、土洞均要检测一次;采用随机钻孔取芯,做抗压试验,要求无侧限抗压强度不小于0.2MPa。

盾构工法篇

Shield Method

第四章 工程风险分析与盾构选型

第一节 典型地层工程风险分析

一、花岗岩地层工程风险

(一)盾构在微风化花岗岩地层掘进风险

微风化花岗岩地层具有岩石强度高、完整性好,岩面起伏大等特点。燕山期花岗岩岩石质量指标 RQD 值为 60%~95%,岩石天然抗压强度范围值 f_c=46.4~200MPa,震旦系混合花岗岩岩石质量指标 RQD 值为 65%~95%,岩石天然抗压强度范围值 f_c=31.7~215.6MPa。

盾构施工中遇到微风化花岗岩地层的风险主要有以下两点:

(1)岩石抗压强度和岩石质量指标 RQD 值都高,盾构掘进速度极慢、效率低,更换刀具频繁,对工期和施工成本影响大。

(2)掘进过程中容易造成刀具刀座磨损严重、甚至造成刀盘损坏,同时由于冲击荷载较大,也容易出现盾构机卡刀盘和机械损坏等风险。

(二)盾构在花岗岩上软下硬地层掘进风险

在广州地铁盾构施工过程中引发较大地面沉降,几乎一半以上都是在上软下硬的地质条件下造成的。发生这类事故的原因是盾构机在推进过程中,刀盘切削工作面土体时,上部软土地层较易进入密封土仓,而下部较硬岩体不易破碎。此时,往往会使上部软土地层过量切削进入仓内,上部的软土地层会容易造成土体流失,进而发生较大沉降。

由于花岗岩地层"硬"岩地层的岩石抗压强度和岩石质量指标 RQD 值都相当高,进而掘进过程更不易破碎,盾构掘进的风险更大,主要体现在以下几方面:

(1)由于花岗岩风化程度的特点,地层经常出现强风化层或者中风化层缺失的现象,同一断面上,软硬强度差异特别大,如图 4-1、图 4-2 所示。盾构施工过程中容易出现地面沉降过大、甚至坍塌的风险。

(2)岩面起伏大,变化快,盾构掘进参数难控制,也容易出现盾构机机械损坏等风险。

(3)盾构掘进过程中,盾构机姿态难以控制,刀具非正常磨损严重。

(4)下部岩石强度高,掘进速度慢,需要更换刀具频繁,但上部周边围岩不稳定,更换刀具困难,工期不可控。

(5)由于岩土交界面水量大,并有一定的承压水特点,掘进过程中容易出现喷涌现象。

在燕塘站—梅花园站区间推进过程中,在左线银利街位置,通过管片吊装孔安装压力表测试水压 0.35MPa。

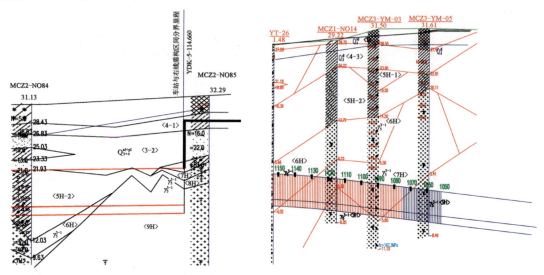

图 4-1 京溪南方医院站—同和站区间同和端头右线地质情况　　图 4-2 燕塘站—梅花园站区间左线地质情况

因此,在盾构掘进过程中容易出现盾构机姿态控制困难、刀具及刀座磨损严重等风险。

(三)盾构遇到花岗岩球状风化体风险

花岗岩的球状风化,是花岗岩岩体风化过程中特有的一种地质现象。在广州地区修建地下工程的过程中,尚未在变质岩中,包括其母岩为花岗岩的花岗片麻岩中,发现有球状风化体。施工中遇到花岗岩球状风化体,其风险体现在以下几方面:

(1)掘进非常困难,岩体频繁卡刀盘。

(2)盾构机姿态难以控制,盾构机会顺着岩体走向跑偏。

(3)刀盘、刀具磨损非常严重(图 4-3、图 4-4),刀座、刀盘变形。

图 4-3　滚刀严重破坏、磨损　　　　　　　　图 4-4　刀盘严重磨损

(4)更换刀具困难。由于复合地层中岩体以外多为不稳定地层,而且岩土交界面容易成为地下水渗透通道,故开挖面难以稳定,很容易塌方,这使得更换刀具比较困难。

(5)人员进仓辅助气压工法实施困难。因开挖面不均匀、不平整、不稳定,而且花岗岩残积土颗粒间隙较大,较难施作合格的泥膜,故气压作业较难实施。

(6)盾构掘进震动大,对地面建(构)筑物(特别是摩擦桩)保护不利。

孤石地区工程风险:

(1)在掘进过程中遇到孤石,容易造成盾构机姿态难以控制和掘进非常困难并频繁卡刀盘。

(2)在掘进过程中遇到孤石时震动过大,对地层扰动较大,掘进容易造成地面坍塌,尤其对保护地面建(构)筑物相当不利。

(3)在施工中遇到孤石,由于瞬间荷载突然增大,甚至会造成刀盘变形和刀具的严重损坏。

(4)孤石存在的地层,隧道周边围岩都不稳定,造成更换刀具困难,尤其是通过建(构)筑物下或者地面埋深太大时,地面不具备加固条件的情况下问题更严重。

二、岩溶地区工程风险

溶、土洞的发育,对结构稳定有较大的影响,同时对盾构施工也有较大的影响,容易发生喷涌、盾构栽头,甚至更大的溶、土洞可以使整个盾构机下沉淹没,故施工前必须采取预处理措施。溶、土洞对隧道施工的危害有很多,其中包括溶洞突水及造成不均匀沉降的情况最为明显,根据分析主要为溶、土洞发育区域,溶洞与地表水相连通造成溶、土洞填充物液化并且还有承压水,在盾构施工过程中穿越溶洞时造成隧道突水淹没的严重事故。根据资料显示,突(涌)水是隧道施工中的主要地质灾害之一,隧洞内的突(涌)水一般均发生在岩溶地区,这些地区赋存有丰富的地下水,由岩溶裂隙、溶洞、地下暗河构成地下水的运移网络。

三、富水砂层地区工程风险

中砂、粗砂或中粗砂层,非常松散,粉土和黏土颗粒一般含量很少。

盾构在中粗砂地层中施工,除了可能引发上述在粉细砂地层中出现的问题之外,采用土压平衡盾构机施工时,盾构机推进时平衡较难控制,主要反映在以下两方面:

(1)工作面上的中粗砂在地下水的作用下,是极不稳定的,一旦出现土压较大波动(包括欠压或过压),就会造成过量的砂涌入盾构机密封舱,若不及时采取措施,则会造成地面沉降。

(2)由于在该层中黏土颗粒很少,在密封舱和螺旋输送机中的渣土和易性很差,在地下水的作用下,会发生螺旋输送机喷涌,进而由于密封舱内的突然失压引发地面沉陷。

即便选用泥水平衡盾构机,在这种地层中施工,若对出土的干砂量控制稍有不当,也会立即出现地面沉陷。

第二节 典型地层盾构选型

类似广州地区复合地层的施工环境,可供选择的混合盾构机机型只有两种,即土压平衡盾构机和泥水平衡盾构机。其总的选择原则如下:

1. 根据地层的渗透系数选择

地层的渗透性与盾构选型的关系如图 4-5 所示。通常,渗透系数大于 10^{-7} m/s 的地层选用泥水加压式盾构机,渗透系数小于 10^{-4} m/s 的地层选用土压平衡盾构机。根据这种关系,若地层以各种级配富水的砂层、砂砾层为主时,选择泥水平衡盾构机是适宜的,而其他地层或地层组合,采用土压平衡盾构机是合理的。

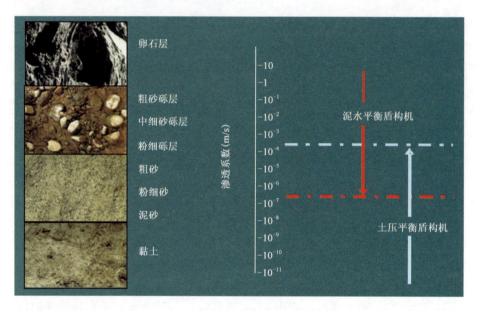

图 4-5　地层的渗透性与盾构选型的关系

2. 根据岩土颗粒分析选择

岩土颗粒与盾构选型的关系如图 4-6 所示。一般来说,当岩土中的粉粒和黏粒的总量达到 40% 以上时,通常会选用土压平衡盾构机;相反的情况,则选择泥水平衡盾构机比较合适。粉粒的绝对大小通常以 0.075mm 为界。

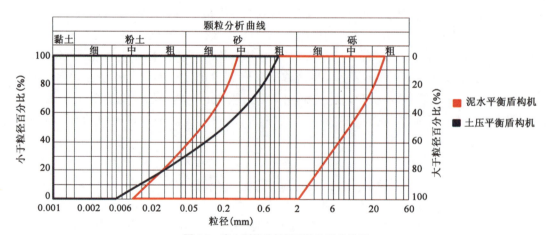

图 4-6　岩土颗粒分析与盾构选型的关系

除上述两个条件外,还要根据工程施工条件、周边环境、工程地质及水文地质情况、工程特点及施工难点等综合考虑盾构机的适应性,施工前对盾构机适应性作综合评估,再对盾构机进行维修改造。

第三节　土压平衡盾构机选型及对比

一、全线典型土压平衡盾构机参数对比

广州市轨道交通三号线北延段(广州东站—机场南站区间)全线盾构区间共使用24台盾构机,其中20台为土压平衡盾构机。盾构机制造商分别为海瑞克(土压、泥水)、小松、威尔特、罗瓦特和三菱。

表4-1为全线典型土压平衡盾构机主要参数的对比统计。

二、两种典型土压平衡盾构机对比

三号线北延段施工1标燕塘站—梅花园站盾构区间,左线为全新的小松盾构机,右线为海瑞克盾构机,曾在武汉完成300m软岩掘进,在始发前对盾构机相应设备进行验收,并对仓门密闭性、泡沫系统等现场检测,检测合格。

(一)两种盾构机对比分析

1. 刀具配置

图4-7、图4-8分别为小松盾构机、海瑞克盾构机刀盘和刀具配置图,其刀具配置对比见表4-2。

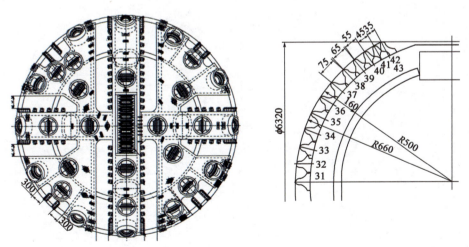

图4-7　小松盾构机刀盘和刀具配置图(尺寸单位:mm)

全线典型土压平衡盾构机主要参数对比统计　　　　表 4-1

主要部件	细部部件	海瑞克	小松	威尔特	罗瓦特
基本尺寸	开挖直径(mm)	6280	6320	6310	6280
	护盾直径(mm)	6250		6262	6250
	主机长度(m)	8.56	8.680	9.775	8.74
	整机长度(m)	81	75.055	81.242	约96
	盾构及后配套总质量(t)	500	400	486	480
	最小转弯半径(m)	250	150	250	250
	盾壳厚度(mm)	45	45	40	
刀盘	刀盘形式	辐条面板式	辐条面板式	辐条面板式	辐条面板式
	开口率(%)	26	40	28	33
	滚刀	39(40)刃 35 把(双刃 4 把,单刃 31 把)	43 刃 31 把(双刃 12 把,单刃 19 把)	40 刃 40 把(双刃 10 把,单刃 30 把)	41 刃 37 把(双刃 4 把,单刃 33 把)
	切削刀	80 把(刮刀 16 把,撕裂刀 64 把)	167 把(切刃 74 把,刮刀 44 把,先行刀 49 把)	124 把(中心刮刀 10 把,正面刮刀 90 把,周边刮刀 12 把,边缘保护刀 12 把)	84 把(刮刀 72 把,撕裂刀 12 把)
	仿形刀和扩挖刀	超挖刀 1 把	超挖刀 2 把	0	正面 5,刀盘边缘 2
	刀盘泡沫注入点(个)	4	5	8	60
	质量(t)	54(带刀具)		53	
	扩挖方式	—	12"双刃滚刀通过油缸伸出	无	液压,用于超挖刀和泡沫(4 条线)
	旋转接头				
刀盘驱动	驱动模式	液压驱动	变频驱动	液压驱动	变频驱动
	转速(r/min)	0~4.5	0.36~4.0	0~3.75	最大 3.5(双向)
	额定转矩(kN·m)	4500	5733	4850	6650

续上表

主要部件	细部部件	参数			
		海瑞克	小松	威尔特	罗瓦特
	脱困扭矩 (kN·m)	5300	6880	6305	8320
	主驱动功率 (kW)	945	800	945	1200
刀盘驱动	主轴承形式	三排轴向径向圆柱滚子轴承	三排轴向径向圆柱滚子轴承	三排轴向径向圆柱滚子轴承	三排轴向径向圆柱滚子轴承
	主轴承直径 (mm)	3000		3000	3130
	主轴承寿命 (h)	10000	10000	10000	10000
	密封工作压力 (bar)①	4		4.5	4
	主轴承密封润滑形式	EP2润滑	主轴承部分：油浴强制润滑方式 密封部分：集中润滑注脂方式	内、外密封均为自动集中润滑	独立润滑系统
推进系统	最大推力 (kN)	34210	38500	36100	37800
	油缸数量 (个)	20	22	20(10对)	20
	油缸行程 (mm)	2000	2150	2100	2250
	最大推进速度 (mm/min)	100	60	80	150
	位移传感器数量 (个)	4	4(1,6,11,17号油缸)	4	4
	推进缸分区数量 (个)	4	4	4	4
	铰接类型	被动	主动	被动	被动
泡沫系统	管路数量 (个)	4(可注入泡沫水)	5	4	4(可注入泡沫水)
	注入口分布 (个)	以中心向外辐射		内圈4，外圈4，螺旋输送机前部1(可注入泡沫、水、泥浆)	刀盘内圈5，边缘2
	最大泡沫注入量	5L/min	133L/min	220m³/h	220m³/h
	控制模式	人工，自动，半自动		自动/手动	自动/手动
	用水量	95L/min	3.3m³/h，1.3m³/h	4.9m³/h	5m³/h，10bar(用户自备)
螺旋输送机	形式	中心轴式螺旋	中心轴式螺旋	中心轴式螺旋	中心轴式螺旋
	外径 (mm)	900	812.8	800	914

续上表

主要部件	细部部件		海瑞克	小松	威尔特	罗瓦特
	驱动功率(kW)		315	180	200	225
	最大扭矩(kN·m)		215		126	750
	转速(r/min)		0~22.4	0~13	0~24	0~22
	最大出土能力(m³/h)		300	222	420	430
	通过最大块度(mm)		500×600		600×300×300	300
螺旋输送机	螺旋机闸门		液压式	双层闸门	双层闸门	双闸门
	驱动形式		电机驱动	电机驱动	电机驱动	
	皮带宽度(mm)		800	650	800	
	皮带机长度(m)		45	128	59	
	驱动电机功率(kW)		30	18.5	55	
	皮带运行速度(m/s)		2.5	2.17	3	
	最大输送能力(m³/h)		750	280	450	
功率配置	刀盘驱动(kW)		945	800	945	
	盾构推进(kW)		92	45	55	
	管片安装器(kW)		45	45	45	
	吊运设备(kW)				2×11	
	螺旋机驱动(kW)		200	90	200	
	总装机功率(kW)		1502.24		1476.2	

注：① 1bar＝0.1MPa。

第四章 工程风险分析与盾构选型

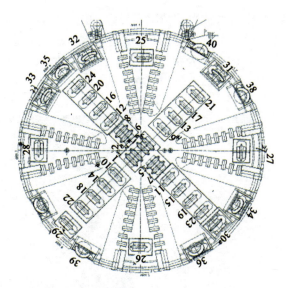

图 4-8 海瑞克盾构机刀盘和刀具配置图

两种盾构机刀具配置对比表　　　　　　　　表 4-2

类　型	小松盾构机	海瑞克盾构机
滚刀总刀刃	43 个刀刃,滚刀高于刀盘 160mm	40 个刀刃,滚刀高于刀盘 175mm
中心区域	加强型双刃滚刀 4 把	双刃滚刀 4 把
中间(正面)区域	双刃滚刀 8 把	单刃滚刀 20 把
外周(边缘)区域	单刃滚刀 19 把,其中 40/41 同心,42/43 同轨迹	单刃滚刀 12 把
边缘刮刀	高度为 90mm 的大尺寸边缘单刃刮刀 44 把	16 把
刀间距	在中心区域滚刀间距为 100mm,在中间区域滚刀间距为 70～84mm,外周区域滚刀间距在 35～75mm 之间	

小松盾构机其他配置刀具:刀盘中心、中间区域辐条两侧共设置有高度为 90mm 的切削刀 74 把,面板中间设置高度为 120mm 的贝壳形先行刀 I 12 把,在面板中间及外周弧度区设置高度为 100mm 的贝壳形先行刀 II 31 把,最外周弧度区设置高度为 140mm 的贝壳形先行刀 III 6 把。

2. 刀座、刀箱

小松盾构机在掘进〈9H〉岩面及岩石强度较高地层,出现几次刀座损坏现象(图 4-9)。

对于损坏刀座,可将刀座割除(图 4-10、图 4-11),安装新刀座(图 4-12)进行焊接即可,但在安装新刀座过程中对刀座定位(图 4-13)非常重要,防止因定位错误导致刀具运行轨迹发生变化。

海瑞克盾构机在本区间更换过一次三联体刀箱。

3. 盾构机开仓换刀

从左右线换刀统计表中可以看出,小松盾构机在本区间采用的开仓换刀技术均为常压开仓,一方面由于本区间独特的水文地质情况而导致,另一方面小松盾构机的气压仓门设计太低,本区间水文地质具有承压水特性,并且隧道上方覆土较为松散,因此在气压换刀过程中无法打开仓门,无法将土仓内的水及渣土排出至 3～9 点位以下,反而会因排水及出渣无法控制而导致地面较大沉降,因此小松盾构机在本区间换刀方面适应性不强。

图 4-9　刀座损坏

图 4-10　割除损坏刀座　　　　　　　　图 4-11　割除后的破损刀座

图 4-12　新刀座　　　　　　　　　　　图 4-13　刀座定位

反观海瑞克盾构机在本区间的带压换刀较为成功,在换刀方面较小松盾构机更有效率,为盾构掘进节约了不少时间,而刀盘前方土体在气压过程中有剥落现象,通过泥膜护壁的施工技术,再气压开仓换刀,仍能达到换刀效果,不需要进行土仓回填。

4. 盾构机铰接

小松盾构机采用主动铰接方式,海瑞克盾构机则采用被动铰接方式,两种不同的铰接方式起到不同的效果,见表4-3。

两种盾构机铰接方式对比　　　　　　　　　表4-3

铰接方式	主动铰接(前盾推进)式	被动铰接(盾尾牵引)式
工作原理	利用推进油缸顶住盾尾,铰接油缸顶住前盾(安装有刀盘)往前推进	利用推进油缸顶住前盾,铰接油缸牵引盾尾往前掘进
图示		
铰接角度	盾构机的铰接角度可以根据铰接油缸的行程设置任意进行设定	盾构机的铰接角度无法任意设定
方向控制	盾构机的方向控制除通过选择推进油缸数量、设定最大推力以外,还可以通过设定铰接油缸的行程来实现	盾构机的方向控制只有通过设置推进油缸的数量和最大推力来实现
脱困能力	掘进推力过大时,先用铰接油缸让前盾往前推进,然后用推进油缸让盾尾往前推进,可以实现脱困	盾尾的阻力很大时,铰接油缸会失去控制被拉出(有时会导致托架损坏)
价格	铰接油缸的推力很大,因此和盾尾牵引方式相比价格较高	铰接油缸较小,和前盾推挤方式相比价格便宜

实际掘进时,小松盾构机主动铰接在盾构机脱困方面较海瑞克盾构机有优势,当主推力达不到脱困目的时,可以通过两部分进行脱困,用主动铰接推进开挖出空间,然后回缩,用主推力拉动中盾及盾尾推进,以达到脱困的效果。

海瑞克盾构机在脱困方面更多采用在铰接处焊接连接钢板,将盾构机形成一个整体,在用推进油缸同时,增加千斤顶以达到脱困效果。

小松盾构机的主动铰接纠偏力度很大,在硬岩地层中如果纠偏过猛,则会造成盾构机被卡的后果。

海瑞克盾构机的被动铰接纠偏技术在硬岩地层中纠偏比小松盾构机方便,不需担心盾构机被卡。

5. 泡沫系统

小松盾构机具有两套泡沫系统,一套A系统,一套B系统,掘进过程中A、B系统轮换使用,防止泡沫系统堵塞。本区间小松盾构机泡沫管堵塞次数要低于海瑞克盾构机。

(二)小松盾构机设备改进

1. 改进螺旋输送机

由于在汽修厂—银利花苑住宅区段盾构掘进过程中发生了严重喷涌,针对此种情况,对小松盾构机的螺旋输送机后闸门处进行改进,增加一道控制闸门,起到一定防喷涌效果。

2. 使用小排量推进油泵

小松盾构机在 1089 环换刀后,待掘进地层仍然为上软下硬地层,下部硬岩岩面及强度均较高,为防止因操作不当造成刀具磨损,将推进油泵改进成小排量推进油泵,改装完成后千斤顶最大速度为 6mm/min,操作面板上调节千斤顶推进速度操作键无效,使因操作不当造成刀具磨损的情况得到有效控制,在掘进完该段地层后再重新更换即可。

3. 修补主轴承密封圈

为防止高仓压掘进过程中小碎石破坏主轴承密封圈,在主轴承密封内圈及外圈塞盘根进行强化密封,内圈及外圈各 28 道盘根,完成后注入黄油,并且在内圈及外圈点焊钢筋,防止小碎石进入,如图 4-14 所示。

图 4-14 主轴承密封圈修补

(三)小结

通过对盾构机选型的实践及工效对比,总结如下:

(1)长距离微风化花岗岩地层中应当慎用盾构法。

三号线北延段施工 1 标燕塘站—梅花园站区间盾构掘进的实践表明,在长距离(超过 50m)微风化花岗岩〈9H〉地层,采用盾构法施工的效率确实不高,设计上采用矿山法施工是合理的。

(2)一种刀盘及刀具配置并不能包打天下。

从理论上讲,盾构机刀盘及刀具的配置,应当根据洞身围岩的变化情况而做出适当的调整,但刀盘的更换实际中很难实现。盾构机的刀盘形式及刀具数量在采购时就已确定,面对不同的施工地域和不同的地层条件,其刀盘形式及刀具位置并没有选择余地,但在刀具型号的选择上却可以做些选择。如果在微风化花岗岩地段一定要采用盾构法施工,则盾构机的刀盘及刀具如何配置值得探讨,例如:为了提高滚刀在〈9H〉地层中的破岩效率,可否考虑适当增加滚刀的数量(现在是 35 把);可否考虑将滚刀的刀间距由目前的 100mm 适当调小一些,如 85mm;可否考虑尽量选用材质好、强度高、耐磨性好的刀具。

(3)盾构在〈9H〉与〈9Z〉地层中掘进的差别值得重视。

本区间地层的划分恰好以盾构始发井为分界点,始发井—同和段(同和方向)为燕山期花岗岩微风化带〈9H〉,岩石坚硬,较完整,其岩石质量指标 RQD 值为 60%~90%,天然抗压

强度平均值 $f_c=106.1$MPa；始发井—永泰段（永泰方向）为震旦系混合花岗岩微风化带〈9Z〉，岩石硬，较破碎，其岩石质量指标 RQD 值为 50%～80%，天然抗压强度平均值 $f_c=81.87$MPa。上述两种地层虽然同为微风化硬岩，但盾构机的掘进状态和推进速度却完全不同，在〈9H〉地层中，一天平均仅有 1 环左右；而在〈9Z〉地层中，一天可掘进 6 环左右，最快时连续两天曾掘达 10 环。

（4）消除漏渣有待探索更好办法。

在岩层节理较发育、地下水较丰富的硬岩及上软下硬地层，螺旋输送机出渣口的喷涌和漏渣虽说难以避免，但如果漏渣量太大，势必需要花费大量的人力和时间去清理，因此，如何尽量减少漏渣量对于提高盾构施工的效率具有实际的意义。

第四节　泥水平衡盾构机选型及对比

泥水盾构工法即一边以机械开挖方式进行开挖，一边注入适当压力的泥浆使其在开挖面形成泥膜，支承正面土体，实现开挖面稳定，渣土与泥水混合后，形成高密度泥浆，由排泥泵及管道用流体输送方式运到地面上。该施工工法的开挖、开挖面稳定、渣土处理由一个整体化的系统运作。

泥水平衡盾构机系统如图 4-15 所示，主要由下列装置构成。

（1）开挖系统：用刀盘在开挖面整个断面上边开挖，同时实现推进。

（2）循环系统：调整泥水性质的同时，将其送到开挖面，以保持开挖面稳定，同步输送开挖土砂的排泥装置。

（3）泥渣分离系统：将开挖土砂与泥水分离。

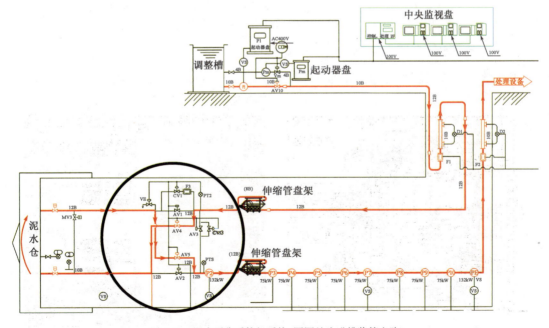

图 4-15　泥水平衡盾构机系统（圆圈处为进排浆管交路）

德国和日本的盾构设计理念既相同又有差异,通过对其特点研究有利于泥水盾构选型。

一、泥水平衡模式

泥水盾构通过泥水压力实现对掌子面的支撑。在实现泥水压力的方法上,德、日各有不同。

1. 日本式泥水压力模式

日本式泥水压力的控制主要靠进出浆流量差来实现(图 4-16),进浆 P_1 泵和排浆 P_2 泵的变频电机转速,由转速差实现流量差,即如果进浆泵转速大于排浆泵转速,进浆流量大于排浆流量(排浆量＝进浆量＋开挖土石方量－泄漏到地层中的泥水量),形成流量差,而且这个流量差大于泥水在开挖地层中的损失量,泥水仓内的泥水压力随即升高,反之亦然。这是纯粹的泥水循环理念,即完全依靠液体介质实现泥水压力。流量差也可以通过调节阀的开度来实现。

日本系泥水压力设定指标又称"切口水压":

$$设计泥水压力＝开挖面水、土理论压力＋加压$$

一般加压值控制在 20kPa,加压过大会使开挖面的渗透加强,过小可能会导致塌方。设计值要根据土层渗透系数等物理力学指标进行设定,同时还应考虑江中潮位的变化情况。例如某工程穿越河道水位深度在高潮时为 $h_{高}=6.5m$,在低潮时 $h_{低}=4.7m$。刀盘前方的水、土压力采用太沙基公式并按水土合算方法计算,得到盾构机刀盘在浅覆土层时的水、土压力最高和最低分别为 161kPa 和 150kPa。

设计泥水压力:

$$P_{高}＝土压力(含水压力)＋加压(K)＝161＋20＝181kPa$$
$$P_{低}＝土压力(含水压力)＋加压(K)＝150＋20＝170kPa$$

2. 欧洲式泥水压力模式

欧洲式泥水盾构压力控制要靠辅助气压仓实现(图 4-17)。泥水盾构掘进中面临着泥水

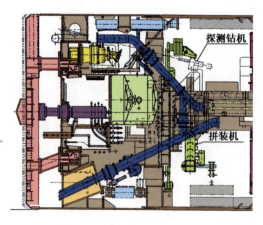

图 4-16 直接控制模式盾构

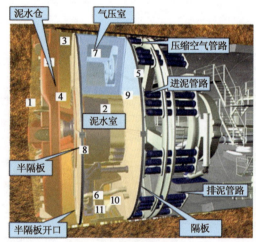

图 4-17 间接控制模式盾构

压力波动的风险,即如果地层中存在较大间隙或者压力泄漏通道,泥水可能泄漏,泥水仓压力降低,地层会沉降;在相反的情况下,如果排浆管堵塞,泥水仓压力则瞬间升高,土体会隆起。由于液体介质的不可压缩性,这种压力波动会十分敏感。相对于液体,气体具有可压缩性,当外界压力变化时,气体可以通过自身体积变化来相应改变并适应外界压力,即有自动调节压力功能,但这种调节的幅度较小,是一种瞬间的微调。

欧洲系"切口水压":

$$P_{顶部} = P_1 - \gamma h_1 + 加压$$
$$P_{底部} = P_1 + \gamma(d - h_1) + 加压$$

由公式可见,欧洲系压力控制是个间接值——气压值,要通过换算才能得出地层水、土压力。气压仓的缓冲作用,同时带来反应迟缓的副作用,即地层水、土压力的变化,并不能立即被气压值反映出来。间接控制式设计可以使泥水的"保压"和"输送"功能分离,分别控制。在这种设计理念指导下,欧洲系泥水盾构的整个循环系统设计都有别于日本系。

欧洲系泥水盾构往往采用双仓式设计,即在泥水仓后设置联通的气压仓,通过调节气压仓空气的压力来控制泥水压力。气压仓的气囊压力还可以对掘进时泥仓内压力的波动进行补偿或缓解,使泥仓压力更趋于所需的稳定数值。这样就可通过两种模式实现泥水压力,即纯泥水式(泥水流量差)方式和气压方式。图 4-15 为这种模式的示意图,"海瑞克"称这种模式的盾构为混合式盾构(MIXSHIELD)。实践中,欧洲系更强调用气压模式。

二、泥水循环模式

泥水循环系统的核心功能是"输送"和"保压"。由于泥水平衡模式的不同,直接影响了泥水循环系统的选型。日本系泥水循环系统将两个功能合二为一同时实现;欧洲系则有所分离,泥水系统主要是"输送",辅助气压仓主要是"保压"。泥水循环系统的关键是"防止堵塞"。

泥水循环系统其构成如下(图 4-18)。

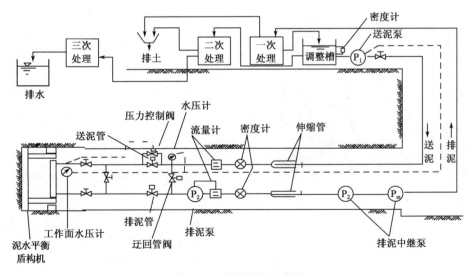

图 4-18　送排泥装置示意图

(1)将质量得到调整的泥水输送到开挖面,并控制开挖面泥水压力的送泥设备及管线。
(2)将开挖土砂稳定地输送到泥水处理设备的排泥设备及管线。
(3)推进停止和管路延伸时所用的旁通设备及管线。
(4)停止推进期间控制和保持开挖面泥水压力的设备及管线。

其中任何一个功能的实现,都做了针对性的设计。值得注意的是,其中为了"防止堵塞",采取了特别措施,本节将对其中的特殊设计重点介绍。

如前所述,尽管采取了碎石机(图4-19)等措施,但还是有漏网之鱼的大渣块(图4-20和图4-21)进入管路系统。循环系统中有弯管、阀门、泵和上千米的管道,大渣块很可能在管路系统的某个部位卡管。一旦发生堵塞,要在整个庞大的系统中把堵塞点找到无异于大海捞针。但是,进入管路的大渣块有其特点:这种渣块往往只有一个方向(三维)上的尺寸超过管径,通俗的解释就是长条状物体,在某一个姿态下得以进入管路,但姿态改变或遇到管道转弯,渣块卡死。

图4-19 破碎机

图4-20 51cm长木方,因塌方进入土仓,进入管路并堵塞

图4-21 30cm地下钢筋水管碎混凝土,因塌方进入土仓,进入管路并堵塞

针对这个特点,可以采取两个措施:
(1)管路分区管理,方便判断堵塞部位。具体分为三个区:泥水仓、盾构机内管路、隧道内管路。三个分区可以独立循环。
(2)建立逆循环功能。即浆液可以反方向流动。目的是通过改变液体流向,改变渣块的方向,使得渣块恢复到可以通过管路的姿态。

循环系统有四种工作模式:
(1)正循环状态:输浆管入浆,排浆管出浆,同时排出废浆。
(2)逆循环状态(图4-22):通过机内阀组切换,输浆管的浆液由土仓底部排浆管进入土仓,从上部输浆管排出。
(3)静止保压状态:排浆管关闭,补浆管根据压力值自动补充浆液。
(4)机内小循环状态:用于清洗机内管路,泥浆只在机内循环。

逆循环是一种巧妙的循环。一般认为,刀盘开挖的土渣在重力作用下沉淀到土仓底部,废排浆口设置于此,恰好将其带走。如果遇到了排浆口堵塞,如有大渣块进入了土仓,却无法进入排浆口,则正循环无法实施。此时采用逆循环,排浆口称为大直径的冲刷口,可以把堵塞物冲开,而堵塞物将泥水仓上部的进浆口堵塞的概率微乎其微,于是泥水循环得以进行,盾构可以掘进。当然,逆循环掘进的功效要低于正循环,而且土仓内的大渣块无法排出,在土仓内反复研磨,对盾构机刀盘等结构件不利,所以逆循环只能是一种应急的循环模式。如塌方的时候,土仓内堆积了大量渣块,无法正循环,同时盾构机能继续掘进,通过塌方区后到达相对稳定地层后再处理,此时就可用逆循环模式。

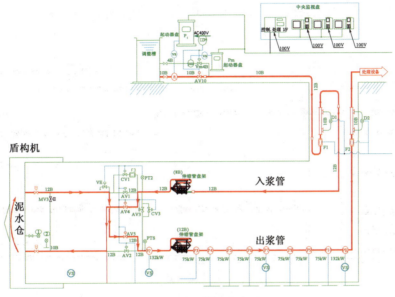

图 4-22 逆循环状态

值得注意的是,逆循环功能多为日系盾构所有功能,欧洲系盾构机只有"逆冲"功能。逆循环与逆冲,字面差之毫厘,但实际效果很不一样。

逆冲强调的是"冲",冲一把,是瞬时动作,如图 4-23 所示。

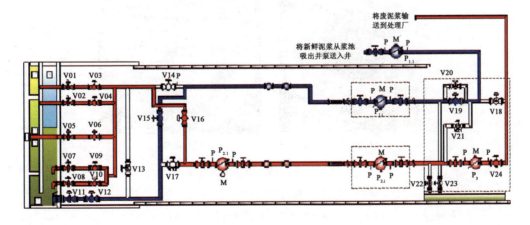

图 4-23 欧洲系逆冲模式

逆循环强调的是循环,要实现循环有两个前提:一是冲开堵塞物,二是进浆与排浆匹配,进浆量和排浆量达到平衡。

欧洲系盾构不能实现逆循环,原因之一是其土仓管路设计。欧洲系泥水进浆管分成多路进入土仓,其中有两路位于土仓下部,有一路直达刀盘后面。显然,如此复杂的进浆管很难实现简单的逆循环。

三、土仓冲刷功能

欧洲系复杂的管路设计体现了其对土仓循环的不同见解,欧洲更强调土仓内循环的冲刷作用(图4-24),防止土仓内局部的堵塞问题发生。

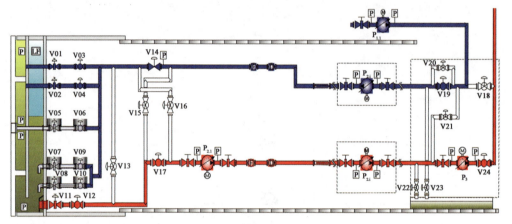

图4-24 欧洲系正循环模式

欧洲系入仓管路基本可分为三部分:
(1)泥水仓上部,V01和V02负责上部泥水仓循环(图4-25);

图4-25 泥水仓胸板泥浆孔布置图

(2)刀盘中央容易结泥饼,V06负责直接冲刷(图4-26);
(3)排浆口附近,V07和V08冲刷破碎机前部区域(图4-27)。

如前所述,欧洲系保压和排渣功能是分离的,所以欧洲系可以把更多的重点放到"排渣"功能上,排渣的第一重点是防止堵塞,欧洲系针对土仓最容易堵塞的部位进行重点冲刷,如刀盘中心和排浆口。相对而言,土仓的中上部结泥饼或堵塞的可能性较小,所以欧洲系减少了上部泥水的分配量。

图 4-26 刀盘正面中心泥浆孔　　　　　图 4-27 刀盘背面中心泥浆冲刷管路

欧洲系泥水循环的缺点是：

(1)进浆管路弯管多、管径小,如果要进行逆循环,容易发生管路堵塞,所以欧洲系泥水盾构只是设计了短时间的逆冲功能,即只允许排浆管短时间的作为进浆管冲刷泥水仓。

(2)进浆流量分配给各支路进浆管后,入浆和出浆分配不平衡。欧洲系泥水循环流量是递加累进的：泥水仓内中上部＜泥水仓内下部＜气压仓下部,这就造成了局部泥水循环不足的问题,造成的后果是泥水仓内局部渣土可能无法及时排出。

图 4-28 为盾构机环流系统进、排泥管局部详图。

图 4-28 盾构机环流系统进、排泥管局部详图

(3)欧洲系泥水仓循环不足,砂卵石渣土滞留泥水仓,增加了盾构磨损的风险。欧洲系盾构机刀盘到出浆泵吸口距离大(泥水仓长度＋气压仓长度),砂石到泥水仓泵的吸口需要流动一个较长的距离,排浆口泵的吸力因为面扩散而使吸力大大降低；另一方面,如前所述,泥水仓内循环不足。"推"和"吸"两端的乏力使得渣土滞留泥水仓。如成都地层大直径砂卵石的比例大、质量大,流动比较困难,渣土因此无法快速排出,在泥水仓内磨损盾构。

四、典型泥水盾构机参数对比

三号线北延段龙归站—人和站区间采用 4 台泥水平衡盾构机施工,分别是海瑞克和三菱,相关参数对比见表 4-4。

泥水平衡盾构机主要参数对比表　　　　　表 4-4

主要部件名称	细部部件名称	参数 海瑞克	参数 三菱
基本尺寸	刀盘图		
	开挖直径(mm)	6250	6280
	护盾直径(mm)		6260
	主机长度(m)	8.47	9.120
	整机长度(m)	约 84	约 70
	盾构及后配套总质量(t)	472	445
	最小转弯半径(m)		250
	盾壳厚度(mm)		45
刀盘	刀盘形式	辐条面板式	
	开口率(%)	26	33
	滚刀	6 把双刃	
	切削刀	88 把(72 把齿刀,16 把边刮刀)	180 把(31 把贝壳刀,66 把刮刀,1 把鱼尾刀,42 把铲刀,40 把先行刀)
	仿形刀和扩挖刀		1 把超挖刀
刀盘驱动	驱动模式	液压	变频电机驱动
	转速(r/min)	2.5	0.3~3.0
	额定转矩(kN·m)	4346	5669
	脱困扭矩(kN·m)		6803
	主驱动功率(kW)	650	900
	主轴承形式	三排轴向径向圆柱滚子轴承	三排轴向径向圆柱滚子轴承
	主轴承直径(mm)		3000
	主轴承寿命(h)		10000
推进系统	最大推力(kN)	34210	36000
	油缸数量(个)	30	24
	油缸行程(mm)	2000	1950
	最大推进速度(mm/min)		60

第五章 花岗岩地层盾构掘进及辅助工法

第一节 全断面硬岩掘进

一、工程概况

同和站—永泰站区间隧道以始发井为界,分为南北各两条隧道,始发井两端约300m硬岩段采用矿山法施工,然后由盾构机空推拼装管片;其余地段均采用常规盾构法施工。沿线地势高低起伏、地形变化较大,地貌形态为剥蚀残丘(多呈馒头状),间或发育冲沟和冲积洼地。区间地面建筑物较为密集,多为3~10层住宅和办公楼,其基础多为天然基础,砖混结构居多。沿线分布地层由上到下主要有第四系冲积—洪积层和基岩残积土、燕山四期花岗岩和震旦系混合花岗岩。

本区间隧道范围内,花岗岩类和花岗片麻岩的风化岩和残积土具有两方面特性:一是遇水软化、崩解;二是球状风化体发育。

(1)遇水软化、崩解:花岗岩和花岗片麻岩残积土和全、强风化岩遇水浸泡后,会发生软化崩解现象,导致岩土体强度急剧下降,影响地基土的承载力和开挖面的稳定性。

(2)球状风化:在残积土及全、强风化带中,局部发育中、微风化球状风化体。球状风化发育位置不具备明显规律,其强度、硬度与周围岩土体存在巨大差异,对地下工程施工有较大影响。

此外,花岗岩和花岗片麻岩的微风化层,岩石完整性好,RQD值高,岩石强度高,对隧道掘进有较大影响。

二、主要困难

(一)盾构推进速度慢

同和站—永泰站区间四条隧道各有约100m的全断面硬岩,尤其是同和方向的两条隧道,岩层为微风化花岗岩〈9H〉,质地坚硬(单轴抗压强度$f_c=134.5$MPa),裂隙不发育,完整性较好,盾构机在该段地层掘进时,开仓后发现,掌子面磨得像个磨盘,滚刀在岩面上留下的划痕清晰可见,而岩石被滚刀破碎的痕迹则很难见到,渣样呈粉末状,致使盾构推进速度非常慢,仅有1~3mm/min,如图5-1和图5-2所示。

(二)掉渣多,清渣量大

盾构在全断面硬岩及上软下硬地层掘进过程中,由于裂隙水的存在,使得出渣口喷涌、漏渣严重,管片底部的沉渣埋平至轨道面,清渣工作量大,不得不花费大量的时间和人力来清理,从而严重影响了盾构施工进度。

图 5-1　同和左线 200 环位置〈9H〉岩层

图 5-2　同和左线 205 环〈9H〉岩层渣样

(三)刀具磨损严重,开仓换刀频繁

盾构在微风化花岗岩和上软下硬地层中掘进的另一个突出问题,便是刀具极易磨损,甚至于刀圈脱落、断裂,刀毂受损,轴承破碎,需要频繁开仓换刀。同和站—永泰站区间仅同和左线(1 号隧道)1153.5m(共 769 环)的范围内,开仓换刀次数就达 21 次,其中带压 8 次,共占用时间 68 天,累计更换单刃滚刀 221 把、中心滚刀 21 把、边刮刀 40 把,具体统计见表 5-1。

左线换刀统计表　　　　　　　　　　　　表 5-1

序号	换刀日期	换刀情况	换刀数量(把)	刀具磨损情况	换刀位置(环)
1	3 月 15 日～3 月 16 日	单刃滚刀 31、35、33、30、28 更换成维尔特刀	5	31(5mm),30(6mm),28、35(10mm),33(刀圈偏磨严重)	180
2	3 月 18 日	单刃滚刀 18、36、38 更换成维尔特刀	3	18(防尘密封损坏),36(10～15mm,保护帽掉 1 个,刀圈卷刃严重,并偏磨),38(挡圈掉)	183
3	3 月 29 日～3 月 31 日	单刃滚刀 30、33、25、34、24、16、26、29、23、21、39 更换成维尔特刀	11	34、29、33、23、39(偏磨),16(挡圈掉),21(5～12mm),24、25、26(10～20mm)	200
4	4 月 15 日	11、21、22、23、25、27、29、30、33、34、35、36、37、38、39,中心刀 1-3、2-4 更换成维尔特刀	17	23、33、34、37(偏磨),22、27、35、36、38(刀圈损坏),25(10～20mm),29、30(20mm),12、13、15、19、21、31(5～15mm),其余均小于 10mm	215
5	4 月 20 日～4 月 21 日	中心刀 2 把,单刃刀 1 把	3		223
6	4 月 30 日～5 月 13 日(带压)	15、25、22、26、18、11 安装庞万利的普通单刃滚刀;30、33、34、35、36、37、38、39 安装维尔特刀或庞万利重型单刃滚刀;更换中心刀 2 把 1-3、2-4	15+1	刀具普遍磨损 10～20mm	241

续上表

序号	换刀日期	换刀情况	换刀数量（把）	刀具磨损情况	换刀位置（环）
7	5月19日～5月22日	9、10、12、13、14、15、16、17、21、19、23、20、22、25、24、26、27、28、29安装庞万利的普通单刃滚刀，30、31、32、33、34、35、36、37、38、39安装维尔特刀或庞万利重型单刃滚刀，更换中心刀2把1-3、2-4，16把边刮刀	29+2+16	刀具普遍磨损10～20mm	271
8	5月24日	安装庞万利的普通单刃滚刀，3把边刮刀	2+3	刀具普遍磨损5～15mm	275
9	5月26日	未换刀，拧紧单刃滚刀保护帽			276
10	5月28日	未换刀，拧紧单刃滚刀保护帽，清理大石块			278
11	6月1日	1把更换为庞万利的重心单刃滚刀，1把中心滚刀，5把边刮刀	1+1+5	刀具普遍磨损10～20mm	281
12	6月6日～6月7日	24、33、20、14、28、36、35、37、38更换为庞万利的单刃滚刀	9	刀具普遍磨损10～25mm	285
13	6月9日～6月11日	39更换成维尔特刀，13、17、21、28、19、23、34安装洛阳九九重型刀，11、10、22、25、12、14、27更换为庞万利的单刃滚刀	15	39、24刀圈磨尖，12、14、27、11、10、22、25、13、17、21、28、19、23刀刃微卷，31、32、24、35、38、26、29、36、15刀螺栓松动	288
14	6月15日	更换10把单刃滚刀38、32、30、31、33、35、36、37、28、29，2把维尔特，1把庞万利重型刀，1把庞万利普通刀，其他为洛阳九久	10	更换刀具普遍偏磨5～12mm	288
15	6月25日～6月26日（带压）	地层于6月18日发生变化，以〈7H〉为主，安装剩余边刮刀			338
16	6月29日～7月4日（带压）	更换16把边刮刀，3单刃滚刀，4把中心刀	16+3+4	刀具普遍磨损10～20mm	351
17	7月31日～8月3日（带压）	所有单刃滚刀（31把）加中心双刃滚刀（4把）	31+4	34、32、12、27、36、33、13刀具普遍磨损10～30mm，其余为5～25mm，30偏磨	710
18	8月17日～8月21日（带压）	26、27、28、29、30、31、32单刃滚刀	7	刀具普遍磨损10～30mm	825
19	8月25日～8月27日（带压）	17、18、19、20、21、22、23、24、25、26、27、30、31、32、36、37、38、39单刃滚刀	18	刀具普遍磨损10～30mm	828
20	8月31日～9月2日（带压）	所有单刃滚刀加中心双刃滚刀	31+4	刀具普遍磨损10～25mm，27、26偏磨10～20mm，14、21刀圈崩裂	836
21	9月9日～9月11日（带压）	16、17、19、21、22、23、25、26、27、31、33、34、35、36、37、38、39单刃滚刀	17	刀具普遍磨损10～25mm	846

本工点刀圈偏磨、脱落、崩断、刀毂磨损如图 5-3～图 5-12 所示。

图 5-3 同和左线 215 环刀圈崩裂

图 5-4 同和左线 285 环刀圈偏磨

图 5-5 同和左线 241 环刀圈脱落

图 5-6 同和左线 824 环单刃滚刀毂磨损

图 5-7 软岩地层刀具正常磨损

图 5-8 单刃滚刀开口环掉落

图 5-9　同和左线 271 环刀圈掉落

图 5-10　同和左线 271 环刀圈严重磨损

图 5-11　密封定位件的磨损变形

图 5-12　部分更换下来的单刃滚刀刀圈

三、应对措施

在硬岩及上软下硬地层中，盾构掘进速度慢的问题具有普遍性，难以从根本上解决，尤其是在盾构机刀盘及刀具配置无法改变的情况下更是如此，唯有耐心慢慢地磨，直到通过为止。但通过采取适当措施，能够在一定程度上提高盾构施工的效率。这些措施包括：

(一) 配备重型单刃滚刀和中心滚刀

同和站—永泰站区间先后使用过的刀具主要有意大利庞万利（重、轻型）、洛阳九久（重型）、德国维尔特、武汉江钻四种。其中，意大利庞万利新刀三盘，105 把（重型刀 16 把），单购轻型刀 67 把，重型刀 26 把；德国维尔特轻型刀 60 把；洛阳九久重型刀圈 230 把；武汉江钻 16 把。从实际使用的情况来看，前三种破岩效果相差不大，后一种的强度和耐磨性则明显不及前三种。在硬岩地段掘进时，边缘滚刀的配置则以重型刀为主。此外，为了增加中心刀支架的耐磨性，在两个刀圈之间加焊过耐磨条。本工点配置刀具如图 5-13、图 5-14 所示。

(二) 不装或少装边刮刀

盾构在硬岩地层掘进过程中，由于边刮刀所起的作用并不大，且容易磨平，乃至崩断、掉落（图 5-15、图 5-16），引起盾构机刀盘被卡，不得不开仓在土仓内去捞起掉落的残片，影响盾构掘进,故可不装或少装。本工点曾经在边刮刀掉落之后,干脆不再安装,并在其相应位置焊上钢板,以保护刀盘不被磨损。

图5-13 庞万利双刃滚刀

图5-14 庞万利重型单刃滚刀

图5-15 同和左线200环边刮刀断裂掉落

图5-16 同和左线215环正面刮刀断裂掉落

(三)选择合理的掘进参数和掘进模式

盾构在硬岩或上软下硬地层中掘进时,其掘进参数主要指总推力、刀盘转速和扭矩、掘进速度以及出土量等。其中,总推力是影响刀具磨损的最直接参数。总推力的大小直接决定了刀具所承受的荷载。推力过大,虽然短期内掘进速度会加快,但过大的荷载会使滚刀轴承受挤压而产生变形,继而影响滚刀的自转,最终造成滚刀刀圈的偏磨或断裂。在同和站—永泰站区间此种情形多次出现,尤其是当总推力超过15000kN时更为常见。刀盘转速也是影响刀具磨损的另一个主要因素,在硬岩地层中,过快的转速会造成盾构机振动颠簸,从而加剧刀具的磨损。本工点同和左线(1号隧道)盾构掘进参数统计见表5-2。

同和左线(1号隧道)盾构掘进参数统计表　　　　　　表5-2

环号	所在地层	掘进参数			平均日进度(环/d)
		总推力(kN)	刀盘扭矩(kN·m)	掘进速度(mm/min)	
1～177(空推段)	〈9H〉	3000～4300	0	24～35	7
178～241	全断面硬岩〈9H〉	9700～15000	1000～3000	2～6	1.3

续上表

环号	所在地层	掘进参数			平均日进度(环/d)
		总推力(kN)	刀盘扭矩(kN·m)	掘进速度(mm/min)	
242~290	上软下硬 ⟨7H⟩⟨8H⟩ ⟨9H⟩	9700~21300	1000~3000	3~26	1.4
823~849	上软下硬 ⟨6H⟩⟨7H⟩ ⟨8H⟩⟨9H⟩	14000~24000	1000~2500	1~4	0.9
其他环	⟨5H⟩	11000~14500	1000~2000	20~50	8.8
	⟨6H⟩	11000~16000	1400~2100	20~55	15.8
	⟨7H⟩	13400~19200	1200~2100	15~40	5

由表5-2中数据不难看出，本工点盾构最大推力并未出现在全断面硬岩段，而在上软下硬地段，这说明盾构在上软下硬地层或软岩中掘进时，盾壳与围岩之间的摩擦力也要比全断面硬岩来得大，表中所列数据可供同类地层中盾构掘进时参考。

此外，盾构机掘进模式的选择也直接关系到掘进效率。由于本工点硬岩段围岩自稳性较好，故在盾构掘进时，选用的是半开胸（或欠土压）式掘进模式。此时，密封土仓内的渣土并未充满，压力传感器上显示的水、土压力小于掌子面上的主动土压力，以利于提高刀盘的破岩效率，从而提高盾构的掘进速度。

(四)检查和更换刀具务必及时

盾构在硬岩地层掘进过程中，开仓检查和更换刀具要突出一个"勤"字，适当增加开仓检查和更换刀具的频率，千万不要等到盾构机实在推不动了再去检查换刀，这方面本工点有过教训。如永泰右线（4号洞）由空推拼管片转入硬岩段掘进后，由于该段为⟨9Z⟩地层，盾构掘进速度并不慢（20mm/min），连续两天管片拼装进度达到10环，累计掘进31环后，盾构无法前行，不得已才开仓检查，发现4把单刃刀和4把中心刀磨损相当严重，如图5-17~图5-20所示。

图5-17 单刃滚刀严重磨损(1)

图5-18 单刃滚刀严重磨损(2)

图 5-19　中心滚刀磨损严重(1)　　　　图 5-20　中心滚刀磨损严重(2)

等到永泰左线(3号洞)掘进时,由于吸取了右线换刀的教训,将盾构推进速度控制在 10mm/min,并增加检刀次数,每隔 3～5 环即开仓检查刀具,并对松动的螺母及时进行紧固,避免了刀具的过度磨损。

四、其他辅助措施

如加强后方来水的环向封堵,严重时在中、前盾处注聚氨酯;加大同步注浆量,及时进行二次衬砌注浆,必要时增加小导管注浆;加大管片的监测频率等。

第二节　上软下硬地层穿越建(构)筑物掘进

一、穿越高层建筑桩基底部

(一)工程概况

燕塘站—梅花园站盾构区间隧道从广东工贸职业技术学院实训楼桩基础下穿过,隧道范围内左线有 3 根桩,右线有 2 根桩。

(1)该实训楼为 1 栋 8 层的框架结构,于 1989 年建成,房屋基础为人工挖孔桩,桩径 1.4～1.6m,桩长 14～20m。

(2)地质情况:左线隧道影响范围内的桩基基底位于⟨8Z⟩地层,左线盾构隧道范围主要有⟨8Z⟩、⟨9Z⟩地层;右线隧道影响范围内的桩基基底位于⟨7Z⟩地层,盾构隧道范围主要有⟨7Z⟩、⟨8Z⟩地层。

(3)地面管线情况:实训楼前为 5m 宽通道,主要用于学生上下课通行、后为 3m 宽通道,主要为简易居住房居民通行,其余均为陡坎,施工场地狭小。地下电缆及水管较为密集。

实训楼与隧道关系如图 5-21～图 5-23 所示。

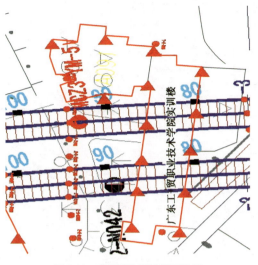

图 5-21 实训楼与隧道平面关系

图 5-22 广东工贸职业技术学院实训楼

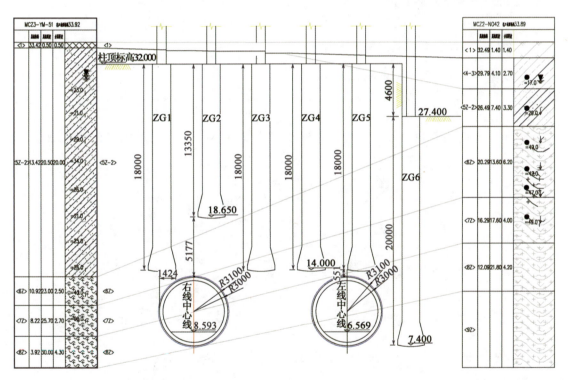

图 5-23 建筑物与隧道剖面关系

(二)工程难点及对策

1. 工程难点

盾构机通过实训楼桩区时,ZG1,ZG4,ZG5 三桩桩底与隧道拱顶净距最小为 551mm,但各桩均没有侵入隧道。盾构施工时存在以下工程风险:

(1)盾构机通过实训楼时,沉降过大超过预警值,监测数据发生较大突变。
(2)盾构机通过实训楼时,螺旋输送机出现喷涌,导致出土量失控。
(3)盾构机通过实训楼时,刀具出现磨损,需要开仓作业。
(4)由桩基传下的集中荷载对管片结构造成偏压作用,可能破坏管片结构。

2.应对措施

由于建筑物桩底与隧道拱顶净距最小为551mm,掘进过程中对于仓压波动、土体扰动、地面沉降控制尤为重要。采取对策如下:

(1)如果地面沉降超过预警值,或沉降速率出现突变时立即启动地面注浆方案。
(2)盾构机通过实训楼时,及时对脱出盾尾的管片进行二次衬砌注双液浆,保持盾构机连续、快速掘进,以降低喷涌发生的可能性和喷涌的程度。如果螺旋输送机喷涌较大,及时通过加注聚合物等方式对渣土改良。
(3)在盾构机到达实训楼前找一停机点尝试打开仓门对刀具进行检查,对有磨损的刀具进行更换,同时选择在硬岩中掘进经验丰富的盾构机操作手进行掘进。
(4)采用钢管片结构,钢管片受力性能好,能有效抵抗不均匀集中荷载。

3.盾构机通过前对建筑物保护措施

在盾构机通过建筑物之前,对施工场地内的地下管线进行调查,确定场地内管线的种类、埋深、数量等详细情况并绘制管线布置图。根据管线布置图及隧道与建筑物平面关系,现场采用彩钢瓦进行围闭,对盾构隧道施工影响较大的4根桩基进行注浆加固(图5-24),钻孔从实训楼前的道路开始斜向50°到加固桩下,埋设袖阀管作为应急预案,共设置12根。

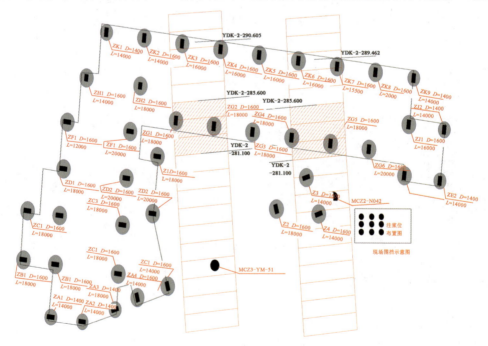

图5-24 袖阀管平面布置图

为了防止盾构掘进给周边环境带来不必要的影响,派专人在盾构机通过时对实训楼附近24h进行巡视,发现有异常情况时,立刻上报,采取应急措施。

4. 地面监测控制措施

(1)监测项目和监测点的布置

根据建筑物桩基与隧道关系,对楼房敏感部位进行重点监测,加密监测点,在实训楼的墙壁上布置一定数量的监测点,在实训楼里面的柱子上也布置一定数量的监测点。

(2)监测频率

从盾构机刀盘距实训楼12m处开始对已经布置的监测点进行测量,3~4次/d;盾构机边掘进边对地面沉降情况进行监测。如遇险情加密监测。

(3)预警值

建筑物及地层沉降控制在10mm内,建筑物斜率控制在1‰,地层损失率控制在2.5‰。相关参数取80%预警。

(4)掘进控制措施

①设备检修

全面检修盾构机及附属设备,对盾构机存在的一些问题彻底解决,为盾构机过实训楼桩区做好准备。其中包括:

驱动动力系统,如电机、高压油管等。

电气控制系统中的电磁阀、接触器以及传感器。

注浆系统,检修注浆泵,清通注浆管路,使之保持畅通。

渣土改良装置,检修泡沫泵、水泵,清通管路,使之保持畅通。

后配套系统,含龙门吊、电瓶车、行走轨道及拌和站。龙门吊的正常行走和起吊等;电瓶车必须保证刹车系统正常工作,浆车的电机、泵送系统;行走轨道及时进行养护,确保电瓶车的正常行走,减少掉道的可能性;拌和站的上料、下料系统,操作面板等进行系统的检修;对电瓶车的蓄电池要及时充电。

盾尾排水设备,原为潜水泵,换成隔膜泵配合一台潜水泵,利用原改造过的双管路排除盾尾泥水。潜水泵为备用设备。

气压设备按照3bar压力进行保压试验,对气压设备的气密性进行全面检查,如果进行气压换刀,压力最大为2bar。

检查铰接密封、盾尾密封,保证各部位具有良好的密封性能。

从71环到通过桩区段掘进中,选择经验丰富的盾构机司机,同时优化盾构掘进参数,注意对刀具的保护,确保盾构机通过房屋时刀具的完好。

②掘进参数的选择

盾构机通过实验楼时的掘进参数选用如下:

a. 盾构下穿实训楼处,覆土厚度20m左右,该桩区段管片均采用钢环管片。土仓压力的设定结合燕梅区间前100m掘进时的经验来确定,同时应根据地面沉降监测报告对土压进行适量调整,土压在0.10~0.14MPa,当盾构机改为拼装模式时,土压应稍为高出设计值,确保掌子面的稳定。拼装管片时土压下降值不得超过0.03MPa。

b. 注浆量和注浆压力:控制适宜的同步注浆压力(0.21～0.30MPa),避免注浆压力大于盾尾密封压力时浆液残留固结在密封区。加大注浆量,根据以往施工经验,注浆量大于 $8m^3$/环时,从 65 环开始每隔 5 环进行二次衬砌注浆,二次衬砌注浆先注单液浆,后注双液浆。

c. 推力、掘进姿态、速度及出土控制:在进入桩群前,盾构机要提前进入转弯状态,虽然处于转弯半径 700m 的圆曲线上,但是盾构机在进入桩群后要保持平稳掘进,减少纠偏,保证 3 环标准环钢管片的拼装。另外,减少对土体的扰动,出土量保持在 $62m^3$ 左右,加强对渣土的改良,保持土体密实。盾构机总推力 9000～12000kN,掘进速度保持在 10～15mm/min,严格控制进、出土平衡,确保盾构机安全通过。

d. 及时加注盾尾油脂,保证盾尾具有良好的密封性,以避免盾尾涌水。

e. 掘进过程中的其他措施:

根据现场施工及监测情况,及时进行二次衬砌注浆,严格控制沉降。

在推进过程中,使用优质泡沫和盾尾油脂,以加强对刀具、螺旋输送机和盾尾刷的保护。

在掘进中,控制好油缸行程,合理进行管片选型,确保盾尾间隙均匀。

在盾构机通过桩区的过程中,派专人监听刀盘声音,若有异响,及时上报。

f. 盾构机通过实训楼时的掘进参数见表 5-3。

盾构机通过实训楼时的掘进参数统计表　　　　表 5-3

环数	土压(bar)	推力(kN)	扭矩(kN·m)	速度(mm/min)
75	1.2	50630	15	20
76	1.2	48210	14	20
77	1.2	59640	16	18
78	1.2	62490	17	17
79	1.2	60320	18	17
80	1.2	66470	20	16
81	1.2	67060	21	15
82	1.2	66990	22	16
83	1.2	67620	22	18
84	1.2	72050	21	17
85	1.2	69460	19	13
86	1.3	63780	18	14
87	1.3	60010	16	14
88	1.3	60480	17	18

二、穿越浅基础多层楼房

1. 建筑物概况

两台盾构机在金燕塘广场 1~4 号宿舍楼台下方穿越后，进入燕塘站（图 5-25、图 5-26），这四栋宿舍楼年代较为久远，因此其结构设计资料已经无法收集，根据访问及现场的调查反映，此四栋房屋均为砖混结构，天然基础。线路在这一段的轨面标高 -1.56，地面标高 28.48，房屋基础距离隧道 26~27m，大于 4 倍洞径。《房屋安全鉴定报告》对该四栋房屋的描述如下：

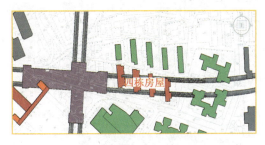

图 5-25　左右线隧道与四栋房屋平面关系图

图 5-26　左右线隧道与四栋房屋剖面图

金燕塘广场 1、2 号宿舍楼（图 5-27、图 5-28）：

(1) 部分钢筋混凝土构件出现有混凝土保护层剥落、钢筋外露锈蚀，部分顶板出现有裂缝、渗水。

(2) 墙体出现有水平、竖向及斜向裂缝。

(3) 各种饰面层均出现损坏。

(4) 依照住房和城乡建设部颁布的《房屋完损等级评定标准》评定该房屋为"一般损坏房"，按现状，房屋可安全使用，但对损坏部位应做维修处理。

图 5-27　金燕塘广场 1 号宿舍楼

图 5-28　金燕塘广场 2 号宿舍楼

金燕塘广场 3、4 号宿舍楼（图 5-29、图 5-30）：

(1)部分墙体出现微裂缝。
(2)局部墙体批荡(即抹灰)有空鼓、剥落。
(3)局部墙体出现渗水现象。
(4)依照住房和城乡建设部颁布的《房屋完损等级评定标准》评定该房屋为"一般损坏房",按现状,房屋可安全使用,但对损坏部位应做维修处理。

图 5-29 金燕塘广场 3 号宿舍楼　　　　　图 5-30 金燕塘广场 4 号宿舍楼

2. 地质情况

(1)强风化岩较为松散,其裂隙发育、透水性强,地面沉降对隧道应力变化十分敏感,但微风化岩强度高,其强度在 58.6~75.3MPa,最大可达 134MPa,这使得上软下硬地层中同一断面岩石的硬度差异极大。

(2)〈7H〉与〈9H〉地层之间存在一条〈8H〉破碎带,破碎带由〈8H〉碎石组成,且含水量较大。

(3)左线隧道地质情况与详勘不符:根据过金燕塘广场 1~4 号宿舍楼之前左右线盾构机掘进出渣情况,实际地层情况与原有地质图(图 5-31)相差甚远,在原有地质图上显示左线隧道〈9H〉地层未侵入第四栋房屋下方,后通过地质探孔补勘(图 5-32)显示已局部侵入房屋下方。右线地质情况与原有地质图上大概一致。

3. 盾构施工风险

(1)盾构掘进上软下硬地层,下部岩石较硬,上部软岩较松散,掘进速度慢,在掘进过程中下部岩石切削缓慢,而上部土体会不断剥落,出土量难以控制,导致盾构机上方容易形成空洞,盾尾脱出后易造成地面坍塌。

(2)盾构机在掘进岩层裂隙发育且地下水丰富地段,喷涌现象严重,螺旋输送机出渣异常,无法建立适当仓压,造成地面较大沉降。

(3)掘进上软下硬地层,刀具磨损严重,换刀频繁,而左线小松盾构机无法解决带压进仓换刀问题。

(4)燕塘站在施工过程中,已对周边的房屋造成了一定的影响,在第三方监测成果中已有所体现,如1、2号宿舍楼累积沉降最高达69mm。此外,当两台盾构机先后掘进至车站附近时将会对这些房屋下的土体造成二次、三次扰动,这对于已发生沉降且出现墙体开裂、混凝土保护层剥落、钢筋外露锈蚀等损坏的宿舍楼而言是非常不利的。

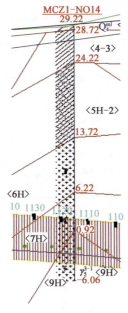
图5-31 左线原有地质剖面图

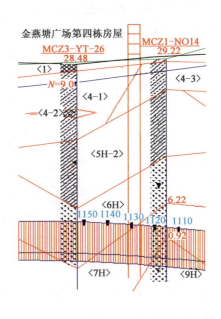
图5-32 根据补勘结果修正后左线地质剖面图

4. 过房屋前各项准备工作

(1)参建各方召开风险应对会,根据盾构机通过四栋房屋诸多风险,成立风险应对领导小组,并下分五个实施小组,施工方案小组、技术方案小组、场地临迁小组、信访媒体小组、施工监测小组,每周召开一次风险应对会,上报上周工作进展情况。

(2)加密探孔,彻底调查清楚金燕塘广场四栋房屋下方地质情况(图5-33)。

(3)重新对四栋房屋进行房屋鉴定,作为施工指导及临迁依据。

(4)根据地质探孔情况,编制盾构过金燕塘广场1～4号宿舍楼专项施工方案,并召开专家会,并提出如下意见:本区段地层结构复杂,主要为上软下硬且地下水较丰富,且地面四栋房屋是砖混结构的天然地基基础,年代久,结构弱,本区段盾构施工方案考虑较全面;盾构掘进前通过对地层进行注浆,力求达到防喷涌和减少地层损失,控制地下水变化,创造换刀作业条件;在掘进过程中控制掘进参数,对出现异常情况时有应急预案,该方案总体可行。在施工过程中,仍需注意地层实际变化,细化各种施工参数,加强监测,条件可能时建议对建筑物地基进行适当加固。鉴于建筑物结构较差,当盾构施工引起的建筑物附加沉降达到30mm,或沉降差达到2‰,或沉降速率较大,或盾构掘进出现异常时,应启动居民临迁预案。

(5)场地临迁小组对盾构通过房屋存在风险的问题提交区政府,与街道办提前做好沟通,并对四栋房屋的房屋面积、户内损坏情况、居住人口情况进行彻底摸查,并张贴地铁施工安民告示,编制相关临迁预案,起草临时安置协议样本,与周边酒店进行联系居民安置问题。

(6)对四栋房屋进行监测点加密布置,启动盾构通过房屋专项监测施工方案,在隧道轴线上方地面 5m 处设置一个监测点,对房屋受力薄弱处进行加密布点,在房屋前后布设监测断面点,增加监测频率。

图 5-33 左线补勘平面布置图

(7)地层加固预处理:

①左线过第四栋房屋前地面预加固换刀;

②破碎带注浆填充。

(8)洞内准备措施:

①盾构机同步注浆系统、二次注浆系统、泡沫系统维保

对盾构机同步注浆管路进行清理,保证注浆管可用。对注浆压力传感器进行维修,保证每个传感器压力显示均正确。同时盾构机内准备好二次注浆泵,以及管路、接头、风镐和冲击钻等二次注浆所需的设备,并备好水泥、水玻璃,保证现场有两台泵随时可用,随时可以二次注浆。对泡沫管路进行疏通,确保泡沫系统可用。

②土压平衡系统及数据传输系统

为指导盾构掘进,土压力的显示必须正确,掘进数据必须可以传输到地面监控室,以便值班人员了解盾构施工情况,所以需要做好以下工作:清理土压传感器,检查传感器的连线,确保土压力在面板显示正确;维修数据传输系统,确保可用。

③盾构油脂注入系统

为确保盾尾注浆时不漏浆或少漏浆,必须对盾尾油脂注入系统进行检查维修,检查油脂泵、油脂管路,确保油脂管路畅通。

④刀盘和刀具

小松盾构机在进入金燕塘广场 4 号宿舍楼之前,尽可能安排检查一次刀具,避免因刀箱或刀具原因而影响盾构掘进。

⑤掘进过程中控制措施

a. 采用土压平衡模式,均衡、连续、匀速通过房屋区

左线由于在第四栋房屋前有局部上软下硬地层,故推进参数控制:推力 17000～21000kN;扭矩控制范围 30%～50%;刀盘转速为 1.3r/min;土仓压力 0.18～0.24MPa。出土量的控制为 5.5m³,反算出每方掘进的长度,每环做好出土量的记录工作。

b. 盾体注入膨润土泥浆

为保证盾构机在掘进过程中,盾体与周边土体之间的空隙能够及时得以填充,在盾构掘进过程中,在中盾的位置上注入膨润土泥浆。

c. 加强壁后注浆

同步注浆采用盾尾壁后注浆方式。注浆要做到"掘进、注浆同步,不注浆、不掘进",通过控制同步注浆压力和注浆量(注浆终止压力控制在 0.25MPa,每环注浆量大于 7m³)双重标准来确定注浆时间。

采用二次注浆有效防止房屋产生后期沉降。在房屋前后 10m 范围进行洞内二次注浆,充填管片背后的空腔。从脱出盾尾第 15 环管片开始,每隔 2 环在管片顶部注浆孔注双液浆,直到管片超出二次注浆加固范围为止。注浆压力暂定 1MPa;注浆配比为水泥:水:水玻璃=1:0.7:0.2。注浆过程中要根据沉降监测数据反馈,实时调整注浆位置和参数。

d. 加强渣样分析

每环取 2～3 次的渣样,并对渣样及时分析,根据渣样的分析结果,确定合理的掘进参数。

e. 施工监测措施

施工期间由项目部测量组负责 24h 对地面沉降进行监控量测。过房屋期间对盾构机前后的主要监测点每 2h 监测一次,每天将数据与第三方监测进行核对,并及时将监测数据反馈给各级领导和盾构机操作人员,根据监测结果指导施工,做到真正的"动态施工"。并明确当盾构施工引起的建筑物附加沉降达到 30mm,沉降差达 2‰,沉降速度较大,盾构掘进出现异常时,启动居民临迁预案。

5. 效果

实践证明,盾构在穿越房屋的施工过程中,采取的措施有效,管理到位,盾构通过后房屋监测没有发生沉降。

三、桩基托换与盾构掘进切桩

(一)工程及地质概况

1. 工程概况

京溪南方医院站—同和站盾构区间隧道下穿京溪南方医院人行天桥,其中天桥 Z3 号桩基处于隧道结构范围内,须对天桥 Z3 号桩基进行托换,然后采取人工挖孔将侵入隧道结构的桩基截除。

该桥建于 2002 年,结构形式:主桥上部为预应力现浇箱梁,下部为 80cm×100cm 及 60cm×100cm 的矩形墩,基础为φ1300 钻孔灌注桩;楼梯采用钢筋混凝土板式结构,下部结构为φ600 圆柱,基础为φ800 钻孔灌注桩。即 Z3 号桩基为φ1300 钻孔灌注端承桩,持力层为〈9H〉地层。

2. 地质概况

桩基托换处地质情况如图 5-34 所示。

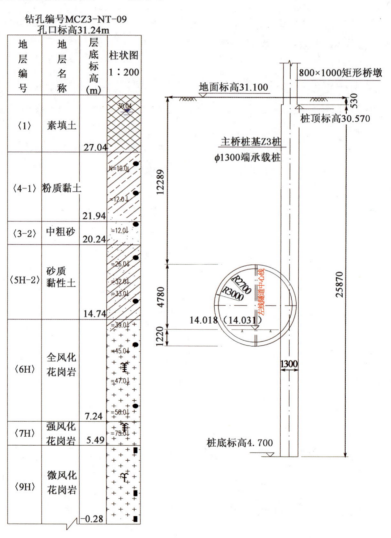

图 5-34 京溪南方医院人行天桥桩基托换处地质柱状图(尺寸单位:mm)

(二)施工方法

(1)双管旋喷加固托换梁基坑周边土体和人工挖孔周边土体。托换梁基坑长 12.2m、宽 3.6m、深 3.1m。为确保基坑开挖期间及托换梁施工期间安全,其周边采取两排φ600 的双重管旋喷桩+局部桩内插钢管联合支护,如图 5-35 所示。

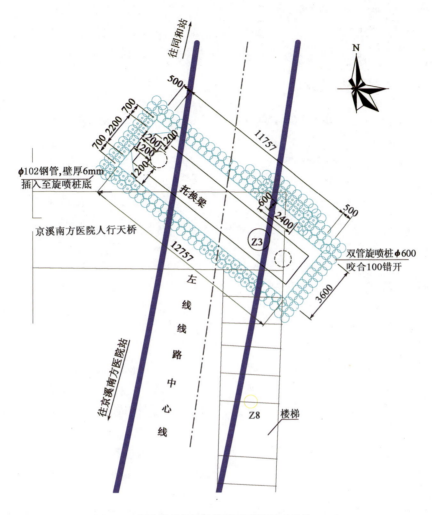

图 5-35 托换梁基坑围护结构平面图(尺寸单位:mm)

(2)桩径 600mm、间距 500mm、排距 433mm 梅花形交错布置,托换梁基坑周边 189 根、人工挖孔周边 39 根;托换梁基坑周边旋喷桩除人工挖孔施工出入口处(3 排)桩长 8m 外,其余桩长均为 6m;人工挖孔周边旋喷桩孔深 19m,上部 3m 为空孔。浆液采用 32.5 级普通硅酸盐水泥配浆,其水灰比为 1～1.5,以现场试验确定,泵压不小于 20MPa,气压不小于 0.7MPa,提升速度 6～12cm/min,旋转速度 8～12r/min,旋喷桩的孔位偏差小于 50mm,桩体垂直度小于 1‰。同一桩体需数次喷射时,上下桩体的搭接大于 200mm。旋喷桩加固后的地基应有良好的均匀性和自立性,其单轴抗压强度大于 1.2MPa,渗透系数应小于 $1×10^{-5}$cm/s。

(3)旋喷提升速度为 10～12cm/min,旋转速度 8～12r/min,注浆压力大于 25MPa,流量大于 180L/min,气压大于 0.7MPa。

(三)侵入隧道结构的 Z3 桩部分凿除及回填施工

侵入隧道结构的 Z3 桩,采取套凿除桩向下人工挖孔的方式。内净空 ϕ1300,开挖直径 1600mm,孔周采用现浇 C20 钢筋混凝土护壁,开挖步距根据土层情况取 500～1000mm,环向钢筋为$\phi 8@200$、纵向钢筋为$\phi 8@250$。下部7m采用玻璃纤维筋。

被托换基础桩凿除距隧道底1.4m处,东侧出现涌泥,4月18日至5月14日,经多次注浆未解决涌泥问题。5月15日,对Z3号桩用C15混凝土回填,采用盾构机直接切除。

(四)盾构穿越桩基技术

Z3号桩残桩长1.4m,$\phi 1300$,主筋$\phi 25$螺纹钢,位于南同左线第191环。第190环,推力11000kN,转速0.9r/min,速度7mm/min,出土量68m³。第191环,推力12000kN,转速0.8r/min,速度4mm/min(推到油缸行程1500mm时过桩)。第192环,推力11900kN,转速0.9r/min,速度10mm/min(渣土中有钢筋)。

第三节 花岗岩球状风化体预处理及掘进

一、微差挤压爆破法处理

随着盾构技术在复合地层中推广应用,盾构工程面临复杂地质情况的挑战越来越多。其中,尤其以开挖断面内局部高强度岩体为甚。例如,在我国东部沿海城市的花岗岩地层中,不同程度的存在球状风化岩体和基岩局部侵入隧道开挖断面的情况,如青岛、福州、厦门、广州、深圳和香港等地,海外如新加坡。盾构刀具无法有效破除该高强度岩体,同时由于岩体上部或周围存在软弱地层,人工破除操作困难。因此该类花岗岩地层成为盾构工程重大风险源之一。

为攻克该工程风险,引进控制爆破法,同时还突破传统爆破理论的束缚——爆破需要临空面,提出了钻孔分段微差挤压爆破法(以下简称控制爆破法),该技术的关键点包括两个方面:

一是控制和隐蔽:只是控制性的引孔下药,避免大范围揭露和扰动孤石上覆土层,最大限度地降低了对周边环境的不利影响,保证了盾构施工的优越性。

二是创新提出在密闭空间内爆破的理论。在复合地层环境下,利用封闭岩体与周边围岩介质的差异性,分期爆破,第一期爆破形成空腔,为第二期爆破提供自由面;经多孔多段微差挤压爆破,最终破碎岩体。

(一)复合地层高强度岩体分类及特性

复合地层开挖断面内局部高强度岩体有两种典型代表:孤石,诸如球状风化岩体、滚石和抛石;隧道断面局部有基岩突入。

孤石类中最为常见的是花岗岩球状风化体,该风化体是花岗岩风化过程中的特殊产物,是在岩石的残积层、全风化层和强风化层中保留下来的没有风化或仅有微风化的球状体。如图5-36、图5-37所示。球状体体量比较小,一般直径多在1.0~3.0m,不易被钻探发现,给盾构工程留下巨大安全隐患和风险。

第五章 花岗岩地层盾构掘进及辅助工法

图 5-36 山体开挖后暴露的孤石

图 5-37 盾构刀盘前孤石

隧道断面局部有基岩突入,隧道基底多为硬岩,软硬界面不规则,如石灰岩地层或岩浆岩类侵入地层。突入岩体强度一般较高,大于周边风化土体,这造成上下和左右软硬不均。岩体的体积和强度决定了不均匀的程度。

目前孤石多见于花岗岩地层中,石灰岩地层也曾经被发现,红层和已经变质的花岗岩地层中罕见。孤石在工程勘察时较难一一查明,需通过针对性补充勘探探明。抛石多为填海(湖、河)造地所致,一般埋深较浅,可通过追索原工程资料发现。

(二)传统处理思路和方法的局限性

传统处理思路是:①盾构掘进破除;②揭露岩石上覆土层后通过辅助工法破除,具体方法见表 5-4。

处理孤石的传统方法 表 5-4

类 别	处 理 方 法	局 限 性
盾构直接掘进破除	建立土压(注入添加剂改良渣土)或泥水平衡,将掘进参数由高转速、大推力、高扭矩改为低转速、小推力、低扭矩	对盾构的刀具选型和施工控制提出了极高的要求,而且风险较大,稍有不慎,就可能造成对盾构机刀具和刀盘的严重损坏
加固掌子面范围软弱土层后,盾构掘进破除岩体	加固掌子面范围软弱土层,使土层加固体强度与岩石强度相当,加固方法可采用地面竖直加固或盾构水平加固。然后,盾构掘进破除岩体和加固体	工程造价相对较高,受到地面建(构)物条件的限制
揭露岩石上覆土层后通过辅助工法破除岩石	预先采用挖孔桩或者冲孔桩进行破除,破除后采用低强度等级素混凝土回填。然后,盾构掘进通过	挖孔桩受到地质条件和地面建(构)物条件的限制,且安全卫生健康条件较差;冲孔桩可能无法将孤石破碎的足够小,只是将孤石挤到其他位置
人工进仓破除岩石	盾构碰到岩体后无法继续掘进时,加固掌子面后常压进仓处理或辅助压气作业进仓处理。处理措施包括更换刀具或机械破除岩石(图 5-38、图 5-39)	气压作业的施工限制条件很多,人员作业空间和时间都受到很大限制,无法动火作业,效率很低,安全风险较大

综上可见,传统处理孤石的方法无法同时满足高效、环保和安全的要求。

图 5-38　液压破岩机

图 5-39　劈裂机破岩

(三)控制爆破法处理孤石和基岩

预先采用爆破法处理盾构开挖断面内局部高强度岩体一直是工程探索的重点,面临的困难是:爆破没有临空面,爆破的效果无法满足盾构掘进要求。

控制爆破法成功解决了这一难题。即发现孤石或基岩后,采用小直径多孔钻孔放药,在临弱面附近,采取类似"扩壶爆破"方法。在爆破应力波与爆破气体共同作用下,内部作用药包先期爆破的,在破碎岩体同时形成空腔,该空腔成为后续岩体爆破的自由面;然后再采取微差挤压爆破法,从而最终实现有效破碎。

1. 控制爆破的机理和方案

(1)控制爆破的机理

当炸药置于无限均质岩石中爆炸时,埋置在距地面很深处的药包爆炸时,在地面没有显现出爆破作用,这时药包的爆破作用只局限在地面以下岩石中,无爆破临空面,称为爆破的内部作用。药包爆炸时,将在药包周围的岩壁上形成强烈的应力波,同时,产生温度高达3000℃以上,压力高达 $1\times10^4 \sim 4\times10^5$ MPa 的气体产物。岩体中强烈的应力波和大量高温高压气体所产生的气体压力,以爆源为中心,在岩体中向外扩展、传播,使药包周围的岩石压缩、粉碎,产生径向压缩变形和移位,不同的径向位移导致在岩石中形成冲击剪切变形,在药包爆炸产生的应力场中,当切向拉力和剪力超过岩石的动抗拉强度或剪切强度时,就会引起岩石的破裂。岩体中的应力波随着离爆源距离的增加而衰减,爆破对岩体的爆破作用也随之减弱,通常,在岩石中形成以炸药为中心的由近及远的不同破坏区域,按岩石破坏的特征,可将爆破作用范围内的岩石划分为三个圈(图 5-40):压缩圈(粉碎圈)、破裂圈、振动圈。

实际施工中,可根据需要爆破破碎的粒径要求调整相应的孔距和排距。

(2)控制爆破的方案

毫秒延时爆破(亦称微差爆破)是利用毫秒延时雷管,在深孔孔间、排间或孔内以毫秒级的时间间隔,按一定顺序起爆的一种起爆方法。这种爆破方法具有降低爆破地震效应、改善

破碎质量、降低炸药单耗等优点,因此在各种爆破中得到广泛应用。下面以单排孔台阶微差爆破为例来说明其作用原理:

爆破分成两序(阶段)孔进行(图5-41)。1序孔首先起爆,漏斗内岩石破碎,漏斗产生微裂隙,2序孔是在1序孔内爆炸产生的气体尚未完全消失之前起爆,则二次爆炸产生的应力波相互叠加,加强了破碎效果;同时先爆孔为后爆孔开创了新的自由面,也改善了岩石破碎程度;此外两次爆破岩体相互碰撞,得到进一步破碎;由于两孔先后以毫秒间隔时间起爆,爆破产生的地震波的能量在时间上和空间上分散,故会降低地震波强度。

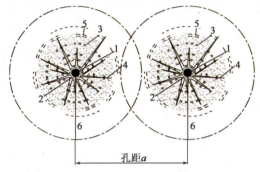

图5-40 爆破的内部作用示意图
1-药包;2-压缩圈;3-破裂圈;4-径向裂隙;5-环向裂隙;6-振动圈

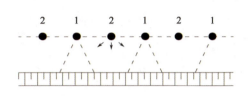

图5-41 微差爆破示意图

2. 盾构工程特殊工况分析

盾构机对渣块尺寸有限制要求。如地铁6m直径盾构机,土压盾构的螺旋输送机要求石块尺寸控制在500mm以内,泥水盾构要求控制在350mm以下。图5-42为小块岩体(孤石)完整爆破。此外,盾构通过还需要预留安全施工间隙(见图5-43)。所以对于体量大于盾构机的岩体,应该采取扩大爆破的方法,即预留盾构机通过的通道进行扩大爆破。

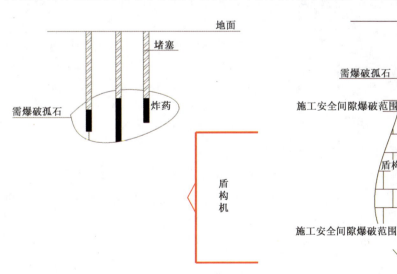

图5-42 小块岩体(孤石)完整爆破

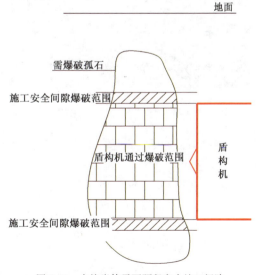

图5-43 大块岩体需要预留安全施工间隙

(四)采用爆破法的优点和不足

采用控制爆破法的优点：

(1)综合工程成本较低。相对其他辅助工法，钻孔及爆破成本很少；地下岩体爆破破碎后，盾构机掘进通过，盾构机刀具磨损极小。

(2)安全、环保，符合卫生健康条件。由于仅在地下进行爆破，无爆破飞石，噪声很小，能有效减少扰民；无须从地面开挖，避免深基坑、孔桩施工弊端，有利于地表管线保护。

(3)可以预处理，从而节省工期。本技术直接由地面钻孔施工，可根据场地大量投入钻孔机械，钻孔完成后即可进行地下爆破施工，钻孔速度快，工期短。

本方法的不足之处是爆破孔的定位十分重要。如果钻孔过程中发生了跑位、穿孔，将极大地影响爆破效果。

二、人工挖孔处理孤石群

(一)工程概况

1.孤石群处环境状况

该孤石群所在位置位于京溪南方医院站—同和站区间左线里程 ZDK－4－211.4～ZDK－4－227.5 段，东 4m 是京溪南方医院住院部大楼(内设 ICU 重症监护室和心血管、脑外科等手术室)、西南约 20m 是京溪南方医院门诊楼；西邻交通繁忙的广州大道北北向干道(图 5-44)；有一条 ϕ200 煤气管道和一条 ϕ500 上水管沿隧道走向处于该段隧道正上方，西边约 1m 的人行道下是分布密集的管线走廊，有各种高低压电缆、通信电缆、光纤，还有保密的军方管线，工程环境较差。京溪南方医院住院部大楼的基础主要是 ϕ800 钢筋混凝土钻孔灌注桩，长约 23m，为端承桩，但其西端在钻孔桩施工过程中遇到较多孤石，难以施工，改为 4 根一组 ϕ400 静压摩擦桩替代，长度 12～16m 不等。

图 5-44 孤石群所处的地面环境

2.盾构通过该段孤石群可能发生的地质灾害

如此高强度、密集的孤石分布，且又主要分布在软弱的〈5H-2〉地层中，盾构将难以克服，如不提前进行人工地面预处理，不仅工期风险大，而且极有可能在盾构通过该孤石群过程中导致地面严重塌陷、管线断裂、周边建(构)筑物严重开裂或倒塌的地质灾害。

(二)孤石勘察方法

详勘报告共有 3 个钻孔揭示存在孤石，均不在隧道范围内，施工单位中标后，在原孤石钻孔附近及可能存在孤石的地段做了 29 个补勘孔，均未发现孤石。

为了进一步掌握隧道影响范围内孤石发育情况,以孤石钻孔为中心,向前、向后各50m范围,针对残积土—强风化带中的孤石再次进行了补勘探查。

补勘范围内钻孔沿左、右线隧道中线布置成一排,钻孔间距5~10m,孔深钻至隧道结构底板以下0.5m。如揭示到孤石,则视需要在孤石钻孔前后进一步加密钻孔。各钻孔均为鉴别孔,遇孤石取样(岩芯或岩块)进行岩石试验。

(三)孤石勘察结果

有连续4个钻孔发现微风化孤石,孤石埋深分布情况:36号13.20~15.20m、16.00~16.90m,36-1号13.90~14.50m、15.20~16.20m、16.30~17.00m,36-2号17.50~18.65m,38号16.80~18.50m,如图5-45~图5-48所示。

图5-45　36号钻孔岩芯

图5-46　36-1号钻孔岩芯

图5-47　36-2号钻孔岩芯

图5-48　38号钻孔岩芯

随后按照1.5m×1.5m的间排距在隧道轮廓线外0.5m范围内钻孔,共钻孔64个,如图5-49所示。

其中30个钻孔发现孤石,且基本在隧道洞身范围内,有26个钻孔揭示的孤石为微风化花岗岩,孤石均位于〈5H-2〉及〈6H〉地层中。孤石最大厚度3.6m,最小厚度0.2m,同一个钻孔有多达4块孤石进入隧道范围。其中,中风化岩样单轴极限抗压强度最大26.20MPa,微风化岩样单轴极限抗压强度最大120.3MPa。据此断定左线在ZDK-4-211.2~ZDK-4-216.7段存在孤石群。孤石在各钻孔中的分布情况详见表5-5。

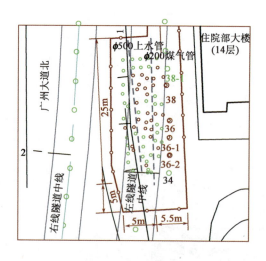

图 5-49 补勘钻孔位置图

密排补勘孔孤石情况统计表　　　　　表 5-5

序号	孔号	孤石埋深(m)	岩石名称	与隧道关系
1	ZK1	17.5～18.3	微风化花岗岩	在隧道内
2	ZK2	15.4～18.3	微风化花岗岩	在隧道内
3	ZK3	15.9～17.8,18.7～19.4	微风化花岗岩	在隧道内
4	ZK6	13.2～14.7,15.0～18.6	微风化花岗岩	在隧道内
5	ZK7	13.4～14.6,15.4～18.1	微风化花岗岩	在隧道内
6	ZK8	13.7～15,15.5～17.5,18.2～19.1	微风化花岗岩	在隧道内
7	ZK9	16.9～18.3	微风化花岗岩	在隧道内
8	ZK15	15.4～15.7,17.4～19.7	微风化花岗岩	在隧道内
9	ZK16	16.1～18.1,18.8～19.5	微风化花岗岩	在隧道内
10	ZK17	15.4～17.4,18.3～19.3	微风化花岗岩	在隧道内
11	ZK19	13.5～14.7,15～15.3,15.8～16.1,16.9～19.0	微风化花岗岩	在隧道内
12	ZK20	13.9～14.2,14.4～15.4,15.6～18.0	微风化花岗岩	在隧道内
13	ZK21	17.9～18.4,18.6～19.1	微风化花岗岩	在隧道内
14	ZK25	17.5～18.8	中风化花岗岩	在隧道内
15	ZK28	16.8～17.8,17.8～19.3	微风化花岗岩	在隧道内
16	ZK29	15.4～17.7,18.5～19.7	微风化花岗岩	在隧道内
17	ZK30	15.2～17.2,17.4～18.0,18.4～19.7	微风化花岗岩	在隧道内
18	ZK31	16.0～19.1	微风化花岗岩	在隧道内
19	ZK33	16.4～17.4	微风化花岗岩	在隧道内
20	ZK34	15.4～17.2	微风化花岗岩	在隧道内
21	ZK37	17.3～18.1	微风化花岗岩	在隧道内
22	ZK37-1	17.8～18.9	微风化花岗岩	在隧道内

续上表

序号	孔号	孤石埋深(m)	岩石名称	与隧道关系
23	ZK41	17.2～19.0	微风化花岗岩	在隧道内
24	ZK45	15.4～16.0	微风化花岗岩	在隧道内
25	ZK45-2	15.0～15.6	微风化花岗岩	在隧道内
26	ZK47	17.0～18.0	微风化花岗岩	在隧道内
27	ZK56	17.5～18.3	微风化花岗岩	在隧道内
28	ZK57	12.6～15.7,16.1～18.7	微风化花岗岩	在隧道内
29	ZK59	18.6～19.7	微风化花岗岩	在隧道内
30	ZK60	15.5～17.0,17.6～18.1	微风化花岗岩	在隧道内

(四)孤石群的处理方法

由于现场狭小,大型设备又无法进场作业,噪声稍小的潜孔锤冲孔法、旋挖法、连续墙成槽机抓取法也无法实施,只能采取人工挖孔人工破除法、施作一竖井取出法、地面预注浆加固后盾构破碎法等,但竖井施工需要较大施工场地,葫芦吊、空压机等设备噪声又大,也不可实施。

在人工挖孔前,沿孤石处理范围周边先进行双重管止水帷幕注浆,以切断开挖范围与外界的水力联系,确保住院部大楼及周边管线的安全,并为人工挖孔桩安全施工创造有利条件。帷幕注浆为双排双重管旋喷注浆。为确保止水效果,双重管旋喷桩桩径按600mm考虑,桩中心间距400mm,桩间咬合200mm,梅花形布置,旋喷桩孔底至进入〈5H-2〉地层3m为止。

人工挖孔桩布置(图5-50):在有孤石段隧道纵向做三排φ2m(净空φ1.6m)人工挖孔桩,每排7个,共21个;人工挖孔桩间距2.2m,排距2.2m,孔深至底板以下0.5m(孔深18.5m)。开挖时首先用φ16@50钢筋超前支护,然后开挖,每循环0.5m,采用现浇C20钢筋混凝土护壁,下部7.5m采用同规格玻璃纤维筋代替钢筋。将影响盾构掘进施工的孤石用膨胀剂或静力破碎机破成小块后取出,然后回填C10低强度等级混凝土。

(五)孤石群处理情况

施工过程中,基本在12m左右开始挖至孤石面(图5-51),由于孤石强度较高,现场先采用风钻劈裂,但由于孤石的完整性较好,无法劈裂整块岩石;然后现场又采用了人工开山用的小钻进行钻孔也无法劈裂岩石;后再采用岩石劈裂机(图5-52,图5-53)进行钻孔破岩,由于没有临空

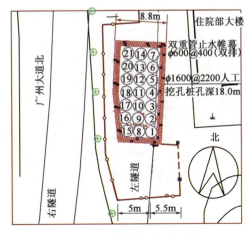

图5-50 人工挖孔桩平面布置图

面,破岩效率极其低下。经过多方的技术研究,之所以劈不开岩石,是因为没有临空面,因此,需要改进劈裂的工艺和方法,最终采用水钻钻孔(图 5-54),水钻直径 100mm,咬合 20mm,每次钻孔深度 40mm,形成一个临空面,再采用岩石劈裂机劈裂,效果较好。

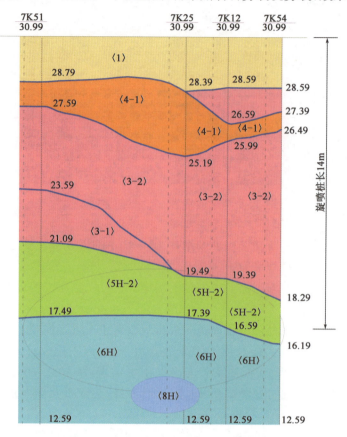

图 5-51 弧石处理人工挖孔桩地质剖面图

图 5-52 破弧石的岩石劈裂机

图 5-53 采用岩石劈裂机在井下劈岩

（六）盾构过孤石群

处理孤石的人工挖孔桩回填 C10 级混凝土，得其强度满足要求后，盾构机即可通过该段，虽然大部分孤石已经通过人工挖孔处理，但人工挖孔桩与桩之间还有部分未处理的硬岩，硬岩强度较高，对刀具的磨损较大，盾构机进入孤石区时进行常压进仓检查更换刀具，配备硬岩掘进刀具。

图 5-54　水钻抽出的岩石芯样

三、盾构掘进过程中遇单个孤石情况

（一）盾构掘进过程中遇孤石情况

孤石勘察中只是对既有勘察已揭示到孤石的部位，采用加密钻探的方式摸查孤石，在盾构掘进中发现勘察中未揭示的孤石还大量存在，南同区间右线盾构在掘进过程中共遇到 8 处孤石，分别是 57 环、102 环、158～160 环、162～164 环、284～288 环、321 环、550～559 环、563～564 环，左线遇到 2 次孤石，分别是 161 环、558 环，揭示的孤石都处于〈5H〉地层中，孤石照片如图 5-55～图 5-58 所示。

图 5-55　右线 158～160 环孤石

图 5-56　右线 284～288 环孤石

图 5-57　右线 550～559 环孤石

图 5-58　右线 321 环孤石

(二)遇孤石时盾构掘进参数

京溪南方医院站—同和站区间右线、左线遇孤石时盾构掘进参数见表5-6、表5-7。

京溪南方医院站—同和站区间右线遇孤石时盾构掘进参数 表5-6

环号	总推力(kN)	刀盘扭矩(kN·m)	刀盘转速(r/min)	掘进速度(mm/min)	注浆量(m³)
57	12000	1300	1.2	5	7
102	9000	1400	1.13	12	7
159	11000	1100	1.14	6	6.5
160	10000	1200	1.14	8	9
162	11700	1000	1.14	8	8
163	10000	950	1.03	5	7
164	10000	1100	1.03	5	6.5
285	10000	1100	1.03	10	6.2
286	9500	1200	1.03	8	7
287	8500	1500	1.14	8	7
321	10000	1200	1.03	5	6.8
550	9000	1850	1.14	12	6.8
551	9500	1800	1.14	8	6.8
552	11000	1820	1.03	12	9
553	12000	1800	1.03	12	6.8
554	9100	1900	1.03	5	6.8
555	9000	1750	1.03	5	6.8
556	9000	1700	1.03	8	6.8
557	11000	1700	1.03	12	9
558	12500	1950	1.03	12	6.2
559	12000	1800	1.03	12	6.2
563	14000	1600	1.14	8	6.2
564	14200	1980	1.14	6	6.2

京溪南方医院站—同和站区间左线遇孤石时盾构掘进参数 表5-7

环号	总推力(kN)	刀盘扭矩(kN·m)	刀盘转速(r/min)	掘进速度(mm/min)	注浆量(m³)
57	12000	1300	1.2	8	7
102	11000	1400	1.13	12	7
159	11000	1100	1.14	6	6

盾构机在正常掘进中,盾构机总推力为800～900kN,刀盘扭矩为800～900kN·m,刀盘转速1.2～2r/min,掘进速度大于40mm/min,注浆量5.6m³左右。盾构机在过单个孤石时,明显感觉盾构机剧烈震动,从表5-6、表5-7掘进参数可以看出,盾构在遇到孤石时,扭矩最大增加到1850kN·m,总推力增加至9000～14000kN,掘进速度降至10mm/min以下,同

时刀盘转速控制在 1.2r/min 以下。

四、小结

盾构始发以前对沿线地质进行补勘，尽可能探明孤石，并采用预先处理的方法，为盾构机的顺利通过扫除障碍。在掘进过程中，应经常检查刀具，为盾构通过孤石提供条件。如果发现孤石，尽量在不采用任何辅助措施的情况下，通过调整盾构机参数顺利通过。

(1)当遇到盾构机扭矩和推力突变、速度突然变慢、刀盘剧烈震动，盾构机无法前进的情况时，拟怀疑遇到孤石，需要带压进仓，对掌子面进行检查，定位孤石位置，或做出其他判断。

(2)若前方土体自立性好，则可进仓检查，如发现孤石，则采用静态爆破、机械振动破碎、机械切割等方法对孤石进行破解。

(3)若前方土体自立性较差无法自立时，则预先采用超前注浆、地面土体加固等方法进行处理后，然后进入土仓进行处理；在孤石连续分布，且长度较长时(孤石群)，考虑在地面合适位置设置竖井，通过开挖竖井至孤石群位置，采用矿山法开挖隧道，喷锚支护，然后盾构空推拼装管片通过。

第四节　盾　构　换　刀

盾构开仓换刀，常用的加固技术有：

(1)地面注浆加固

特点：施工工艺简单，工期短，加固效果好，对地面场地要求高，征地及修复困难。

(2)压气作业

特点：要求高性能膨润土，严格组织工序和控制过程，泥膜长时间暴露后容易失水、干缩、变形，导致掌子面失稳。

(3)土仓回填砂浆

特点：加固效果较好、成本低，受地面建筑物影响小，但对施工工艺控制较强，盾构机容易被回填材料包裹，盾构脱困风险大。

土仓回填低强度砂浆或者水泥浆液，一方面，要掌握好回填材料强度，回填材料强度过高，将造成土仓开挖清理难度大，影响换刀进度；回填材料强度过低，加固效果又不明显，给换刀带来隐患。另一方面，注浆回填前，需充分做好盾构机刀盘开口、切口等封堵措施，防止回填时浆液窜流到刀盘前方及盾尾后面，浆液包裹盾构机，加大盾构脱困难度。

一、地面加固换刀

(一)工程概况

三号线北延段施工1标燕塘站—梅花园站区间右线海瑞克盾构机掘进至647环时，掘进过程中推力变化为18000～19000kN，扭矩变化范围较大，在120～160bar之间，上部土压0.20～0.22MPa，刀盘转速1.2～1.3r/min，掘进速度为5～10mm/min，经过对掘进参数分析,初步判断刀具磨损较严重。

于是立即采用压气换刀检查刀具,气压 0.23MPa,人员进仓检查 21 号、24 号、25 号、26 号、34 号、35 号刀具,发现刀圈掉落,并且判断刀盘前方土体为〈6H〉、〈7H〉、〈9H〉地层,在刀具检查过程中,刀盘前方和拱部有土体剥落、坍塌,前方出现拱顶以上约 1.5m,前方约 1m 的空隙。关闭仓门向前掘进 300mm,掘进过程中土压始终为 0.22～0.23MPa,掘进速度为 5～10mm/min。

(二)盾构换刀加固

考虑到在当前停机位置需更换刀具后方可继续推进,而此前带压作业时掌子面失稳坍塌,因此需对盾构机前方地层进行加固,才可常压开仓更换刀具。

刀盘前方地层为〈5H-2〉、〈6H〉、〈7H〉、〈9H〉地层,地面为南华工商学院内空地,盾构换刀加固采用地面前进式注浆加固。

(三)加固方案

对刀盘前方掌子面从地面采用前进式注浆加固土体,加固范围为:盾构机刀盘前方沿线路方向 1m,沿隧道边线左右各外扩 1m,布设两排注浆孔,加固孔位采用梅花形布置,孔间距 1200mm,排距 600mm,加固深度为隧道上方 3m 至〈9H〉地层 0.5m。注浆加固平面图、剖面图分别如图 5-59、图 5-60 所示。

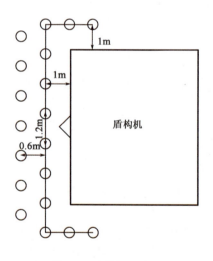

图 5-59　注浆加固平面图

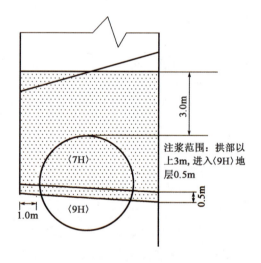

图 5-60　注浆加固剖面图

(四)辅助措施

(1)盾尾后两环管片吊装孔径向注入双液浆形成止水环,阻止后方来水进入土仓。

(2)利用盾构机壳体上的径向注浆孔向盾壳上注入水溶性聚氨酯,注入压力不能太大,能将盾壳周围空隙填充密实即可,一是起到止水效果,二是利于盾构机脱困。

(五)施工控制要点

(1)地面注浆加固掌子面时应注意观察土仓压力变化,刀盘及螺旋输送机应时常转动,如盾构机为主动铰接,可附以时常推动主动铰接以防盾构被加固体固住。

(2)做好信息化施工,地面及盾构机内保持联系,当地面注浆进浆量突然增大或者土仓压力有突变时及时调整地面注浆施工。

(3)多台施工机械施工时需隔开施工,两注浆机械距离较近时容易发生窜浆现象,对加固效果有一定影响。

(4)加强对地面监测及周边管线、供水管、排水管观察,当出现地面冒浆或者局部地面隆起较大,污水管内出现浆液情况时,说明已经出现浆液通道,需停止注浆,待稳定后再次施工。

(六)经验及教训

1. 优点

加固施工完成后气压开仓,土仓内有较多水泥浆液,刀盘前方掌子面〈7H〉地层内有明显浆脉痕迹,掌子面稳定,渗水较少,加固效果较好。

2. 不足

(1)在换刀加固施工之前,气压换刀检查时未对刀箱用棉絮和衣料进行保护,造成开仓后刀箱及刀具被水泥浆液护死情况。

(2)对地面及地下管线有较大影响,加固施工完成后地面隆起最大达到20cm,多处地面开裂,并且排污管被水泥浆液完全堵塞。

(3)虽然在盾壳上注入聚氨酯,但最后仍然造成盾构机被包裹现象,对后期盾构机脱困造成一定困难。

此次换刀加固施工方案成功,后续施工中曾多次使用该工法,但建议在条件允许的情况下采用预加固方法,在盾构机到达之后,从盾构机切口环进入加固体,即可常压开仓检查及更换刀具,也可避免盾构机被包裹的现象发生。预加固地层换刀施工,需对盾构机刀具使用状况及加固地点选择有较高要求,如对盾构机刀具使用状况判断错误,则有可能造成加固体浪费。

二、泥膜护壁气压换刀

(一)工程概况

三号线北延段施工1标燕塘站—梅花园站区间盾构在掘进到647~672环时,隧道底部〈9Z〉岩石约占隧道断面50%以上,强度达到70~100MPa,对刀具磨损非常大,必须安排人员进仓检查及更换刀具。

从613环和636环气压作业情况看,该地段土层较为疏松,土仓压力建立起2.0~2.5bar的气压并不能有效控制掌子面塌方。因此,采用地面注浆加固,土仓回填砂浆及泥膜护壁压气作业的方法,进仓检查及更换刀具。

(二)泥膜护壁压气作业施工工艺及流程

泥膜护壁施工工艺及流程如图5-61所示。

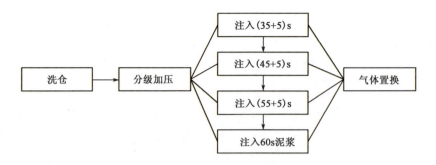

图 5-61　泥膜护壁施工工艺及流程图

1. 膨润土选用

产品介绍：本次泥膜护壁工法采用新性能膨润土作为回填材料。该膨润土是一种高造浆率、添加特制干粉聚合物的 200 目钠基膨润土（参数见表 5-8），具有如下特点：

(1) 混合快速。

(2) 高浓缩、高造浆率。

(3) 作用时间长，混合后可长时间保持泥浆性能稳定。

(4) 在不稳定地层中可形成薄的、致密的滤饼层。

膨润土参数　　　　　　　　　　　　　　　　表 5-8

高造浆率(bbl[①]/t)	175	胶凝强度(min)	13
滤失率	<13	含砂量(%)	<2.5

注：① bbl 为原油换算单位，1bbl=42gal(美制)=159L=0.159m^3。

膨润土混合比率建议采用：

一般地层：20～30lbs/100gals（即 24～36kg/m^3）；

砂砾石层：30～40lbs/100gals（即 36～48kg/m^3）；

高漏失地层：40～60lbs/100gals（即 48～72kg/m^3）。

混合比率以使用淡水为基础，水的纯净度会影响膨润土的性能。为达到最好的效果，用于泥膜护壁施工的水应使用碳酸钠预先处理，使 pH 值达到 8.5～9.0。

2. 洗仓

使用黏度为 (25±5)s 的高黏度泥浆（膨润土∶水＝1∶12，单位 kg），将土仓内的渣土置换出来。直至土仓壁 3、9 点位放出来的基本是泥浆，且螺旋输送机所出来的渣土中有 70%～80% 为高黏度泥浆时，此步骤完成。在置换的过程中，缓慢转动刀盘（每 15min 转一次刀盘，每次转 2 圈），土仓压力应保持在 2.4～2.5bar。

3. 分级加压

(1) 关闭螺旋输送机，向土仓内注入黏度为 (35±5)s 的高黏度泥浆（膨润土∶水∶纯碱∶CMC＝1∶12∶0.002∶0.001，单位 kg），将土仓压力升至 2.6～2.7bar。从土仓壁的 3、9 点位置放出泥浆，直至放出的泥浆满足 (35±5)s 的黏度，且含砂量与注入的泥浆相近。之后，慢转刀盘 2～3h（每 15min 转一次刀盘，每次转 2 圈）。

(2)向土仓内注入黏度为(45±5)s的高黏度泥浆(膨润土:水:纯碱:CMC=1:10:0.002:0.001,单位kg),将土仓压力升至2.8~2.9bar。从土仓壁的3、9点位置放出泥浆,直至放出的泥浆满足(45±5)s的黏度,且含砂量与注入的泥浆相近。之后,慢转刀盘2~3h(每15min转一次刀盘,每次转2圈)。

(3)向土仓内注入黏度为(55±5)s以上的高黏度泥浆[膨润土(易钻):水:添加剂(雷膨)=1:33:0.027,单位kg],将土仓压力升至3.0~3.1bar。从土仓壁的3、9点位置放出泥浆,直至放出的泥浆的黏度与注入的泥浆黏度相同,且含砂量与注入的泥浆相近。之后,慢转刀盘2~3h(每15min转一次刀盘,每次转2圈)。

(4)继续向土仓内注入黏度为60s以上的高黏度泥浆,将仓压升至3.4bar,停止转动刀盘,静置3~4h。

在分级加压的过程中,每30min测一次泥浆的相对密度,看泥浆是否被稀释,防止地层失水引起地面沉降。

4. 气体置换

从土仓壁的3、9点位置放出泥浆,回收待用,同时向土仓内注入高压气体。以0.2bar为一个单位,将土仓压力由3.4bar缓慢降至2.4bar。至此,泥浆护壁施工结束,压气作业正式开始。

5. 压气作业施工方法及流程

(1)总体施工方法及步骤

压气作业是指通过对盾构机土仓内注入压缩空气,使盾构机前端土仓与外界土层形成一个密闭的压气空间,以压缩空气为压力介质保证土层稳定,并能阻止地下水流入土仓内,使得作业人员能够安全进入稳定压气空间内,进行盾构机刀具的检查及更换工作。

总体施工步骤如下:施工准备工作→土仓加压置换、保压→人员进入人仓,开始加压→人员进入土仓,更换刀具→人员进入人仓,开始减压→换刀结束,建立土压,恢复推进。

在本次压气换刀作业当中,要特别注意护壁泥浆的情况,若发现护壁泥浆干裂、脱落等情况时,换刀作业人员要及时通知队长,队长要及时向项目部领导报告情况,在必要的情况下,要重新进行泥浆护壁的施工,形成新的泥膜,保证换刀工作的安全进行。

(2)施工准备

①换刀工具准备

工具、材料准备:24V照明灯、M46梅花扳手、手电筒、风镐和换刀刀具等。

压气人员准备:压气作业主管、工人带班、人闸值班员等。

②气压确定

结合以往的压气作业经验,参照大截面隧道≥6m的标准,压气压力一般以2/3截面隧道处的水压力为基准,参照盾构机顶部覆土埋深,两者的比值与正常推进时顶部土仓压力平衡值的对应综合确定压气压力值。一般情况下,作业压力范围为1.0~2.2bar,本次压气作业的压力初步确定为2.4bar,现场可根据具体情况将压力适当提高。

③压气前盾尾止水措施

为确保土仓气压在压气作业期间保持稳定,在确定气压准备进行压气前,一定要确保盾尾的油脂注入量和砂浆注入量。

④医疗救护准备

现场准备氧气袋若干。将附近武警医院作为定点救护医院,保证24h配合及施工完成后施工人员的身体恢复。

(3)压气换刀作业

①气体检测

应广州地铁集团有限公司的要求,在换刀前必须对仓内的空气质量做有毒气体的气体检测,由于本次换刀为压气换刀,监测设备无法直接进入土仓内,所以将在建立了气压之后,将监测装置置于排气孔的位置进行气体检测。经检测合格后,施工人员方可进入人仓内进行下一步的施工作业。在压气换刀期间,气体检测每3d进行一次。

②前仓加压

a. 检查显示仪表、供暖装置、钟表、温度计、电话、紧急电话及阀门、仓门密封件是否干净;

b. 关闭前仓仓门,确保关闭正确;

c. 关闭前仓与主仓之间密封门;

d. 使用电话,使人闸值班员与人闸里面的人员保持联系;

e. 人闸值班员缓慢打开进气阀;

f. 缓慢升高前仓的压力,直到达到工作压力;

g. 前仓里面的人员可根据需要调节供暖装置;

h. 当主仓内压力达到工作压力时,前仓内的人先打开仓门旁边的平衡阀,待压力平衡后就可以打开主仓与前仓之间的气密门,进入主仓。

③换刀作业

加压完成后,主仓的气压与土仓的气压相等,都是工作压力,工作人员可打开主仓与土仓之间的密封门进入土仓进行换刀作业。所有换刀人员必须服从命令听指挥,按照既定的方针在仓内进行作业。

④前仓减压

工作人员在达到限定的工作时间(或出现不适)需进行减压,具体步骤如下:

a. 工作人员到达前仓并关闭主仓与前仓的气密门。

b. 主仓内人员用电话与人闸值班员联系。

c. 根据减压表的要求降低前仓压力,观察前仓压力表和前仓进气流量计。

d. 与此同时,人闸值班员同时打开排气阀,开始排气,此时压力不可以再次升高。

e. 调节进气阀和排气阀,直到达到排气过程所规定的缓慢而恒定的压力,降低速度,进气流量计的流量值每人至少为 $0.5m^3/min$。

f. 观察前仓压力表,当前仓内部的气压降到第一级压力值时,人闸值班员通过调节进气阀和排气阀,在规定的时间内保持压力恒定。人闸值班员应通过进气流量计经常检查人闸的排气情况。

g. 在保压过程中重复进气和排气的调节步骤,直到仓内压力与外界的常压相同,在减压过程中,人闸内的人员可以打开供暖装置,推荐温度为15~28℃。

h. 打开前仓与外界之间的仓门,人员从前仓出来。

i. 人闸值班员将减压过程(日期、时间、压力、人数等)记录在人闸记录本上。

j. 减压之后,必须按有关加压减压的规定,确保在压力下工作的人员在工作场所休息一定的时间。

(三)具体施工情况

1. 泥膜护壁施工前准备工作

(1)盾构止水

洗仓前,盾尾后三环管片及盾构中体注射聚氨酯做止水环,防止管片后方来水涌到土仓内,影响本次洗仓及分级加压效果。

(2)管路连接(图5-62)

①二次注浆机(或同步注浆机)与土仓壁平衡阀之间的管路连接。海瑞克盾构机土仓壁平衡阀有若干个,本次回填注浆选用3、9点及人闸12点三个平衡阀作为回填通道,平衡阀管路接到二次注浆机上,管路接头选用活动接头,方便不同点位之间管路连接的切换。

②二次注浆机与膨润土运输设备的管路连接。膨润土浆液按要求在地面砂浆站调试好后,放到井口电瓶车砂浆灌里,运输进隧道内。将砂浆灌自带的放浆管与隧道内二次注浆机进浆口连接,管道安装完毕,检查浆液运输设备、二次注浆机及土仓壁之间管路的密封性。

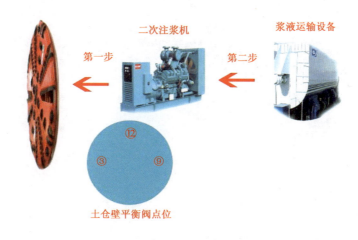

图 5-62 注浆管路连接示意图

2. 泥膜护壁施工

2009年11月1号,进行泥膜护壁第一步,洗仓(图5-63)。利用同步注浆机往土仓内注射黏度为30s(现场测试)膨润土,待土仓压力稳定在2.5bar后,逐步通过螺旋输送机出土平衡仓内压力。当天共注膨润土31.3m^3,螺旋输送机出土25.17m^3,出土渣样从粗颗粒逐步变成小颗粒,至2号凌晨从土仓壁9点位置取出膨润土渣样测试黏度,为27.8s(小颗粒较多)。11月2号开始仓内第一步加压,膨润土黏度调高到45s,利用管片车放置的二次注浆机对土仓注射膨润土,仓内压力提高到2.9bar,共注膨润土21.4m³,出土19m³。从土仓壁9点球阀取出膨润土渣样,测试黏度为52s,效果比预期好。11月3号利用盾构机铰接伸缩,使盾构机往后退20mm,进行第二次仓内加压,仓压调整到3.2bar,膨润土黏度调到50s,共注进土仓6m³,出土5.6m³。下午膨润土黏度调到120s,仓压3.4bar,注共5m³,出土4.5m³。仓内取渣样测试黏度为57s,分级加压完成。

泥膜护壁施工各参数见表5-9。

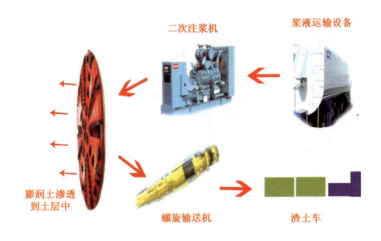

图 5-63 洗仓及分级加压膨润土流向图

泥膜护壁施工参数统计表　　　　　　表 5-9

日 期	工 序	膨润土黏度(s)	注浆量(m³)	出土量(m³)	仓压(bar)
2009-11-1	洗仓	30	31.3	25.17	2.5
2009-11-2	一级加压	45	21.4	19	2.9
2009-11-3	二级加压	50/120	6/5	5.6/4.5	3.2/3.4

土仓静置3h,仓内压力从3.4bar下降到2.9bar,进行气体置换,出土20m³,仓压稳定在2.5bar,安排人员进仓检查及更换刀具。人员进仓后,实景拍摄泥膜效果如图5-64所示。

3. 刀具磨损更换情况

随着换刀施工的进行,共计发现单刃滚刀磨损11把,中心滚刀磨损4把,磨损情况如图5-65、图5-66所示。其中边缘滚刀偏磨4把,偏磨量35～50mm;正常磨损2把,磨损量12～22mm。正面滚刀偏磨3把,偏磨量33～42mm;正常磨损2把,磨损量约33mm。中心滚刀磨损4把,磨损量25～45mm。

由于4把中心滚刀全部偏磨,并且刀箱变形,给后面更换中心刀工作带来非常大的困难,考虑气压更换中心刀时间较长,在完成11把边缘及正面滚刀更换后,采取土仓回填低强度砂浆方式加固掌子面,常压开仓更换中心滚刀。

图 5-64 泥膜护壁效果

图 5-65 单刃滚刀磨损情况

图 5-66 双刃刀具磨损情况

(四)经验及教训

三号线北延段施工 1 标燕塘站—梅花园站区间采用泥膜护壁辅助压气开仓,完成了 673

环 11 把边缘及正面滚刀的更换,有效提高了掌子面前方土层的稳定性,为换刀施工争取了宝贵的时间。由于掌子面稳定,地面建筑物沉降没有进一步扩展,有效保证了地面建筑物的安全。从 2009 年 11 月 3 号人员气压进仓检查刀具到 9 号完成 11 把刀具更换,南华工商学院地面沉降 9 号基本稳定。

通过对本次换刀施工情况研究分析,总结如下:

(1)在上软下硬复合地层中,要严格控制掘进参数,当参数出现异常时,切忌往前硬推。盾构掘进到 672 环后半部参数出现异常,由于盾构机在南华工商学院食堂下方,承包商不敢贸然气压开仓更换刀具,而选择了盾构继续往前掘进(673 环往前掘进 300mm),是造成了刀具大量非正常磨损的主要原因,本次共造成 6 把边缘滚刀、5 把正面滚刀及 4 把中心滚刀损坏(中心滚刀采用回填常压更换)。

(2)对于松散地层,在气压作业不能稳定掌子面并且地面垂直加固场地受限制的情况下,采取泥膜护壁在一定程度上能提高松散土层的气密性及稳定性,保证气压换刀过程的作业安全。

(3)泥膜护壁施工前,需严密计算洗仓、分级加压等各步骤的土仓压力,通常注浆回填仓压要比常规掘进高,一般在 2.5~3.4bar 范围内,并且要控制好洗仓、分级加压等工序施工时土压的跳跃量,这样才能使膨润土微细颗粒逐级的渗透到围岩裂隙及松散土层中,形成较好的泥膜效果。

(4)洗仓及分级加压施工过程要密切关注土仓压力变化情况,掌握好螺旋输送机出土频率,防止土仓压力过高破坏刀盘回转中心密封系统。要严格控制好注浆量及出土量,保证仓内压力稳定。

(5)膨润土材料要选用性能及膨化效果好的品牌,注射速度大,方能有效带走仓内颗粒。渗透到岩层裂隙及土层中的膨润土颗粒经过和土体的膨化作用,可提高地层的整体性。

(6)从洗仓、分级加压等施工情况看,出土颗粒从粗到细的变化及土仓内渣样黏度测试等,整体效果都比预期的好,人员气压进仓检查泥膜效果也比较理想,本次泥膜护壁施工较为成功。

三、土仓回填开仓换刀

(一)工程概况

三号线北延段施工 1 标燕塘站—梅花园站区间,小松盾构机掘进至 1088 环,开始推进时推力 24000~25000kN,扭矩 30%~45%,速度 3~10mm/min,推进至 1400mm 后推力突然上升至 28000~29000kN,扭矩 45%~55%,速度 3~4mm/min。盾构机掘进至 1089 环,发现推进油缸无法达到掘进要求,采用主动铰接推动,推力达到 32000kN,扭矩 50%,速度 3mm/min,从早上 8 点至下午 6 点推进 300mm;晚上继续推进 1089 环,仍然使用主动铰接推进,推力达到 22000~24000kN,扭矩 50%~60%,速度 3mm/min,推进至 560mm 时改用推进油缸推进,推力 28000~29500kN,速度 2~4mm/min,扭矩达到 70%~85%,凌晨 2 点停止掘进,准备开仓换刀。

(二)小松盾构机开仓存在的难题

小松盾构机设置两个仓门,一个仓门位置上部接近 12 点位位置,常压仓门;另一个仓门位置位于中部,处于 3 点位与 9 点位之间,气压仓门。由于本区间裂隙水较发育,具有承压水特性,并且上软下硬地层较多,上部软岩遇水易发生崩解现象,在准备气压开仓过程中始终无法将土仓内渣土及水排至气压仓门以下,反而因出渣时喷涌,多出土造成地面沉降过大。小松盾构机能否在此类地层中实现气压换刀是本区间第一大难题,直至隧道贯通仍无法得到解决。鉴于这种情况,小松盾构机在不稳定地层开仓均采用土仓回填方式。

(三)土仓回填施工步骤

膨润土置换渣土→低强度水泥砂浆置换膨润土、辅助措施(后退式注浆)→通过土仓壁上球阀确认置换效果→泄压→打开仓门。

(四)土仓回填控制要点

(1)在整个置换过程中一直保持刀盘转动,关注刀盘扭矩变化,开始膨润土置换渣土扭矩较低,随着低强度水泥砂浆置换膨润土,后退式注浆刀盘扭矩会逐渐上升,当刀盘无法转动后才开始取渣样确认是否能开仓。

(2)采用膨润土置换渣土,将同步注浆机注浆管接入 12 点位仓壁球阀,用同步注浆泵注入膨润土,待螺旋输送机排出渣土中含有大量膨润土即可停止注入土,在这期间关注土仓压力变化。

工程照片如图 5-67、图 5-68 所示。

图 5-67 同步注浆管接入球阀注入膨润土及低强度水泥砂浆

图 5-68 后退式注浆机(钻杆即为注浆管)

(3)在水泥砂浆置换膨润土过程中,由于水泥砂浆相对密度比膨润土大,理论上注入水泥砂浆会沉积在土仓下部,而膨润土会沉积于土仓上部,因此在仓壁上接软管进行排放膨润土,而不采用螺旋输送机排放。

(4)在水泥砂浆置换膨润土过程中同步进行后退式注浆,在2~10点位之间采用后退式注浆机,利用盾构机超前地质探孔进行超前注浆孔注浆,后退式注浆注入纯水泥浆,加固刀盘前方软岩。理论上可以使用双液浆,并且效果比单液浆效果好,后退式注浆机也自带注入双液浆功能,但由于注入低强度水泥砂浆原因,后退式注浆进浆量较少,双液浆混合在钻孔位置,容易造成堵管,故采用单液浆。

(5)水泥砂浆置换膨润土、超前注浆孔注浆同时进行,衡量的标准就是土仓压力,在这过程中土仓压力变化非常明显。

在置换和注浆初期土仓压力无较大变化,但随着置换进行,注入水泥砂浆量大于排出膨润土量;后期仓压会变化非常明显,而且注浆压力也会上升,故在后期采取的办法是当土仓压力由于注浆原因上升较快,达到一定数值时(如4.0~4.5bar)停止注浆或回填土仓、静置,土仓压力会慢慢回落。置换和注浆初期下降较快,在10~20min能从4.5bar下降至2.5bar,下降至2.5bar后再次进行砂浆回填及后退式注浆;土仓压力上升到一定值后再次静置,如此反复,随着反复回填砂浆及注浆,土仓压力下降速率会越来越慢,当下降值很小,并且土仓压力较稳定后可以进行下一步施工。

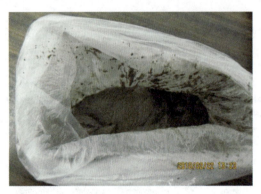

图5-69 2点位球阀取出含有大量水泥砂浆渣样

(6)土仓回填及注浆效果检测:当经过一段时间观察,土仓压力无明显变化,刀盘已无法转动,断定土仓内水泥砂浆置换膨润土完成,则在3~9点位之间土仓壁上球阀取出渣样,对渣样进行分析判断是否土仓内已完成置换,并且土仓含水较少。

图5-69为2点位球阀取出含有大量水泥砂浆渣样。

(7)判断置换已完成后,打开仓壁上球阀,进行土仓泄压同时还有排水效果。当土仓压力以降至0bar时打开仓门。

(五)清仓要点

清仓步骤从上至下,边清仓边对刀盘开口进行处理,在清仓过程中采取防水措施。

(六)开仓后防水措施

在打开仓门后人工进行土仓内清理,在清仓及换刀过程中防止对切口环、刀箱、刀盘开口土体扰动,但仍然会出现局部渗漏情况,一般采取以下措施:

(1)清仓过程中局部渗漏处采用堵漏灵进行封堵。

(2)换刀过程中拆除磨损刀具后容易发生刀箱涌水涌泥现象,更换完成后及时对刀箱空隙进行封堵(图5-70)。

(3)做好土仓内排水及明流处引流工作。

(4)刀盘开口在清仓过程及时安装封板(图5-71)。

(七) 恢复掘进

换刀完成后拆除封板,对盾构机切口环混凝土进行凿除,土仓回填膨润土,恢复掘进。

图5-70 刀箱防水处理

图5-71 刀盘开口处封板处理

(八) 小结

土仓回填适用于无法常压、气压情况下开仓使用,土仓回填、清仓、换刀、关闭仓门、膨润土回填,恢复掘进。小松盾构机在本区间使用两次土仓回填开仓换刀,一次为15d,一次为20d,工期较长。回顾整个土仓回填开仓换刀过程,风险控制点在于:

(1) 土仓内置换效果的判断,不仅需要判断土仓内渣样是否到达预定强度要求,还有对土仓内含水情况进行判断。

(2) 清仓过程的安全。

第五节 盾构空推过矿山法隧道

三号线北延段共有三个区间运用了盾构空推过矿山法隧道技术,分别是燕塘站—梅花园站区间、梅花园站—同和站区间和同和站—永泰站区间。

一、技术要点

地铁区间隧道通过硬岩地段以前主要有以下三种方法:盾构机直接掘进通过,矿山法隧道开挖初期支护并模筑二次衬砌后盾构通过,矿山法隧道开挖初期支护、盾构机通过后矿山法再模筑二次衬砌。

盾构机直接掘进通过法,由于岩石强度高,存在施工掘进速度慢、刀具磨损量大、刀具更换频繁及成本高、工期不可控的缺点。按目前盾构机刀盘设计,对岩石的长距离硬岩地层掘进有相当大的困难,尤其是在局部硬岩地层中掘进易造成刀具意外破坏和非正常磨损,不仅增加直接成本,且由于掘进速度慢,其他辅助工作费用也增大,将造成施工成本增加。在硬岩中掘进时,盾构机震动剧烈,对设备造成某种程度的损坏,影响盾构机使用寿命。

采用矿山法隧道开挖初期支护并模筑二次衬砌后盾构通过,存在模筑二次衬砌施工速度慢、矿山法隧道施工工期长,防水效果差的缺点,同时隧道两端为盾构法施工,为满足盾构机通过,需要增大净空,增加了隧道的圬工量;采用矿山法隧道开挖初期支护、盾构机通过后矿山法再模筑二次衬砌与矿山法隧道开挖初期支护二次衬砌、采用盾构机通过基本相似,虽然隧道净空可适当减少,但由于盾构完工后才进行模筑二次衬砌施工,工期延迟更多。

广州地铁通过三号线、四号线、三号线北延段的摸索,结合以上方法的特点,综合运用盾构法与矿山法,采用"矿山法隧道开挖初期支护,盾构法管片二次衬砌"的施工方法,顺利通过硬岩段,取得成功。该方法的主要优点是硬岩段矿山法初期支护可以先期进行施工,盾构拼装管片成洞速度快,整体工期较传统工法可提前并可控。但也存在以下工程难题:如何有效控制管片的渗漏水,如何控制管片的姿态,如何防止盾构管片上浮和盾壳旋转等。

盾构拼装管片通过已开挖硬岩段,速度能够达到10～20环/d,盾构在一般较硬岩层地段的掘进速度只能达到1～5环/d,而且盾构在硬岩掘进还会造成刀具非正常磨损,更换和修复时间更难以控制。因此,长距离硬岩段,盾构拼装管片较盾构掘进能够大大缩短工期。圆形矿山法隧道需要提前安排施工,并且需要临时施工竖井和施工场地进行矿山法隧道施工,需要增加相关的施工成本。根据以上因素和以往施工经验,一般按照硬岩长度大于100m,岩石单轴抗压强度大于80MPa,可考虑采用"矿山法隧道开挖初期支护,盾构法管片二次衬砌"的施工方法,具体的工程按照其工期要求、地质条件、场地条件和成本分析综合考虑,再行选择合适的工法。

(一)"矿山法隧道开挖初期支护,盾构法管片二次衬砌"的主要技术参数

考虑盾构机尺寸,一般地铁隧道管片内径5.4m、外径6m,圆形盾构机直径≤6.3m、主机长度≤9m,考虑测量误差、施工需要,圆形隧道直径≥6.4m,小曲线半径的地段隧道直径需要适当加大。为保证盾构机按设计轴线通过,需在暗挖隧道施工时在隧道底部预先施作导台。导台设计为C30钢筋混凝土,盾构机半径的圆弧形,圆心角为60°。接收段和始发段适当加大隧道的净空和底部预留沟槽。

(二)"矿山法隧道开挖初期支护,盾构法管片二次衬砌"具体方案一

1. 总体施工工艺

盾构机空推、回填豆砾石和水泥砂浆通过矿山法隧道的方案是指:在盾构机到达前,通过盾构区间的临时施工竖井,采用钻爆法开挖完成圆形隧道,盾构隧道与该段硬岩隧道贯通后,盾构机在已施工的混凝土导向平台上空载通过并拼装管片,初期支护与管片背后的空隙用豆砾石和水泥砂浆回填密实。

2. 施工工艺流程

临时施工竖井施工→隧道硬岩段钻爆法施工→混凝土导向平台施工→盾构到达端头加固(有必要时)→检查处理隧道断面和贯通测量→盾构机到达→导向平台顺接→盾构机推进至导向平台→盾构机空载推进、拼装管片、吹填豆砾石、同步注浆→补充注浆。

3. 施工主要工序

(1)圆形矿山法隧道开挖和端头处理

圆形矿山法隧道开挖与常规的矿山法隧道开挖初期支护一样,只是在盾构接收段和始发段,考虑施工方便,接口3m圆形隧道断面适当加大,净空加大为6800mm,底部预留1m宽、0.5m深的沟,便于贯通后处理端头和保证盾构机能平顺上导向平台。

一般情况,矿山法隧道由于空间有限,洞门装置难以安拆,为保证安全,根据端头的地质情况和施工环境条件,可采用预留一定厚度的岩体、洞内水平加固、素混凝土墙、玻璃纤维钢筋混凝土墙、地面端头加固等方法。

(2)导向平台施工

矿山法隧道初期支护施工完成并经过净空检查后,在隧道底部施工导向平台。导台支撑着盾构机并为盾构机前进起导向作用,盾构机在导台上空载推进并拼装管片。导台采用C30钢筋混凝土施工(钢筋为结构钢筋),高度为150mm。由于盾构机刀盘外径为6280mm,刀盘顶部与隧道壁只有70mm间距,因此矿山法隧道严禁欠挖,同时导台的高度和轴线必须控制在设计允许的误差范围内。导台断面弧长与隧道中心夹角为60°,保证盾体与导台有足够的接触面;导台弧面施工必须圆顺,使盾体与导台保持均匀接触。

(3)盾构到达施工

根据围岩的情况,一般将盾构隧道与圆形矿山法隧道贯通前25m定义为盾构到达段。进入到达段后,逐步减小推力、降低推进速度,并严格控制出土量,做好管片后注浆。到达加固区后,逐步降低土仓压力,采用小推力、低转速进入圆形矿山法隧道。刀盘、盾尾进入加固区后分别进行二次注浆,填充密实背后空隙。刀盘到达洞内后,除了进行管片背后注浆外,还需通过盾构机盾壳的预留注入孔注入聚氨酯,填实盾壳外的空隙。

(4)盾构空推前的准备工作

①根据实测矿山法隧道的断面,比较准确计算好回填的豆砾石数量,提前将豆砾石下到隧道内。

②隧道贯通后,及时清理隧道内破洞产生的渣土,保证盾构机能顺利上混凝土导台。

③安装调试好喷射豆砾石用的两台喷射机、风管及水电管路。

④由于盾构机刀盘外径比盾体外径大,在盾构机从始发托架上进入导台前,卸掉刀盘与导台面接触的边缘刀具,避免盾构机在导台上前进时刀具将导台混凝土刮起,破坏导台。

⑤调试好同步注浆和二次注浆的设备,保证满足注浆要求。

(5)步进

在暗挖段的准备工作完成,将盾构机刀盘旋转至一合适位置后,开始进行管片拼装、盾构机向前步进的工作。推进过程要观察盾构机的推力,确保推力≥3000kN,以确保管片止水条能压紧满足设计的要求。

盾构机在步进时,派专人在盾构机前方检查、监测盾构机步进情况,主要检查暗挖段的开挖是否有侵入盾构机刀盘轮廓的岩石存在、盾构机壳体下部与导台的结合情况、盾构机两侧回填豆砾石是否有泄露的现象发生等。盾构机步进时,刀盘前方的监测人员与盾构机主司机要紧密配合,确保盾构机沿导轨的中心线路前移,从而确保盾构机前移时管片的受力均匀。

(6)管片拼装

盾构过暗挖段时的管片拼装采取错缝拼装形式,管片拼装工艺与正常掘进时的工艺相同。管片选型时要根据盾尾间隙与油缸行程结合盾构机姿态选择合适的管片。

(7)管片背后回填

管片背后回填主要通过喷射机喷射豆砾石和盾构同步注浆设备和二次注浆设备多次注浆进行回填,以达到防水和结构的要求。

①豆砾石回填

喷射豆砾石可在推进和拼装管片过程中进行,掘进时,保证刀盘前面有约6m空地,放置2台喷射机,盾构机向前步进和管片拼装的同时,使用喷射机后面堆放的豆砾石进行喷射,盾构机边向前步进,喷射机边向前移动,始终保持刀盘前面6m范围内没有豆砾石堆放。

豆砾石粒径为5~10mm,喷射压力为0.25~0.3MPa。喷射管径为直径50mm,输送豆砾石的管子用铁丝固定在刀盘上,管子长度超出盾构机长度70cm,充填标准:通过管片与围岩之间的空隙观察,直到空隙充满豆砾石。

②第一次回填注浆

第一次回填注浆在管片脱出盾尾后就要进行,主要目的是填实底部固定管片。浆液尽量采用双液浆,注浆工艺达不到也要采用初凝时间短的水泥砂浆,回填的高度基本达到管片的中部。

回填过程中,要及时进行管片姿态监测,防止管片下沉或者上浮,同时要在盾构机前进行围堰,防止浆液流入刀盘流走。

③第二次回填注浆

第一次回填注浆浆液基本凝固后,通过管片吊装孔进行二次回填注浆。回填的标准为注浆压力为0.1~0.2MPa,管片背后全部回填密实。

回填过程中,加强管片监测,防止管片上浮。

④第三次回填注浆

管片脱出台车后,还需通过二次注浆设备反复多次进行注浆,将管片背后回填密实,达到回填和防水的要求。

(8)盾构重新始发

盾构机刀盘到达始发扩大段后,重新安装好刀具和调试好其他盾构设备,重新掘进。由于洞内的客观条件,盾构机始发无法像在常规始发一样设置防扭转措施和安装洞门帘布,因此防止盾构机扭转和防止掌子面坍塌是盾构机重新始发的关键工作。

盾构机在破除洞门前,土仓内建立一定的土仓压力(0.06MPa左右),有必要在盾构机盾壳外面填充低强度的水泥砂浆以增加盾壳的摩阻力。同时建议将刀盘扭矩调停限位设置为80bar,采用小扭矩、低转速、低推力进行盾构推进,掘进过程中利用盾构机刀盘的正反转调整盾构机的偏转。

4.施工过程容易出现的问题分析和预防措施

(1)管片上浮

圆形矿山法隧道初期支护与管片空隙大,管片上浮是"矿山法隧道开挖初期支护,盾构法管片二次衬砌"工法的通病,往往发生的时间是盾构机脱出盾尾和整个隧道封闭后。管片上浮的主要原因是施工中填充豆砾石和注浆回填不及时、注浆工艺不到位,达不到回填的效果。

为防止管片上浮,主要要做好管片背后的回填,做到"回填达不到要求不推进"的原则,尤其盾构二次始发前必须系统的再进行一次注浆,确保管片背后都回填密实。

在注浆做好的前提下,可采用一些辅助措施,如利用管片吊装孔安装钢质复合牙灌浆孔支顶到矿山法隧道初期支护壁上,将管片固定。

(2)管片渗漏水

盾构机空推,推力小,对管片止水带压缩不够,容易造成管片渗漏水。圆形矿山法隧道初期支护与管片空隙大,管片背后注浆不饱满,也是造成管片渗漏水的一个重要原因。除了上述加强注浆外,对盾构机的推力要控制好,推力千斤顶布局均匀,根据理论计算,压缩管片止水带的理论有效推力需要1000kN,但考虑管片与盾尾的摩擦阻力及结合施工经验,要达到压缩止水带的效果,盾构机推力至少需要3000kN,推进过程中可以通过在盾壳尽量填充豆砾石以增加盾壳的摩阻力来增加盾构机的推力。

(3)混凝土导台破坏

混凝土导台不平顺、施工质量差,圆形矿山法欠挖、盾构机盲目掘进,曲线段盾构机姿态控制不好,这些都是造成混凝土导台破损的主要原因。

虽然导台只是临时工程,但要做好混凝土导台的质量,配置构造钢筋,保证导台平顺,防止盾构机压碎导台。盾构机步进时,派专人在盾构机前方检查、监测盾构机步进情况,主要检查暗挖段的开挖是否有侵入盾构机刀盘轮廓的岩石存在,发现有异常情况及时停机处理,切忌盲目推进。

(4)盾构机扭转

盾构机空推阶段,尽量不要转动刀盘,若实在需要转动刀盘,必须清理好刀盘前的导台,检查刀盘周围无障碍后才能转动。

盾构机重新始发阶段,一定要采取低转速、小推力、小扭矩的方法进行掘进。

(5)圆形矿山法隧道欠挖

圆形矿山法隧道测量和欠挖处理不到位,盾构空推发现后处理困难并且耽误工期,但是出现欠挖应及时处理不能存在侥幸心理、盲目掘进。

(三)"矿山法隧道开挖初期支护,盾构法管片二次衬砌"具体方案二

1. 总体施工工艺

矿山法隧道预先回填隧道、盾构正常掘进通过矿山法隧道的方案是指:在盾构机到达前,通过盾构区间的施工竖井,采用钻爆法开挖完成圆形隧道,并且利用施工竖井用砂石或者黏土将圆形隧道回填满,盾构隧道与硬岩隧道贯通后还是按正常掘进通过矿山法隧道。图5-72为回填砂石现场照片。

2. 施工工艺流程

临时施工竖井施工→隧道硬岩段钻爆法施工→检查处理隧道断面和贯通测量→回填

图5-72 回填砂石现场

砂石或者黏土→盾构机到达→盾构机在回填的矿山法隧道内推进、同步注浆、拼装管片→补充注浆→重新始发。

3.施工注意事项

(1)隧道断面测量和欠挖处理

圆形矿山法隧道回填前,必须严格进行断面测量,坚决不能出现欠挖(宁可隧道出现超挖),满足隧道的净空要求。

该方案,一旦回填就无法进行欠挖处理了(除非将回填材料又清理出来),矿山法初期支护是锚杆、钢筋、坚硬的岩石,到时盾构机就无法掘进,后果很严重。

(2)回填的质量(尤其是底部的回填质量)

回填的材料有一定的密实度,保证盾构机在回填材料掘进中不出现下沉现象。必要时,也可底部施作混凝土导台。

(3)做好同步注浆和二次注浆

考虑回填的材料毕竟不是原状土,同时顶部回填的密实程度难以保证,所以要做好同步注浆和二次注浆,防止管片上浮和保证永久质量。

二、燕塘站—梅花园站盾构穿越矿山法段案例

(一)工程概况

本区间隧道左线在里程 ZDK-0-821.7~ZDK-0-021.6~ZDK-1-117~ZDK-1-131.2,右线在里程 YDK-0-851.7~YDK-1-261.6 处通过相对完整的花岗岩微风化带,其天然极限抗压强度最大值为 126MPa,二氧化硅含量较高,盾构在该地层条件下掘进时刀具磨损严重、掘进速度慢,且在控制不当的情况下易造成刀具非正常损坏,甚至可能损坏刀盘。因此,在 YDK-1-124.286 处设置施工竖井及横通道,采用矿山法施工硬岩段,形成隧道初期支护,然后盾构在隧道中空推拼装管片通过(图5-73)。

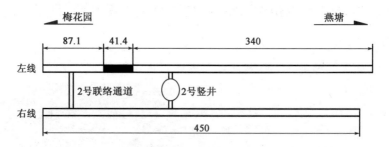

图 5-73 空推段示意图(尺寸单位:m)

左线在从2号施工竖井往梅花园方向矿山法开挖过程中,隧道上部为〈7H〉地层,地面为沙河涌,地下水较大,地层松散,遇水易崩解,开挖难度大,造成地面涵洞沉降较大,因此停止开挖,决定通过右线2号联络通道往隧道两侧进行开挖,开挖至〈8H〉破碎地层后停止开挖,故形成87.1m盲洞区及41.4m夹层。

(二)盾构到达矿山法段前的施工技术措施

1. 掘进参数分析

(1)左线小松盾构机在掘进至741环1000mm时,前方岩石倒塌,刀盘露出,根据盾构测量及人工复测显示,盾构应为推进至743环,油缸行程520mm时刀盘露出掌子面,盾构提前2.5m到达。从掘进参数上分析(表5-10),由于在贯通前5环未对盾构推力进行及时调整,仍然采用较大推力和速度进行推进,最终导致洞门处岩石倒塌,盾构提前到达。

左线小松盾构机到达第一段矿山法段前10环掘进参数　　　表5-10

环数	推力(kN)	扭矩(%)	刀盘转速(r/min)	掘进速度(mm/min)	仓压(上部)(MPa)	螺旋输送机回转速度(r/min)
732	16750	60	1.31	40	0.2	8.3
733	16020	56	1.31	41	0.21	8.2
734	18660	59	1.31	37	0.18	6.6
735	16690	60	1.31	36	0.2	6.9
736	13690	60	1.31	33	0.2	7.6
737	14060	48	1.31	29	0.21	6.2
738	16170	46	1.31	25	0.19	2
739	15100	46	1.34	19	0.17	1.8
740	13340	46	2	18	0.17	1.1
741	15130	29	1.63	12	0.08	6.5
742	14490	14	1.31	18	0	1
743	9400	16	1.31	19	0	0

(2)左线小松盾构机在掘进至826环时,上部〈7H〉地层已经倒塌,刀盘露出,距离端头约2.6m。从掘进参数上分析(表5-11),在贯通前5环已有意将推力降低,调整刀盘转速,加快螺旋输送机排土速度,逐步降低仓压,但由于掌子面上部为〈7H〉地层原因,最后仍然导致盾构提前到达。综合两次到达分析,第一次如果及时调整掘进参数,到达效果应能达到预期,第二次在到达前对洞门端头上部进行横向格栅钢架处理,对上部岩层的稳定起到了更好加固效果。

左线小松盾构机到达第二段矿山法隧道前10环掘进参数　　　表5-11

环数	推力(kN)	扭矩(%)	刀盘转速(r/min)	掘进速度(mm/min)	仓压(上部)(MPa)	螺旋输送机回转速度(r/min)
817	18540	50	1.31	21	0.1	1.2
818	17230	61	1.31	23	0.1	2.6
819	19010	56	1.32	22	0.1	2.6
820	19520	57	1.37	21	0.11	2.4
821	19690	51	1.31	20	0.11	0.2

续上表

环 数	推 力 (kN)	扭 矩 (%)	刀盘转速 (r/min)	掘进速度 (mm/min)	仓压(上部) (MPa)	螺旋输送机回转速度 (r/min)
822	18420	56	1.31	20	0.12	2.5
823	15090	54	1.77	19	0.1	2.5
824	11730	37	1.99	20	0.07	3.1
825	11660	42	2	17	0.02	6.2
826	10810	39	1.94	20	0	9

2. 施工技术措施

本区间左右线经历三次盾构到达，进入矿山法隧道，每次到达效果各不相同，但在到达过程中控制措施基本相同。

（1）对矿山法端头坐标、里程进行再次复核，推算出盾构掘进至多少环，油缸行程约多少时，刀盘露出掌子面。

（2）贯通前20环开始对盾构姿态进行调整，将盾构向靶心推进，到达过程中保持盾构抬头姿态，垂直趋向按照＋2～＋3进行控制。

（3）根据到达地质情况选择合理掘进方式，本区间盾构在到达前附近地层为微风化花岗岩〈9H〉、中风化花岗岩〈8H〉地层，因此在到达前采用敞开式掘进。

（4）在贯通前10环调整掘进参数，贯通前10环控制速度为15～20mm/min，转速为1.31r/min；贯通前5环控制速度为5～10mm/min，转速为1.31r/min，并在掘进过程中逐步减低推力。

（5）在贯通前1～2环处，控制螺旋输送机转速，确保土仓内渣土能及时排出，保持空仓。

（6）当盾构测量系统显示刀盘距离矿山法端头200mm时，将仓内土排空，而后缓慢掘进，减少贯通之后清仓工作量。

（7）到达前止水措施，在中盾上径向注入惰性浆液及聚氨酯，防止到达时造成涌水涌泥。

（8）做好管片螺栓紧固和复紧工作，防止管片松弛影响密封防水效果。

（9）准备常规应急物资，如快干水泥、水玻璃、木楔子、棉纱、注浆泵等。

3. 施工技术措施分析

（1）盾构姿态应及时调整，最好设置一段导台。与以往盾构到达不同，盾构进入矿山法隧道即将面对已开挖完成初期支护隧道，初期支护隧道有锚杆钢网或者格栅钢架支护，并且围岩强度较高，一旦盾构到达姿态偏差，对后期盾构姿态纠偏将造成极大困难。

（2）贯通前掘进参数控制。在贯通前对推力、扭矩、转速进行控制，需采用低推力、小转速的方法进行掘进，合理选择添加剂用量，对后期到达后清理减少工作量。

（3）盾构到达前采取防水措施。在到达前盾尾形成止水环，中盾上注入惰性浆液及聚氨酯，在裂隙水发育及软岩不均地层，如何防止到达前涌水涌泥显得尤为重要。

（4）对盾构进入矿山法段的端头采取加固措施。最初认为〈8H〉、〈9H〉地层不需进行端头加固处理，左线小松盾构机到达第一段矿山法段时，由于围岩较为破碎，刀盘距离矿山法端头约 2.5m 位置，下部围岩已经脱落，露出 1/3 刀盘，如图 5-74 所示。右线海瑞克盾构机到达矿山法段时，刀盘距离矿山法端头约 1m 位置，掌子面已全部破碎，刀盘几乎全部露出，如图 5-75 所示。掌子面提前塌落造成大量岩块堆积、掘进困难，清理难度加大的后果，为此，在左线盾构第二次到达矿山法段前，上部掌子面采取锚喷支护的措施，盾构到达时，未发生掌子面提早失稳现象（见图 5-76）。

图 5-74　左线小松盾构机到达第一段矿山法段

图 5-75　右线海瑞克盾构机到达矿山法段

图 5-76　左线小松盾构机到达第二段矿山法段

（三）左线盾构第一次空推施工技术

本区间盾构空推共三次，左线盲洞区空推，后 340m 空推，右线 450m 空推。由于施工工艺不同，三次空推施工工序衔接及组织安排上存在差异，推进速度差异也较大，空推完成后隧道质量也有所不同。

1. 空推段准备措施（三次空推相同）

（1）盾构到达后，立即将刀盘、土仓内、刀盘前方渣土清理干净，转动刀盘转动至合适位置，拆除边缘刀具。

（2）刀盘上焊接人形走道板、施工平台、上下楼梯，方便从盾构机进入矿山法隧道及进行刀具拆除工作。

图 5-77、图 5-78 分别为两种盾构机空推刀盘摆放位置及搭设走道板情况，图 5-79 为左线盲洞空推段各机械及管路分布图。

2. 左线第一次空推施工技术

（1）由于受隧道自身限制，豆砾石无法通过 2 号联络通道运至第一次矿山法段，因此该段空推豆砾石喷射选择从刀盘后方进行喷射。

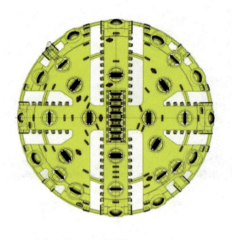

图 5-77 小松盾构机空推段刀盘摆放位置

图 5-78 海瑞克盾构机空推段刀盘摆放及搭设走道板

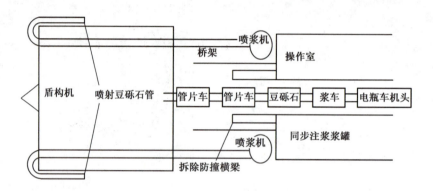

图 5-79 左线盲洞空推段各机械及管路分布图

(2) 列车重新编组,列车编组采用"2 节管片车+1 节豆砾石渣车+1 节浆车"(方向为从电瓶车机头至后方)的形式,并且将连接桥架下方防撞横梁拆除。

(3) 喷浆机排放及管路连接,将两台喷浆机分别放置在桥架后端的两侧,将喷射豆砾石管路及风管连接好,喷射管一段连至喷浆机,另一段管口固定在刀盘 2 点、10 点位两处,并且深入盾构盾壳内。

(4) 防止同步注浆前窜措施:待刀盘脱出掌子面 1m 后,从刀盘前端将沙袋塞在盾体和矿山法初期支护之间,3、9 点位以下全部堵塞好,并且使用 500mm 长、100mm 宽、20mm 厚的钢板,焊接在盾构机切口环 5、7 点位的位置。

3. 左线第一次空推掘进速度及各项掘进参数分析

(1) 左线第一次盾构空推拼装管片历时 9d(从刀盘过矿山法端头算起),累计掘进 55 环;6.1 环/d,中间停机 1d,最高日进尺 12 环/d。具体见表 5-12、图 5-80。

(2) 空推段掘进速度保持在 35~50mm/min 之间(图 5-81),偶尔几环在 70~80mm/min,掘进耗时 30~50min,推力保持在 4000~6000kN,由于初期支护隧道局部欠挖,770~772 环推力在 13000~18000kN(图 5-82)。

第一次空推掘进进度表（单位：环） 表5-12

日 期	日掘进	累 计	日 期	日掘进	累 计
2009-11-29	3	745	2009-12-4	2	775
2009-11-30	6	751	2009-12-5	8	783
2009-12-1	12	763	2009-12-6	11	794
2009-12-2	10	773	2009-12-7	3	797
2009-12-3	0	773			

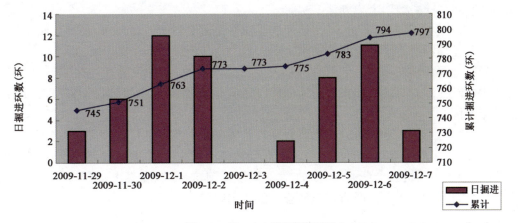

图 5-80　第一次空推掘进进度图

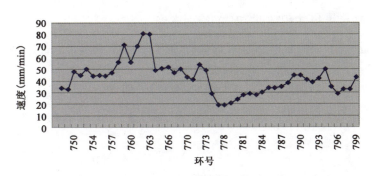

图 5-81　第一次空推掘进速度

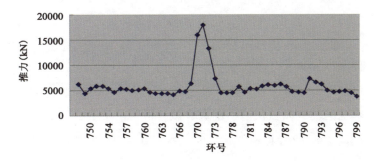

图 5-82　第一次空推推力

(3)空推段故障时间统计:12月2日双轨梁电缆老化断裂,接线耗时2h;12月3日盾构导台断裂,架立新导台,耗时1d;12月7日掘进完成797环后补喷豆砾石,更换盾尾刷。

4. 第一次空推小结

(1)空推段每延米喷射豆砾石理论量为5.3m³,每环掘进喷射豆砾石为7.95m³,由于空推段掘进速度较快,豆砾石从豆砾石车内倒运至喷浆机效率较低,并且在掘进完成后为了工序衔接,拼装管片时需进行倒车工序,无法喷射豆砾石,以上三种原因最终造成空推段喷射豆砾石量不足。从以上原因上分析,要解决从后方喷射豆砾石饱满问题,需在豆砾石倒运至喷浆机及喷浆机喷射效率上想办法。

(2)由于喷射豆砾石量不足,经常造成同步注浆浆液前窜至刀盘前方,虽有止浆钢板,但初期支护开挖面凹凸不平使得浆液前窜。

(3)同步注浆效果问题,由于管片与初期支护之间空隙,空推段同步注浆浆液进入空隙间无阻力,注浆时间非常快,3m³浆液几分钟内完成,注浆效果无法得到保证,并且也是造成浆液前窜原因之一。

(4)在喷射豆砾石不饱满,同步注浆效果较差情况下未及时进行管片背后二次注浆。

(5)在空推之前未对初期支护断面欠挖进行处理,推进过程中遇到局部欠挖处加大推力强行推行,导致盾构机导台断裂,虽然进行重新架设钢轨,喷射混凝土,与原来导台进行连接,最终将盾构机引上导台,但盾构机姿态受到严重影响。

(四)左线盾构第二次空推施工技术(340m)

1. 结合第一次空推经验和教训得出的应对措施

(1)根据隧道结构,改由豆砾石从刀盘前方喷射,先计算出340m需喷射豆砾石量,然后将豆砾石从竖井运至隧道内,均匀平铺于盾构机导台上方两侧。

(2)列车重新编组,采用管片车(三大块)+管片车(两大一小)+管片车(两大一小)+管片车(三大块)+浆车进行编组。管片车布置如图5-83所示。

图5-83 管片车布置

(3)施工竖井内准备地泵,将地泵放至井下,使用DN150钢管,从地面连接管路至井下地泵,地泵进行管片背后的二次注浆。

(4)采用大容量喷浆机,使用一台6m³和一台9m³喷浆机进行豆砾石喷射(图5-84)。

2. 左线第二次空推掘进速度及各项掘进参数分析

(1)340m空推段历时22d,共掘进227环,平均10.3环/d,最高进尺20环/d,中间停机3天。具体见表5-13、图5-85。

第五章 花岗岩地层盾构掘进及辅助工法

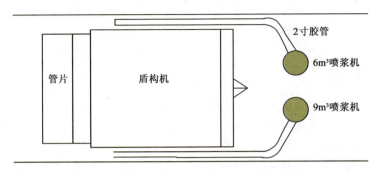

图 5-84 340m 喷浆机管路布置

第二次空推掘进进度表（单位：环）　　　　　　　　　　表 5-13

日　　期	日掘进环数	累 计 环 数	日　　期	日掘进环数	累计环数
2009-12-22	7	833	2010-1-2	15	946
2009-12-23	9	842	2010-1-3	20	966
2009-12-24	18	860	2010-1-4	16	982
2009-12-25	14	874	2010-1-5	19	1001
2009-12-26	15	889	2010-1-6	12	1013
2009-12-27	0	889	2010-1-7	10	1023
2009-12-28	0	889	2010-1-8	12	1035
2009-12-29	7	896	2010-1-9	10	1045
2009-12-30	14	910	2010-1-10	0	1045
2009-12-31	6	916	2010-1-11	1	1046
2010-1-1	15	931	2010-1-12	7	1053

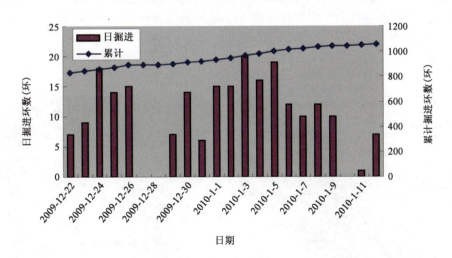

图 5-85 第二次空推掘进进度图

(2) 340m 掘进速度保持在 40～70mm/min，掘进耗时 20～30min，推力保持在 4000～7000kN。

(3)340m 耽误掘进时间统计:2009 年 12 月 23 日白天组织人员清泥,27 日处理初期支护欠挖,28 日继续处理欠挖,29 日白班处理欠挖,31 日白班停电,2010 年 1 月 10 日三次始发准备,设备检修,11 日安装刀具,12 日已到达矿山法隧道端头,空推结束。

3. 第二次空推小结

(1)本次空推掘进浪费 2 天半时间处理初期支护欠挖,因此在空推前需对初期支护断面进行多次复核,保证全断面无一处欠挖。

(2)由于喷射豆砾石不受拼装管片影响,因此只需提高喷射豆砾石效率,即可加快掘进速度,但喷射豆砾石与掘进速度相互影响。豆砾石在刀盘前方初期支护隧道内均匀平铺,在掘进过程中刀盘与喷浆机保持一定距离。当此刀盘与喷浆机之间距离变近,说明掘进速度较快,需放慢掘进速度;当刀盘与喷浆机之间距离变远,说明掘进速度较慢或者喷射豆砾石太快,需加快掘进速度或者减慢喷射速度。

(3)管片背后二次注浆,在盾构机通过施工竖井之后,切割横通道处管片,在竖井内用地泵进行管片背后二次注浆,但由于担心管片不能承受地泵输送混凝土压力导致管片变形,因此对管片背后未进行较好填充。

(4)由于左线隧道在矿山法初期支护完成后仍存在局部渗漏情况,管片背后又未填充饱满,最终导致左线空推段管片上浮,施工竖井将来作为废水泵房处于最低位置,整条隧道呈"V"字走向,因此竖井附近管片上浮最为严重,对后期管片姿态稳定及管片背后回填带来极大困难。

(五)右线盾构空推掘进技术分析

1. 结合左线空推经验和教训得出的应对措施

右线空推掘进时左线已经空推掘进全部完成,正进行空推段管片背后注浆回填及侵限段处理,在此地层空推,由于深知管片与初期支护之间回填不饱满带来的危害,在保证进度同时,对如何保证回填饱满采取了以下措施:

(1)管路连接:豆砾石仍然从刀盘前方喷射,喷浆机置于刀盘前方 8~10m 处,喷射管固定于刀盘 1 点位和 11 点位处,并伸入盾构机(图 5-86、图 5-87)。

图 5-86　伸入盾构机盾壳喷豆砾石软管

图 5-87　固定在盾构机 11 点位喷豆砾石软管

(2)注浆改进:将2根同步注浆管在盾尾后第5环3点位、9点位吊装孔进行注浆(图5-88),泡沫箱内改装水玻璃,泡沫管和上述2根同步注浆管连接一起注入双液浆,三通接口在吊装孔处。

在进行空推准备工作时对注入双液浆凝固时间做反复试验,当将装有水玻璃的泡沫流量调为8%,同步注浆泵流速为5冲程/min,体积比为30:1(砂浆:水玻璃),30~40s时间浆液开始结块,准备采用此种配合比进行注浆。

(3)为防止同步注浆管堵塞,备用一台"黑旋风"送浆泵。

(4)另外一个同步注浆管接盾尾后第10环附近12点位吊装孔进行注浆。

(5)5号台车后12点位进行二次补充注浆。

(6)为防止浆液前窜至刀盘前方,在切口环3~9点位以下设置两道止浆钢板(图5-89)。

图5-88 盾尾后第5环附近同步注浆(粗管为同步注浆管,细管为装有水玻璃的泡沫管,三通置于吊装孔处)

图5-89 切口环3~9点位以下止浆板

(7)列车编组,采用"2管片车+1浆车+1渣车底盘"方式,渣车底盘主要用于运输5号台车后补充二次注浆所需水泥。

(8)明确分工,成立喷射豆砾石班、同步注浆班、掘进班、调配班、二次注浆班、设备日常维护班6大班组,每个班组各司其职,相互之间沟通协调。

2.右线空推掘进速度分析

(1)右线空推历时16d,共掘进289环,平均18.1环/d,最高进尺24环/d,无停机时间。具体如图5-90所示。

(2)掘进速度保持在40~70mm/min,掘进耗时20~30min,推力保持在4000~7000kN。

(3)右线3月2日掘进7环,因白天隧道接电缆线。

3.右线空推小结

(1)施工组织恰当,合理安排工序衔接是这次空推高进度成功之处。

(2)对同步注入双液浆的凝固时间把握,开始采用8%的泡沫流量常发生堵塞管路现象,后将泡沫流量改为3%才得到解决。

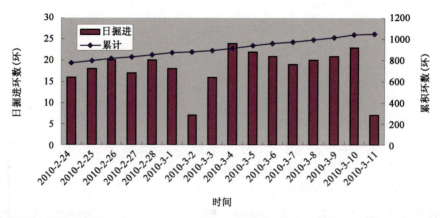

图 5-90 右线空推进度图

(3)对管片背后多次填充,确保管片背后填充饱满。

(4)切口环止浆板措施,在右线整个空推过程中仅有一次浆液前窜现象,除由于注入双液浆凝固时间较快原因之外,止浆板也起到了必不可少的作用。

(5)对日常设备的维护及保养,在空推段掘进过程中拼装机、双轨梁、电瓶车为重荷载设备,加强此类设备的维护及保养,出现设备故障及时解决是这次空推成功不可缺少的因素。在空推过程中仅发生两次拼装机油管故障,并且都在 1h 之内解决。

(六)三段空推经验总结

三次空推,一次比一次成功,每一次施工方都认真吸取前一次经验和教训,采用了更为合理的施工方法,使得最后一次达到 18.1 环/d 进度。

通过对这三次空推掘进情况的分析,主要要关注以下几个方面的问题:

(1)要严格控制盾构机导台的施工质量,如果因为施工质量差导致导台断裂极易引起盾构机栽头,进而造成盾构机姿态难以控制,恢复掘进困难,因此在施工导台时要加入钢筋网片,严格控制混凝土的浇筑质量,以确保盾构的正常掘进。

(2)盾构空推施工前要全面测量矿山法隧道断面几何尺寸,对出现的欠挖区域必须凿除,对较大的超挖区域提前处理,否则就会造成盾构机姿态难以控制,导致管片侵限。

(3)保障普通管片与特殊管片的及时供应,确保盾构掘进和注浆能够持续均衡进行。

(4)刀盘前保持有足够多的豆砾石,能够提供盾构机在掘进过程中的反推力,使得管片拼装更为紧密。

(5)在盾构掘进过程中,要及时进行同步注浆和二次补浆,使管片能够及时受到约束,保证管片不受地下水影响,防止出现管片上浮现象。

(七)盾构过横通道段施工技术

(1)在盾构到达之前,如图 5-91 所示,将两根工字钢固定在横通道上,高度与盾构机 3、9 点位平齐,矿山法隧道清理完成后,使用沙袋将 2 号竖井堆高 1000mm,防止同步注浆浆液流至竖井。H 型钢与 250mm×150mm×5mm 的钢板焊接,钢板用膨胀螺栓固定在横通道两侧端墙上,在 H 型钢外侧做 3 道斜撑,斜撑一边与 H 型钢焊接,一边与隧道固定。

(2)盾构机在通过 2 号竖井时,管片拼装完毕,脱出盾尾后,在靠近竖井一侧,用木楔打在管片和导台之间、管片和型钢之间,防止管片下沉及侧移。

(3)盾构机在通过 2 号竖井时,只使用远离竖井一侧的喷浆机喷射豆砾石,同时将注浆点位移至 4、7 点位,控制同步注浆量,派专人在竖井处观察,当浆液约差 100mm 与沙袋平齐时,停止同步注浆。

图 5-92~图 5-94 为施工现场照片。

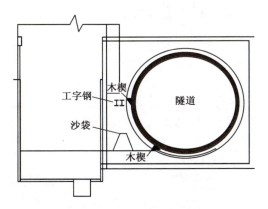

图 5-91 盾构通过 2 号竖井措施示意图

图 5-92 拼装完成管片后情形

图 5-93 堆积沙袋及焊接工字钢

图 5-94 隧道与横通道接口处安装钢板

第六章　石灰岩地层盾构掘进及辅助工法

第一节　石灰岩地层盾构隧道概况

一、三条线路盾构施工情况

总结以往五号线、二号线北延段和三号线北延段盾构在石灰岩地层的施工情况,三号线北延段最顺利,而且还创造了掘进纪录;二号线北延段遇到麻烦较多,其隧道就在岩土交界面处,表6-1为施工情况统计。

五号线、二号线北延段和三号线北延段盾构施工情况统计　　表6-1

项　目	五号线	二号线北延段	三号线北延段
所处地层	断面为完整的石灰岩	断面为岩土交界面	断面为砂土层中,下覆石灰岩层
溶、土洞塌方	无	有	无
岩溶注浆	有	有	有
掘进速度	较快	慢(处理塌方)	快
隧道预埋注浆管	无	无	有

从表6-1中对比得出:盾构隧道在土层中最好,在全断面岩溶中较好,处于土层和岩层的接触面较不利。

二、溶、土洞处理

根据各线施工经验,溶、土洞填充采用注浆成功率较高。

建议:若勘察揭示有溶、土洞存在,位于结构范围内的土洞无论埋深多少均进行填充处理,采用花管注浆。注浆加固扩散半径拟定为1.5m,采用压力注浆的方法进行填充,注浆压力从低到高,间歇、反复压浆。施工时应根据实际情况控制注浆压力,防止跑浆、冒浆发生,减少浆液流失。

溶、土洞的加固检测方法:
土洞:采用随机原位标贯试验,标贯击数应不小于10击。
溶洞:采用随机钻孔取芯,做抗压试验,要求无侧限抗压强度不小于0.2MPa。

三、管片预留注浆管

对于存在地面建(构)筑物而无法进行岩溶处理的地段,管片预制时可以考虑预留注浆管。

在后期运维阶段,如果发生隧道变形过大,可以通过预留注浆管向地层紧急注浆,防止变形扩大。

管片预留注浆管的相关图示如图 6-1～图 6-3 所示。

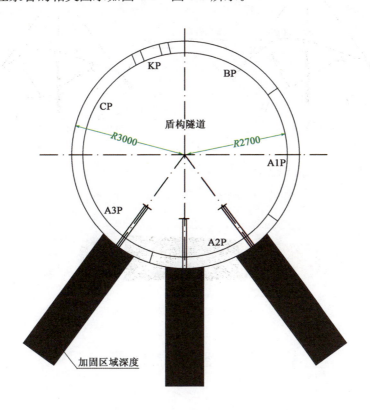

图 6-1 预留注浆管示意图

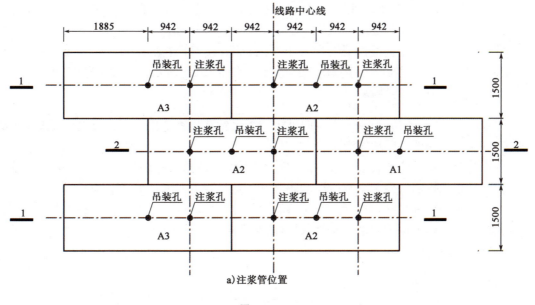

a) 注浆管位置

图 6-2

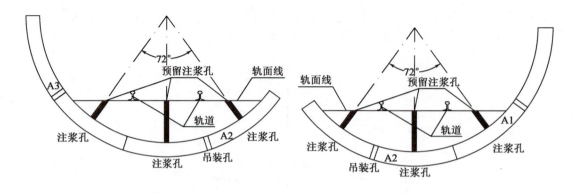

b) 1—1剖面(道床浇筑后)　　　　　　　c) 2—2剖面(道床浇筑后)

图 6-2　管片预留注浆管剖面图(尺寸单位:mm)

图 6-3　管片预留注浆管三维图

第二节　溶、土洞处理施工

一、溶、土洞预处理

根据详堪及补勘资料,高增站—机场南站区间始发段 150m 段揭示了 3 个溶洞,其补勘孔号分别为 MCZ3-AX-02,MCZ4-AX-04,MCZ3-AX-03,如图 6-4 所示。以溶洞钻孔为中心,按 2m×2m 的间距向外探寻溶洞及土洞的范围,直至找到溶洞边界。通过钻孔,始发区段溶洞如图 6-4 标示的红线,平面溶洞的边界大小如图 6-5 所示紫线圈定范围。

1. 区间溶洞处理的步骤

(1)钻孔顺序:先钻中心孔,由内向外逐步扩大钻孔探查范围。每个钻孔完成后,凡发现有溶洞的钻孔,随即安装袖阀灌浆管。

(2)及时根据钻孔地质情况编制溶洞轮廓图,结合隧道轮廓分析已完成钻孔位置形成溶洞轮廓,并根据探明溶洞大小及所属性质判断下步是否需要增加处理范围。

(3)灌浆顺序:由外向内进行,先对溶洞边界(加固范围线)上的钻孔进行充填灌浆,阻断浆液漏失通道后,再逐步加密灌浆孔,进行溶洞区中部的灌浆压密。

2. 工序施工技术控制要点

(1)钻孔设备和钻进方法的选择

钻孔时要采用优质泥浆护壁,预防砂层中塌孔。

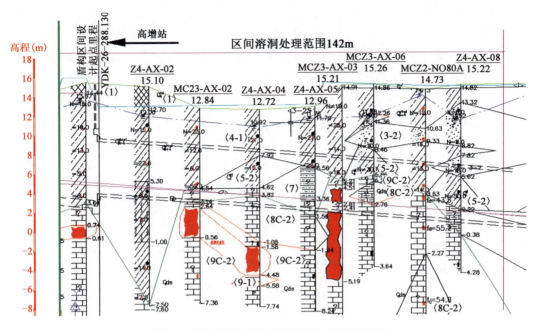

图 6-4　始发段区间隧道轮廓与溶洞位置空间关系图

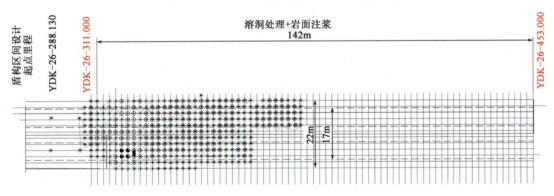

图 6-5　始发段区间溶洞处理钻孔布置及溶洞边界示意图

(2) 钻孔深度及溶洞高度判断

岩面注浆孔深度至岩面下 0.5m，溶洞处理孔至溶洞底部。凡是溶洞钻孔到达〈9C-2〉地层必须取芯判断溶洞高度。

(3) 安装袖阀管、浇注套壳料及固管止浆控制要点

①当钻孔至设计要求深度终孔后，必须采用清水洗孔，之后立即将套壳料通过钻杆泵送至孔底。注浆时，必须自下而上灌注套壳料至孔口溢出符合浓度要求的原浆液为止。

②依次下入按注浆段配备的袖阀花管和芯管（图 6-6），下管时必须及时向管内加入清水，克服孔内浮力，顺畅下入至孔底。

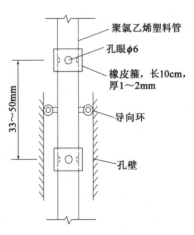

图 6-6　袖阀管结构示意图

③套壳料采用膨润土和水泥配制,配比为水泥:膨润土:水=1:1.5:1.88,浆液相对密度约为1.5,漏斗黏度24~26s;实际施工时应通过多组室内及现场试验,选取最佳配比,本工程现场所使用的配比没有添加膨润土,故实际配比确定为1:1.8。套壳料凝固时间和强度增长速率应控制在2~5d内可灌浆,本工程实际套壳料凝固时间控制在3d,3d实际强度基本能达到灌注要求。

④袖阀外花管采用ϕ48聚氯乙烯塑料管,在管子注浆段上每隔30cm钻一排(3~4个)孔眼,孔眼直径6mm。针对每排孔眼,在管子外面套上一段长10cm、厚1~2mm紧贴的橡皮箍并加以固定。下管前,必须要求注意检查紧贴的橡皮箍是否完整,并且注意检查袖阀管管身完整情况。

⑤固管止浆:在袖阀管外花管与孔壁之间的环状间隙处下入注浆管,在孔口上部2m孔段压入止浆固管料,直至孔口返止浓浆为止。止浆固管料采用速凝水泥浆,水:水泥=1:1.5。现场采用水玻璃作速凝剂。要注意控制现场止浆料的凝固时间,凝结时间不应过短,否则无法保证2m孔段填充密实,影响往后处理注浆效果。由于现场凝固时间控制在3d,故现场灌浆前必须检查止浆料凝结情况,符合要求方可同意开始灌浆。

(4)溶洞填充灌浆

一般周边孔先注双液浆,形成止浆墙,再从中间向四周钻孔注浆,每次都必须跳开一个孔进行注浆,以防止发生窜浆现象。中间一般先注单液浆,注浆压力达到设计要求后,再注入双液浆对注浆效果进行加强。

①开环:灌浆的前期阶段,使用稀浆加压开环。在加压过程中,一旦出现压力突降,进浆量剧增,表示已经"开环"。开环后即按设计配比开始正式注浆。

②灌浆:采用双栓塞心管进行灌浆。根据各组注浆参数表要求,从孔底自下而上进行注浆,每排孔眼作为一个灌浆段,其段长为100cm。

③注浆液采用32.5R级普通硅酸盐水泥,注浆时按先灌入稀浆后灌入浓浆的原则逐渐调整水灰比。开环压力为0.35MPa,正常注浆压力为0.4~0.8MPa,并由下而上逐渐减小,视具体情况分别采用或做适当调整。实际浓浆注浆配比按现场调配确定,水泥用量不得小于1:1的水灰比。

④间歇注浆:全孔段注浆完成后,间歇一段时间再进行第二次注浆,间歇时间控制在10~30min之内。由于涉及溶洞连通的关系,注浆的过程要注意检查临近孔洞是否有串孔冒浆的情况,如发现出现串浆情况时,要及时停止灌浆,先对出现串浆孔洞进行补压双液浆封孔处理,完成封孔后再恢复对先前孔洞灌浆。

⑤每孔注完浆后,必须使用ϕ20水管插入袖阀管内,泵入清水将袖阀管内残留水泥浆冲洗干净,以保证袖阀管反复注浆的效果。

(5)终灌标准控制:

①当地层中有了足够的注入浆量时;

②当注浆压力达到设计值时;

③发现被加固建筑物有上抬的趋势时,立即停止注浆;

④发生窜浆或浆液漏失严重时,立即停止注浆。

(6)灌注材料及配比

用32.5R级普通硅酸盐水泥作灌注主料,确定各种灌注材料的合理配比,在施工中使用的材料配比(质量比)如下:

①袖阀管套壳料为水泥:水＝1:1.8(质量比,配方由现场试验最后确定)。

②固管料为单液水泥浆,配比为水:水泥＝1:1.5。

③袖阀管注浆的浆液配比为水泥:水＝0.8～1:1,先稀浆后稠浆。

④速凝剂:如发现地下有水流通道,孔内漏浆严重时,可掺入适量的水玻璃作为速凝剂。水泥浆与水玻璃体积比$C:S=1:(0.5～1)$,其中,水玻璃:浓度为$45°Bé$,模数$m=2.4～2.8$。

(7)袖阀管封孔

在溶洞处理段分区注浆完成后,要注意进行二次注浆封孔处理,不得在隧道轮廓范围内留有未封堵的袖阀管。没有封堵好的钻孔,将是一条人为的导水通道,盾构掘进通过时,容易发生掌子面塌方和地面冒浆等安全事件。

3.岩溶处理效果检测

根据相关溶洞处理检测效果要求,溶洞处理检测标准详见第三章。

二、盾构掘进中揭示的溶洞处理

三号线北延段区间设计在线路下方5m内勘察揭示有灰岩的地段,设计都要求沿线路中心每隔8m布置钻孔进行溶洞揭示,基本上大的溶洞都能通过勘察发现出来,并进行处理。但是较小的溶洞通过以上钻孔的方法无法判断出来的,同时在建筑物和高速公路上无法进行钻孔工作,还会存在没有处理的溶洞(图6-7)。

盾构掘进中遇上溶洞,有以下几个现象:①盾构土仓压力瞬间突变,含有承压水带填充物的溶洞会使土仓压力不断波动,会出现喷涌现象;②较大的空洞会导致土仓压力迅速下降,甚至变为零;③同步注浆压力会变小,注入大量的浆液都无法达到注浆恒压要求。

盾构掘进遇上带填充物的溶洞,宜加大注浆量,快速通过;同时在成型隧道上安排二次补充注浆,防止隧道下沉影响结构质量。盾构遇上溶洞,不宜长时间停机注浆,避免发生浆液固结盾构机的事情。盾构遇上较大的空洞,土仓压力为零时,不宜冒险推进,要立即安排对盾构机下沉变形进行监测,当变形较小时,安排开仓观察溶洞情况。如果溶洞较小,安排快速注浆通过;如果溶洞较大,会危及盾构前进的安全,应安排地面钻孔,泵送入泥砂把溶洞填充密实后再向前推进。

比如,高增站—机场南站盾构区间在线路在斜穿机场高速时,由于高速路车流量较大而无法占道勘探,地质剖面图中没有揭示溶洞,但盾构掘进中岩面发生较大的变化,并判断遇上较大的土洞(图6-8)。盾构掘进时,出现"喷涌",同步注浆压力迅速下降。盾构快速向前掘进,每向前掘进50cm注浆一罐(约$5m^3$),这样反复掘进注浆,既预防停机注浆固结盾构机,又能确保盾构迅速向前掘进,直到盾构机通过溶洞区域为止。同时盾构机每向前掘进5环,安排一次双液补充注浆,加强溶洞的填充效果。

为确保永久隧道的安全,凡在溶岩发育段的盾构隧道,工程设计在每环管片的下方预埋注浆孔。一旦隧道在运营中发生变形较大,则可以利用预埋在道床内的注浆管进行填充注浆。

图 6-7 溶洞处理抽芯芯样

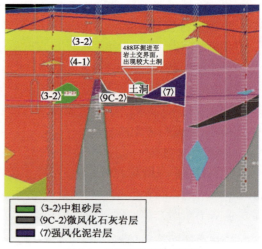

图 6-8 机场高速下揭示溶洞

第三节 盾构掘进

一、灰岩地层上软下硬段盾构掘进

永泰站—白云大道北站区间上软下硬段地层分布较为广泛,左、右线洞身范围内 150～197 环、400～470 环,掘进过程中出现推力、刀盘扭矩较大,速度较慢,渣温较高(最高达 48℃)等情况,为上软下硬掘进,出渣量难以控制,地表沉降控制难度较大。

1. 工程概况

150～197 环洞身穿越地层主要为〈3-1〉粉细砂层、〈3-2〉中粗砂层、〈5C-1〉软塑状残积土层、〈8C〉灰岩强风化层、〈9C〉灰岩微风化层,渣样含较多的碎石块、砂,少量黏土,地下水较为丰富;400～470 环洞身穿越地层主要为〈3-1〉粉细砂层、〈3-2〉中粗砂层、〈9C〉灰岩微风化层,渣样主要成分为碎石块和砂,洞身范围内岩面较高,根据钻孔取样资料,岩面最高达 5m,地下水较为丰富。该区间地层为典型的上软下硬地层。

地表主要为同泰路,交通繁忙,左线隧道垂直上方有一条直径为 1600mm 的供水管线,埋深约 4m。

2. 对盾构掘进的影响

主要是掘进速度慢,每环掘进时间较长,出渣量难以控制,地表已出现坍塌和地表沉降;渣温较高,在掘进过程中多次停机降温,容易造成刀具非正常磨损;地下水较为丰富,在掘进过程中需保压掘进,易出现喷涌现象;地表场地受限无法实现提前加固,上部为砂层,无法实现常压开仓,刀具非正常损坏后,刀具更换的难度非常大。

3. 盾构掘进施工措施

本段地层掘进控制重点是出渣量和地表沉降量,需要选择合适的掘进参数,做好刀具的

保护工作。在本段掘进过程中主要采取以下控制措施:

1)掘进参数

根据掘进情况和地表监测情况,动态的选取掘进参数,具体的情况如下:

该段掘进模式:土压平衡式

土压:1.2~1.5bar(上部)

刀盘转数:1.6~1.9r/min

刀盘扭矩:110~188bar

推力:14000~19000kN

出渣量:4~4.5车(矿车高度按1.6m为一车的标准)

掘进速度:1~15mm/min

泡沫使用量:60~90L/环

以永泰站—白云大道北站区间左线453~457环为例,具体参数的选择见表6-2。

永白区间左线 453~457 环掘进参数表　　　　　　　表 6-2

环 号	总推力 (kN)	刀盘转速 (r/min)	掘进速度 (mm/min)	刀具贯入量 (mm/m)	刀盘扭矩 (bar)	盾尾拉力 (t)
453	14000~16100	1.6~1.73	3~7	2~4	145~186	70
454	15360~16000	1.59~1.91	3~8	1.5~5	146~200	60
455	15400~16200	1.72~1.88	2~4	1~2.3	100~186	80
456	16800~17200	1.78~1.95	2~5	1~2.8	90~160	30
457	15200~17100	1.68~1.82	3~10	1.6~6	104~186	40

此段地层为典型的上软下硬地层,在此地层中掘进会出现推力大、扭矩大、速度慢的情况。

2)掘进注意事项

(1)对将要进入软硬不均的地质做出准确的判断,这一点十分重要。地质资料是提供给主司机的第一手资料,从地质资料中主司机可以预先了解前方的地质情况。掘进时观察掘进参数的变化,进行分析也可估计地质情况。如果刀盘扭矩的变化范围突然加大,而油缸推力又极不均衡,那么刀盘前方土体应是软硬不均的。此时,必须降低刀盘旋转速度,同时控制掘进速度。

(2)在软硬不均的地层中掘进,必须调整掘进参数以求得在现有刀具条件下的最佳掘进效果。由于刀具和岩石作周期性碰撞,刀盘的震动必然很大。此时,应仔细聆听刀盘内的声音,观察刀盘扭矩,防止刀盘卡死。

(3)在软硬不均的地层中掘进,表现最明显的特征就是盾构机主机与螺旋输送机的振动加大,在刀盘与螺旋输送机中间有明显的摩擦声以及刮擦声,如在掘进中出现此种情况,应立即降低推力,减缓盾构掘进速度,降低盾构刀盘扭矩,以加强对盾构刀盘刀具的保护。

(4)掘进速度很低、扭矩变化减小、渣土温度变高,说明刀盘刀具磨损严重或刀盘出现其他异常情况,应想办法及时对刀具进行检查并合理换刀,以保护刀盘不受损伤。

(5) 在软硬不均的地层中掘进，要严格控制出渣量，这段地层出渣量对地表沉降的影响最大，我们在这一段的出渣量控制在 4～4.5 车/环。同时掘进过程中随时根据地表沉降的反馈而调整出渣量并找出合适的出渣比例。

(6) 在软硬不均的地层中掘进，刀盘扭矩的波动值要尽力控制在 30bar 以内，同时土压值不宜波动太大，要保持均衡平稳。

(7) 可以适当增加空气的注入量来替代部分渣土，从而达到保护刀具、减小推力等目的。

(8) 加入 TAC 高分子聚合物进行渣土改良，避免出现喷涌。

(9) 加强地表监测，及时反馈监测数据，根据监测情况指导盾构掘进。

二、灰岩地层盾构换刀处理

1. 工程概况

永白区间左线 YDK－8－654.56(513 环)在 500～512 环掘进过程中掘进速度 40～80mm/min，其他掘进参数正常，在 512 环 1300～1700mm 掘进过程中出现速度下降的现象，速度为 4～10mm/min，推力 12500kN，刀盘扭矩为 140～150bar，渣温 30～42℃。

在 513 环掘进过程中出现推力大(推力为 15500kN)、速度变慢的现象，513 环纯掘进时间为 7.75h(465min)，平均速度为 3mm/min，掘进过程中渣温较高，且上升较快，每小时渣温上升 10℃左右，渣温最高达到 54℃，掘进过程中要多次停机、置换渣土进行降温；在 514 环掘进过程中，速度更慢，30min 只向前推了 30mm，平均速度为 1mm/min，且推力较大，达到了 18000kN，根据掘进时前方刀盘转动的声音判断已不是刀具滚动的声音，估计刀具磨损较为严重。

2. 地质情况

此处地表高程为 24m，洞顶高程为 12.4m，即隧洞埋深为 11.6m，洞身范围为地表下 11.6～17.6m，附近的钻孔资料显示(刀盘前 0.8m 处)此处入岩深度为 14m，即岩层侵入洞身高度约为 3.6m，从上到下地质情况依次为:⟨1⟩人工填土层，层厚为 4m;⟨4-1⟩粉质黏土，含砂，层厚 3m;⟨3-2⟩中粗砂层，层厚 7m;14m 入岩，为微风化岩层，洞身范围内为⟨3-2⟩和⟨9C-2⟩地层，其中微风化层层厚为 3.6m。

3. 处理经过

根据掘进参数判断刀具已磨损较为严重，地质情况洞身下部为⟨9⟩微风化灰岩地层，上部为⟨3-1⟩粉细砂层、⟨3-2⟩中粗砂层，靠近广从断裂带，地下水较为丰富，无法实现常压开仓检查、更换刀具，不需加固后才能进仓检查刀具。

加固方案：在刀盘前 0.5m、刀盘后 1.5m 处及盾构机左右两侧各 0.5m 处施工钢板桩围护，钢板桩深度为 12m，底部至岩面，在钢板桩四周注聚氨酯封闭钢板桩底部与岩面结合部位，达到止水的目的，施工完成后进仓检查刀具。

按上述方案，于 2009 年 5 月 12 日开始放坡开挖上部土体，施工钢板桩，2009 年 5 月 14 日钢板桩施工全部完成，并完成桩顶环形支撑及桩顶下 7m 位置混凝土板撑施工，5 月 15 日～5 月 18 日进行钻孔注聚氨酯施工，共计完成钻孔 36 个，注聚氨酯 1.8t。

注聚氨酯完成后于 2009 年 5 月 18 日开始出土仓内的渣土，降土压，准备开仓，在第一次出渣后土压降至 0.6，随后立即又涨到 1.9，又慢慢开始下降，半小时后土压降至 1.0 后稳定，随后又进行出土降土压，但最终土压只能降至 0.7，不再下降，水和细砂一直在往外出，期间没有转动刀盘和螺旋输送机，估计存在钢板桩外砂入土仓的情况，无法进行开仓，此种加固方案失败。

5 月 20 日，建设单位组织召开施工方案讨论会，通过对剩余段地层的了解、对刀盘刀具情况的评估，决定采用冲孔桩机冲击破碎刀盘前方硬岩，处理后直接掘进贯通的方案，6 月 11 日刀盘前方硬岩处理完成，恢复掘进，于 2009 年 6 月 13 日实现左线贯通。

三、灰岩地层与花岗岩地层盾构掘进情况对比

1. 地质情况

左线主要地层为〈7C〉灰岩强风化层、〈8C〉灰岩中风化层、〈6Z〉混合花岗岩全风化层、〈7Z〉混合花岗岩强风化层和〈9Z〉混合花岗岩微风化层，其中将近一半为〈7Z〉混合花岗岩强风化层，〈9Z〉混合花岗岩微风化层最大强度为 115MPa。隧道洞身地层统计见表 6-3。

同和站—永泰站区间洞身地层情况统计表　　　　　表 6-3

序　号	地　层	地层名称	长度(m)	备　注
1	〈7C〉	灰岩强风化层	90	1～60 环(60 环)
2	〈8C〉	灰岩中风化层	45	61～90 环(30 环)
3	〈6Z〉	混合花岗岩全风化层	187.5	281～405 环(125 环)
4	〈7Z〉	混合花岗岩强风化层	405	91～180 环、406～585 环(270 环)
5	〈9Z〉	混合花岗岩微风化层	150	181～280 环(100 环)
合计			877.5	585 环

左线各地层所占比例如图 6-9 所示。

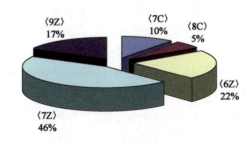

图 6-9　同和站—永泰站区间左线各地层所占比例饼图

右线主要地层为〈7C〉灰岩强风化层、〈8C〉灰岩中风化层、〈9C〉灰岩微风化层、〈6Z〉混合花岗岩全风化层、〈7Z〉混合花岗岩强风化层、〈8Z〉混合花岗岩中风化层和〈9Z〉混合花岗岩微风化层，全断面混合花岗岩所占比例较大，最高强度为 106MPa。隧道洞身地层统计见表 6-4。

同和站—永泰站区间右线洞身地层情况统计表　　　　表 6-4

序号	地层	地层名称	长度(m)	备注
1	〈7C〉	灰岩强风化层	97.5	1～65 环(65 环)
2	〈8C〉	灰岩中风化层	39	86～111 环(26 环)
3	〈9C〉	灰岩微风化带	30	66～85 环(20 环)
4	〈6Z〉	混合花岗岩全风化层	52.5	346～380 环(35 环)
5	〈7Z〉	混合花岗岩强风化层	277.5	112～156 环、296～345 环、381～440 环、551～580 环(185 环)
6	〈8Z〉	混合花岗岩中风化层	67.5	506～550 环(45 环)
7	〈9Z〉	混合花岗岩微风化层	306	157～295 环、441～505 环、全断面(204 环)
合计			870	580 环

右线隧道各地层所占比例如图 6-10 所示。

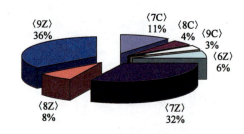

图 6-10　同和站—永泰站区间右线各地层所占比例饼图

2. 实际已掘进地层与设计地层对比

左线从 2009 年 7 月 10 日始发至 2009 年 9 月 14 日共计完成管片安装 199 环,其中在 1～170 环掘进过程中,实际地质情况与设计图中地质情况基本相符,为〈7C〉、〈8C〉、〈7Z〉和〈8Z〉地层,171～185 环设计图纸显示掌子面上半断面为〈7Z〉、〈8Z〉地层、下半断面为〈9Z〉地层,而实际地质情况为掌子面上半断面为〈5Z〉花岗岩残积土层,地下水丰富,下半断面为〈9Z〉微风化花岗岩地层;186～199 环设计图之中显示地质情况为半断面微风化花岗岩地层,实际为全断面花岗岩地层。具体情况见表 6-5。

同和站—永泰站区间左线实际地质与设计图中地质情况对比表　　　　表 6-5

环数	设计图中地质情况	实际地质情况	备注
1～170 环	〈7C〉、〈8C〉、〈7Z〉、〈8Z〉	〈7C〉、〈8C〉、〈7Z〉	与设计基本相符
171～185 环	〈7Z〉、〈8Z〉、〈9Z〉	〈5Z-1〉、〈9Z〉	地下水丰富,无法实现敞开开仓
186～199 环	〈7Z〉、〈9Z〉	〈9Z〉	全断面微风化花岗岩地层

右线从 2009 年 8 月 21 日始发至 9 月 14 日共计完成管片安装 177 环，1～145 环掘进速度较快，实际地质情况与设计图中地质情况基本相符；146～177 环实际地质情况与设计图中地质情况有一定的出入，设计为〈8Z〉花岗岩中风化层和〈9Z〉花岗岩微风化层，实际为〈7Z〉花岗岩全风化层和〈8Z〉花岗岩中风化层。具体情况见表 6-6。

同和站—永泰站区间右线实际地质与设计地质情况对比表　　表 6-6

环　数	设计图中地质情况	实际地质情况	备　注
1～145 环	〈7C〉、〈8C〉、〈9C〉、〈7Z〉	〈7C〉、〈8C〉、〈7Z〉	与设计基本相符
146～177 环	〈8Z〉、〈9Z〉	〈7Z〉、〈8Z〉	与设计有一定的出入

3. 同和站—永泰站区间始发至今的掘进情况

同和站—永泰站区间左线于 2009 年 7 月 10 日始发掘进，至 2009 年 9 月 14 日共计完成管片安装 199 环，8 月 3 日～9 月 8 日 36 天完成管片安装 21 环，共计开仓 7 次，换刀 5 次，除去地表加固和开仓换刀时间共计掘进 8 天，平均为 2.6 环/天。左线掘进参数、换刀情况详见表 6-7、表 6-8。

更换刀具前后掘进参数情况表　　表 6-7

环　号	推力 (kN)	刀盘扭矩 (kN·m)	铰接拉力 (kN)	速度 (mm/min)	土压 (bar)	出渣量 (m³/环)	注浆量 (m³/环)
1～176	8000～11000	1000～1500	500～900	30～70	1.0～1.3	65	6
176	12100～12500	1340～1700	900～950	20～27	1.25～1.33	67	6
177	12000～13400	1400～1700	540～1210	1～15	1.18～1.36	75	6
2009 年 8 月 16 日开仓检查更换刀具，岩面高度位于中心刀位置上方 1m 更换 29 把滚刀							
178	20000～21000	900～1000	1300～2250	3～9	0.6～0.8	70	6
179	18800～21000	1230～1530	1400～1800	8～12	0.8～1.0	67	6
180	14500～17500	1250～1500	710～1100	10～12	0.9～1.0	72	6
181	14700～16500	1260～1600	1200～1360	9～14	1.05～1.15	73	6
182	15000～17500	1130～1300	1200～2430	7～9	1.07～1.18	73	6
183	17500～17800	1180～1280	2490～2840	7～10	1.16～1.23	71	6
184	14500～15500	1350～1540	380～1220	6～10	1.19～1.44	79	5.9
185	13400～15000	1380～1590	330～810	7～10	1.03～1.17	70	6
186	13600～15200	1280～1340	770～940	7～10	1.09～1.17	71	6
187	12300～14500	890～1380	490～1140	3～10	0.28～1.23	73	6
2009 年 8 月 26 日开仓检查更换刀具，掌子面全断面为微风化花岗岩，岩石强度高更换 4 把中心刀、10 把滚刀							
188	13500～18000	880～1130	1340～3000	4～5	0.3～0.5	73	6
189	12000～17500	670～980	730～3000	4～5	0.2～0.41	75	6

续上表

环 号	推力 (kN)	刀盘扭矩 (kN·m)	铰接拉力 (kN)	速度 (mm/min)	土压 (bar)	出渣量 (m³/环)	注浆量 (m³/环)
2009年9月1日开仓检查更换刀具,全断面微风化花岗岩更换10把滚刀							
190	12100~13500	940~1280	800~940	5~9	0.23~0.58	75	6
191	11000~12500	940~1150	580~1200	5~7	0.4~0.7	72	6
192	12100~12500	1040~1180	800~980	5~10	0.7~0.8	75	6
2009年9月4日检查更换刀具,全断面微风化花岗岩更换10把滚刀							
193	9800~12100	780~1200	800~1040	4~7	0.11~0.28	68	6
194	11300~12000	960~1200	800~1200	4~7	0.4~0.6	75	6
195	11200~12800	1110~1200	580~1170	5~7	0.46~0.58	73	6
2009年9月6日开仓检查刀具,全断面微风化花岗岩未换刀,紧固刀具螺栓							
196	10000~15500	890~1340	580~2210	4~8	0.11~0.22	65	6
197	13400~17000	1340~1500	350~2200	5~8	0.39~0.41	72	6
198	13000~13500	1340~1420	320~470	5~7	0.25~0.39	70	6
2009年9月7日开仓检查刀具,全断面微风化花岗岩更换8把滚刀							

刀具检查磨损量及更换情况表 表6-8

开仓日期	2009-08-16	2009-08-26	2009-09-01	2009-09-04	2009-09-06	2009-09-07	刀具启动扭矩范围
地层状况	〈5Z〉、〈9Z〉	〈9Z〉	〈9Z〉	〈9Z〉	〈9Z〉	〈9Z〉	
刀座号	第1次 (177环)	第2次 (187环)	第3次 (189环)	第4次 (192环)	第5次 (195环)	第6次 (199环)	
1	3	严重偏磨	1	1	2	2	
2	4	严重偏磨	1	1	2	2	
3	4	严重偏磨	1	1	2	2	
4	5	严重偏磨	1	1	2	3	
5	5	严重偏磨	1	1	2	3	
6	6	严重偏磨	1	1	2	3	
7	6	严重偏磨	1	2	3	3	
8	6	严重偏磨	1	2	2	3	28~32N·m
9	11	严重偏磨	1	2	2	3	
10	11	偏磨	2	3	4	6	
11	11	3	4	4	4	5	
12	15	偏磨	3	4	5	6	
13	11	偏磨	2	3	4	5	
14	12	4	5	5	5	6	
15	14	3	4	5	5	6	

续上表

开仓日期	2009-08-16	2009-08-26	2009-09-01	2009-09-04	2009-09-06	2009-09-07	刀具启动扭矩范围
地层状况	〈5Z〉、〈9Z〉	〈9Z〉	〈9Z〉	〈9Z〉	〈9Z〉	〈9Z〉	
刀座号	第1次(177环)	第2次(187环)	第3次(189环)	第4次(192环)	第5次(195环)	第6次(199环)	
16	10	4	5	5	6	6	
17	11	4	4	5	5	5	
18	偏磨	偏磨	3	4	4	5	
19	偏磨	4	5	5	6	7	
20	刀圈崩	偏磨	2	3	4	5	
21	刀圈崩	4	5	轻微偏磨	3	5	
22	刀圈崩	4	6	7	8	10	
23	严重偏磨	偏磨	严重偏磨	3	4	5	
24	14	4	5	7	8	10	
25	刀圈崩	4	弦磨	偏磨	3	6	
26	刀圈崩	5	8	偏磨	4	刀圈崩	
27	偏磨	5	7	弦磨	3	5	
28	14	4	偏磨	3	5	7	28~32N·m
29	13	5	严重偏磨	脱落	3	6	
30	15	5	刀圈崩	3	5	8	
31	13	6	7	弦磨	4	5	
32	13	5	弦磨	3	5	7	
33	15	5	偏磨	3	5	7	
34	15	17	3	脱落	3	5	
35	15	脱落	刀圈崩	4	6	8	
36	15	6	严重偏磨	严重偏磨	4	6	
37	14	5	严重偏磨	5	8	11	
38	偏磨	偏磨	4	偏磨	4	6	
39	14	5	6	8	5	弦磨	
共计(把)	29	14	10	10	0	8	

注：红色为更换的刀具。

通过以上掘进参数和几次开仓后刀具磨损情况(图6-11)来看，在189环以后，通过采用小推力、刀盘低转速、控制刀盘扭矩和扭矩变化、控制贯入度、向土仓内添加膨润土等措施后，后三次开仓后刀具的非正常磨损较前几次开仓有一定程度的好转，但仍然存在刀具偏磨和弦磨现象，主要分布位置在刀盘外缘区域，为21~39号刀具。图6-12为左线189环开仓掌子面地层情况。

图 6-11　左线 189 环开仓刀具磨损情况

图 6-12　左线 189 环开仓掌子面地层情况

4. 刀具不正磨损主要原因分析

1）左线 S180 刀具配置情况

左线 S180 使用的意大利庞万力 17″刀具，更换的刀圈也是意大利庞万力刀具公司生产的，刀具的启动扭矩范围为 28~32N·m。

2）造成刀具非正常磨损的原因分析

（1）刮刀以及单刃滚刀脱落，造成刀体撞伤变形、刀圈撞伤以及刀具的异常损毁。

（2）刀体受到大颗粒岩石挤压，刀体受力变形，密封失效漏油，致使沙粒进入刀具内部，轴承无法正常转动，造成刀具异常磨损。

（3）刀具装配质量有缺陷或对地层的适应性不强，硬岩段掘进时，在较高的压力和振动下失效，主要表现在刀具刀体变形、刀具轴承失效、刀圈崩裂等方面。

（4）地层过硬，刀具轴承受力过大，造成刀具轴承架破裂、滚柱变形，导致单刃滚刀异常磨损。

（5）地下水丰富，在刀具与掌子面接触时存在打滑现象，达不到刀具的启动扭矩，进而刀具不滚动，造成刀具弦磨和偏磨。

第七章　富水砂层盾构掘进及辅助工法

第一节　盾构端头加固及始发到达

一、三轴搅拌桩端头加固及在盾构到达中的风险案例

(一)三轴搅拌桩加固技术

1. 工程到达端头地质水文概述

高增站—机场南站区间盾构到达范围内左右线隧道地质主要为〈3-2〉冲积—洪积中粗砂层、〈4-1〉冲积—洪积土层及局部〈3-3〉冲积—洪积砾砂层,见表7-1。

高新区间盾构吊出端头地质及水文状况　　　　表7-1

层 号	地层名称	颜 色	特征描述	水文情况	厚度(m)
〈1〉	人工填土	灰褐色	主要为粉质黏土、中粗砂等	渗透系数为0.5m/d	3.5
〈3-2〉	中粗砂层	灰色	级配较差、饱和,呈松散状,局部中密状	渗透系数为7m/d	6
〈4-1〉	粉质黏土层	灰黄色	可塑,冲积—洪积而成,以黏粒为主,质较纯,含少量细、粉砂	渗透系数为0.005m/d	7
〈3-3〉	砂砾岩层	灰黄色	级配较差、饱和,呈松散状,局部中密状,石英颗粒较大	渗透系数为6m/d	3

2. 端头加固方案及施工参数选择

盾构到达端头采用三轴深层搅拌桩+单排双管旋喷桩加固方案。三轴深层搅拌桩ϕ850、密排咬合250mm,加固范围为围护外侧结构纵向10m、横向21m,桩底达到隧道底部以下4m。隧道顶3m至隧道底4m范围为强加固区,隧道顶3m至地面范围为弱加固区,水泥掺量减半;车站围护结构与三轴搅拌桩之间间隙为400mm,双管旋喷桩ϕ600、密排咬合200mm,旋喷桩桩底加固深度与三轴搅拌桩一样(图7-1、图7-2)。

(1)三轴搅拌桩施工工艺

三轴搅拌机采用两搅两喷的方式,主要施工参数详见表7-2。

三轴搅拌桩施工主要技术参数　　　　表7-2

序 号	技术参数项目	参数指标
1	水泥掺入比	22%
2	供浆流量	230L/min

续上表

序　号	技术参数项目	参　数　指　标
3	水灰比	1.0～1.5
4	泵送压力	0.8～1.2MPa
5	下沉速度	<80cm/min
6	提升速度	<50cm/min
7	28d无侧限抗压强度	≥1.0MPa
8	水泥浆的相对密度	1.37～1.50
9	搅拌速度	两边搅拌头：26.0r/min；中间搅拌头：14.5r/min
10	每立方被搅土体水泥用量	396kg

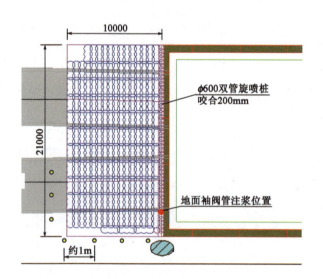

图 7-1　端头加固平面图

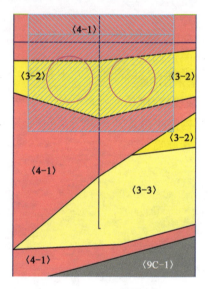

图 7-2　端头加固剖面图

施工时成桩顺序如图 7-3 所示，图中阴影部分为重复套钻，以保证墙体的连续性和接头的施工质量。

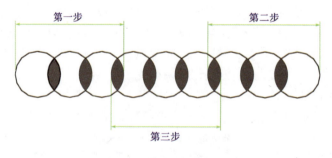

图 7-3　三轴钻进施工步骤图

加固采用 32.5 级硅酸盐水泥，水泥浆在搅拌桶中按规定的水灰比配制拌匀后排入存浆桶，再由 2 台泥浆泵抽吸加压后经过输浆管压至钻杆内注浆孔。为了保证供浆压力，供浆平台距离施工地点以50m为宜。水泥浆液的相对密度严格控制在1.37~1.50。开动灰浆泵,待纯水泥浆到达搅拌头后,在桩底部分适当持续搅拌注浆至少5min,确保水泥土搅拌桩底与土体充分搅拌均匀,达到较高的强度;按计算要求的速度提升搅拌头,边注浆、边搅拌、边提升,使水泥浆和原地基土充分拌和,直至提升到离地面50cm处或桩顶设计标高后再关闭灰浆泵。

三轴搅拌桩加固28d后,从搭接部位进行抽芯,抽芯率高,整体性较好。

三轴搅拌桩加固的优点:三个定向钻头是一起向下或向上旋转加固,保证桩间搭接和咬合的整体性。同时,一次加固面积达$1.5m^2$,减少先后成桩的搭接缝隙。三轴搅拌桩设备功率大,搅拌桩刚度大,一次加固深度可达24m,很少发生卡钻和断钻杆的事件。三轴搅拌桩能将地层充分地搅拌成泥浆,并与水泥浆充分拌合在一起,有较好的整体性和抗渗性能。从图7-4中也可以发现,工程采用两搅两喷加固后局部仍出现水泥加固体不均匀现象,如果采用四搅四喷质量将会更好。

图7-4 端头加固抽芯检测芯样(郭广才 摄)

(2)双管旋喷桩施工

盾构吊出井端头加固先进行三轴搅拌桩加固施工,后对加固体与车站围护结构间施工一排双管旋喷桩,施工参数见表7-3。

高压旋喷桩施工参数   表7-3

项 目		单 位	参 数
压缩空气	压力	MPa	0.5~0.7
浆液	压力	MPa	20~27MPa
	浆量	L/min	40~70
	水灰比		1:1
提升速度		cm/min	6~12
旋转速度		r/min	8~12

工程实践证明,双管旋喷桩设定的参数总体与端头地质相适应,成桩实测达到$\phi 600$,满足要求,但由于旋喷桩设备每进尺1.5m需拆除或安装一节钻杆,成桩垂直度和搭接都存在管理漏洞,最终导致整体性差。

(二)左线盾构进站涌水涌砂及塌方事件案例分析

1. 左线盾构进站涌水涌砂事件处理经过

左线盾构隧道全长1620.672m(折合管片1080环),在1074环处盾构刀盘正式抵达吊出井围护结构。2009年5月17日前,已完成水平探孔,探孔显示没有出现渗水。左线盾构机掘进至1043环时,判断还有3d盾构即将到达,开始破除洞门围护结构混凝土,保留最后一层钢筋及保护层,该工作于5月18日完成。随后安排进行吊出井清渣、安装橡胶帘布和接收托架三项工作。

5月20日凌晨,左线隧道完成1073环管片安装,刀盘离洞门保护钢筋的距离约0.8m,洞门钢筋发现变形后,停止掘进,并且对1071环隧道进行全面补充双液注浆加强。现场检查发现左上角加固体上渗出一小股水,并发现墙间止水的旋喷桩由于搭接整体性差,坍落约半方带砂的破碎加固体(图7-5)。

5月20日,工程完成橡胶帘布安装工作,并进行双液浆注浆封堵加固体与隧道管片之间的空隙,注浆量约2m³。

5月21日凌晨3点,盾构掘进抵达洞门围护结构剩余钢筋时,洞门下方涌出一股约直径8cm清水(图7-6),盾构同步注浆浆液沿着水流流出,停止盾构掘进,安排割洞门钢筋。21日中午11点完成切割钢筋工作。左线盾构12点恢复推进1076环后,盾构右下方涌出的水变浊并带有大量〈3-2〉粉细砂(图7-7)。为让盾构尽快与洞门密封结合,拼完管片后继续推进1077环,直到洞门密封完全裹住盾构前体。

5月21日21点,恢复双液注浆堵水工作,并安排在盾构机与洞门下半部填充混凝土进行反压(图7-8),通过反压混凝土将涌水从洞门与橡胶帘布的右中部流出并变成清水。在完成反压混凝土后,对左线隧道内1073~1075环整环注入双液浆,随着盾构管片衬背后方水通道减小,水流压力亦逐渐减少。

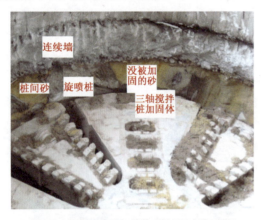

图7-5 墙间旋喷桩加固体现状图(凌胜 摄)

图7-6 刀盘抵达围护结构钢筋时渗流清水(凌胜 摄)

图7-7 切割钢筋后涌出的粉细砂
(梁永钊 摄)

图7-8 对洞门与盾构之间右侧反压混凝土
(凌胜 摄)

5月22日14点,从1076环采用同步注浆,部分同步注浆和水从洞门前方流出,停止施工两天。同时,地面上也对洞门右边连续墙与加固体之间采用袖阀管注浆,注入4m³浆液来填充盾构前体与洞门结构之间的缝隙和加固体与围护结构之间的缝隙。

5月24日,盾构恢复向前推进,调整了同步注浆的配合比(原配合比水泥:膨润土:粉煤灰:砂:水为80:80:240:500:320,调整为120:80:200:500:320,单位:kg),连续推进三环,同步注入双液浆;1080环完成后,停止对1076~1079环进行补充双液浆,双液浆水灰比为0.5:1,浆与水玻璃比为1:1。恢复盾构推进,不再发生渗水现象,橡胶帘布局部出现"跑浆",盾构安全进站。

5月26日,吊出井端头东侧(对应墙间止水位置)的施工便道经过混凝土车和吊机反复辗压后路面塌陷露出"空洞"(图7-9),迅速回灌流动性较好的30m³混凝土(7-10),再埋管注入约6t小泥浆,才算安全完成盾构进站工作。图7-11为左线吊出井端头凿地面探孔处理及塌方位置空间关系图。

图7-9 吊出井端头东侧车道出现的空洞　　　图7-10 对空洞迅速回灌流动性混凝土
（梁永钊　摄）　　　　　　　　　　　　（梁永钊　摄）

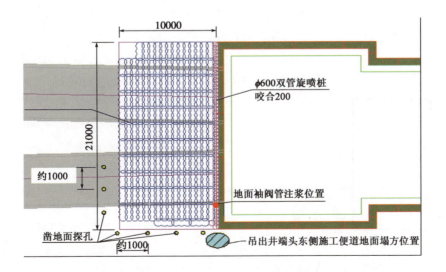

图7-11 左线吊出井端头凿地面探孔处理及塌方位置空间关系图(尺寸单位:mm)

2. 小结

综观整个事件处理经过，可以清楚看出本项目左线盾构进站涌水涌砂的诱因为加固体后方与围护结构间地下水共同作用，导致发生盾构涌水涌砂的险情，地面塌方，危及侧边高速路的安全。原因如下：

（1）通过对加固体质量检测抽芯显示质量较好，再加上先前到达的右线盾构安全到达，导致施工人员"迷信"加固体的质量，放松了风险意识，各项盾构进站准备工作都有不足。

（2）三轴搅拌桩加固总体质量较好，但桩间止水采用的双管旋喷桩设备，在施工控制过程中，垂直度和桩位没控制好，加固的整体性较差，导致加固体与围护结构间渗水，在发现墙间漏水后亦未采取有效措施临时封堵，导致险情加剧。

（3）本次盾构进站，1073 环与加固体之间双液注浆不成环，未能有效封堵加固体后方的水源，同时也没有进行对中体注入化学浆液堵水的措施。同时，先加固后开挖的基坑，没严格按照方案对墙间增加压密注浆。

（4）从破洞门到盾构进站历时 3d，让洞门暴露时间过长，增加风险。

二、玻璃纤维筋在盾构端头加固中的应用

（一）工程概况

京溪南方医院站端头隧道范围内地层为燕山期花岗岩残积层〈5H-2〉和燕山期花岗岩全风化层〈6H〉，上覆地层为人工填土层〈1-1〉、冲积—洪积细砂层〈3-1〉、粉质黏土层、粗砂层〈3-3〉、燕山期花岗岩残积层〈5H-1〉。

（二）洞门端头加固方法

该洞门端头采用玻璃纤维筋混凝土灌注桩和三重管旋喷桩加固方案，玻璃纤维筋混凝土桩 8 根、桩径 800mm、间距 1000mm，以隧道中心线对称布置，南端两洞门桩长 20.2m，北端两洞门桩长 19.2m，玻璃纤维筋混凝土灌注桩主要承受围护结构凿除后的水土压力荷载；三重管旋喷桩 55 根、旋喷桩长 14m，南端两洞门空孔长 6.2m，北端两洞门空孔长 5.2m，桩径 800mm、间距 650mm，3 排（在车站围护结构与玻璃纤维筋混凝土灌注桩间设一排、玻璃纤维筋混凝土灌注桩外侧设两排），旋喷桩主要防止桩间及上部漏水、漏砂（泥）。加固部位位于广州大道北（三号线北延段京溪南方医院站）施工场地内，如图 7-12、图 7-13 所示。

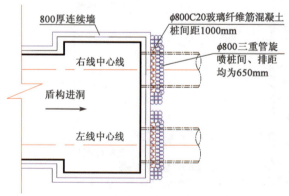

图 7-12 京溪南方医院站端头加固平面图

(三)玻璃纤维筋和钢筋的力学性能

玻璃纤维筋和钢筋的力学性能见表 7-4。

玻璃纤维筋和钢筋的力学性能 表 7-4

玻璃纤维筋和钢筋	抗拉强度(MPa)	弹性模量(GPa)	屈服应变(%)	极限应变(%)	巴氏硬度
φ13 玻璃纤维筋	620	40.8			≥50
φ22 玻璃纤维筋	845	51.9		1.5	≥50
φ28 玻璃纤维筋	625	41.4		1.5	≥50
钢筋	480	200	0.2	15	

(四)盾构过矿山法隧道两端头加固

矿山法圆形隧道的端头,对于盾构接收和始发,均采用玻璃纤维筋格栅和喷射 800mm 厚 C25P6 混凝土加固洞门。在矿山法隧道开挖过程中,盾构机直接切割破除,以满足端头安全和盾构施工便利、快速的要求。玻璃纤维筋格栅在地面预先绑扎成型后再运至工作面安装;玻璃纤维筋格栅的安装须随该端头最后三榀密排的格栅钢架同步进行,确保其锚固符合要求,且混凝土的喷射作业亦同步进行(见图 7-13)。

图 7-13　矿山法隧道端头加固玻璃纤维筋施工图

(五)洞门加固效果检测及盾构机过玻璃纤维筋情况

1. 地面检测方法

地面检测主要是加固体强度检测。在注浆完成 28d 后进行加固效果检查,随即在隧道结构外侧取芯,分别在两个注浆孔上,离孔芯分别为 15cm、30cm、45cm 的地方,进行全取芯钻孔,如图 7-14 所示。

观察岩芯,检查土体处理的连续性。将离桩芯 30cm 且深度位于隧道埋深处的两块岩芯送试验室进行压力测试,最后用水泥砂浆回填钻孔,试验室的抗压强度 R_c 须达到 1.0MPa 以上。

2. 洞内检测方法

洞内检测主要是对加固体的渗漏性进行检查。在加固体的强度达到要求以后在盾构施工开凿洞门前，进行加固体渗漏效果的检查。在每一个洞眼的范围内水平钻9孔，长度1.0m，孔径80mm，如图7-15所示。测定9孔流水量的总和（测定之前，将9孔的水流分别用导管导入容器，以便于测量），要求9个孔的总流水量＜30L/h。如果出水量超过限值，就要重新进行地面补浆加固。

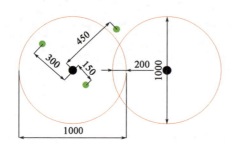

图7-14 取芯示意图（尺寸单位：mm）

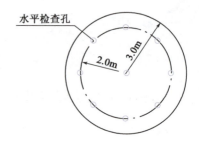

图7-15 检查孔布置示意图

3. 盾构机过玻璃纤维筋桩情况

盾构机在负3环管片时切割玻璃纤维筋桩。

(1) 盾构工作面整体描述

直线段，坡度2‰，隧道埋深10.2m。主要穿越砂质黏土、全风化混合花岗岩地层。

(2) 出土情况描述

砂质黏性土：褐黄色、灰褐色，硬塑，黏性差，约含10%石英砂，为花岗岩风化残积土，遇水易软化、崩解。

(3) 盾构施工参数

①盾构机始发参数：盾构总推力10300kN，刀盘扭矩1420kN·m，刀盘转速1.86r/min。

②盾构机进矿山法段参数：盾构总推力11000kN，刀盘扭矩300kN·m，刀盘转速2.0r/min，掘进速度25mm/min，出土量68m³。

玻璃纤维筋被切割后随渣土排出，如图7-16所示。

图7-16 玻璃纤维筋被切割后随渣土排出

（六）玻璃纤维筋混凝土施工注意事项

1. 矿山法圆形隧道端头、盾构始发和接收洞门加固注意事项

(1) 由于玻璃纤维筋不可焊接，根据设计图，需到生产厂家定做。

(2)玻璃纤维筋绑扎时应搭设临时架子,不准踩踏玻璃纤维筋。为保证板上层玻璃纤维筋位置,撑角采用"长马凳",用φ12玻璃纤维筋扎制。

(3)浇注混凝土之前,对绑扎好的玻璃纤维筋应妥善保护,保持其整体性,防止行人踩踏使玻璃纤维筋变折和间距发生变化。

(4)浇筑混凝土时,设专人看护,发现玻璃纤维筋位置出现位移时,要及时调整。

2. 玻璃纤维筋笼制安及吊装注意事项

(1)玻璃纤维筋进场须有合格证。

(2)玻璃纤维筋笼制作必须严格按设计图执行(图7-17)。其制作允许偏差为:主筋间距±10mm,箍筋间距±20mm,保护层±20mm,笼直径±10mm,长度±50mm。在同一截面内,接头数不超过玻璃纤维筋总数的50%。玻璃纤维筋笼外侧设混凝土垫块,绑扎在主筋上,以保证主玻璃纤维筋保护层厚度。

(3)玻璃纤维筋笼的加强箍必须与主筋绑扎牢固,保证玻璃纤维筋笼质量。确保玻璃纤维筋笼在吊装过程中不变形。

图7-17 盾构始发端冲孔桩玻璃纤维筋笼施工图

(4)玻璃纤维筋笼吊装时使用一台吊机,吊装允许偏差为:骨架中心位置±20mm,骨架顶端高程±20mm,骨架底部高程±50mm。玻璃纤维筋笼必须吊直扶稳,对准孔位缓慢下沉,不得摇晃碰撞孔壁和强行入孔。

(5)由于玻璃纤维筋相对密度比泥浆小,玻璃纤维筋笼顶端要设吊挂筋,高出钢护筒,笼就位后,吊挂筋支承在护筒顶的枕木上,禁止直接放在钢护筒上而使玻璃纤维筋笼浮离底面位置。

(6)浇注水下混凝土:

①用φ25cm导管灌注水下混凝土,导管每节长度3~4m。导管使用前要试拼,并做封闭水试验(0.3MPa),10min不漏水为宜,且要仔细检查导管的焊缝。

②导管安装时底部应高出孔底30~50cm。导管埋入混凝土内深度2~3m,导管提升速度要慢。

③漏斗的容量应满足导管埋入混凝土深度(2~3m)的要求,开灌前要备足相应数量的混凝土。

④混凝土坍落度控制在18~22cm,以防堵管。

⑤混凝土要连续浇筑,中断时间不得超过30min。

(七)小结

综上所述,玻璃纤维筋混凝土应用于盾构始发、到达端头加固,能够满足工程要求,解决了钢筋混凝土端头加固成本高、工期长和存在安全隐患的问题。

三、软土地层水平注浆加固技术

(一)工程概况

高增站—人和站区间右线隧道盾构到达端范围内主要为〈3-2〉、〈3-3〉和〈4-1〉地层,如图7-18所示。盾构隧道顶到地面的距离为10m,其上方依次为〈3-2〉、〈4-1〉和〈1〉地层;地下水水位埋深为0.00~6.10m,平均埋深为2.90m。地面为106国道的路面,洞门处为人和车站的端墙,地下管线已迁移。

(二)水平加固方案

加固原理:打孔后安装注浆孔口管,由孔口管向地层内进行注浆,浆液通过孔口注浆管进入地层(流砂层、粉质黏土层、黏土层等),浆液在地层中向四周扩散,起充填、挤密的作用,从而使松散富水砂层或黏土层变为密实的坚固地层,达到堵水的目的。沿洞门圈周边布设水平钻孔23个(图7-19空心圆孔),环向间距0.7m;洞门下部布设斜孔19个(图7-19实心圆孔),对底部注浆加强。水平钻孔深度为10m,斜孔注浆角度和长度如图7-20所示。

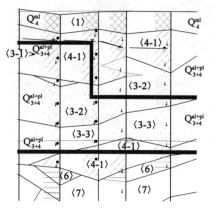

图7-18 右线盾构吊出井端头地质剖面图

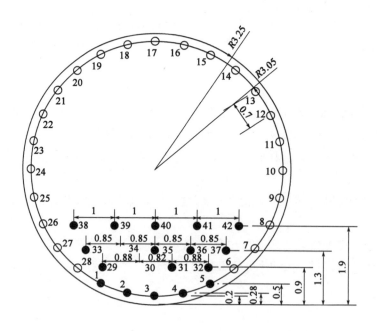

图7-19 注浆孔布置立面图(尺寸单位:m)

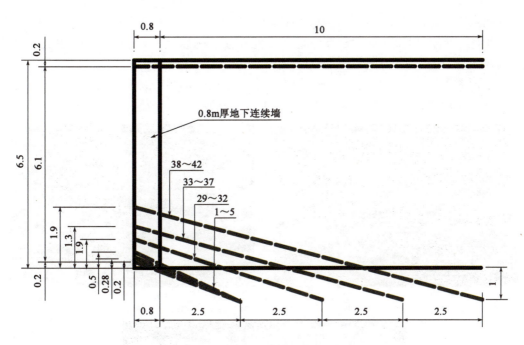

图 7-20　斜孔注浆角度和长度示意图(尺寸单位:m)

(三)加固效果检测

垂直取芯检测点 4 个。

检测点 Y4：8.3～8.8m 水泥胶结体，8.8～10m 粗砂，10～11.2m 破碎水泥块，11.2～12.6m 松散砂子，12.6～13.5m 破碎水泥胶结体，13.5～14.8m 松散砂中间夹杂破碎水泥胶结体，14.8～15.3m 水泥胶结体，下部为黏土层，如图 7-21 所示。

检测点 Y3：8.3～10.8m 水泥胶结体，10.8～14.5m 松散砂层中间夹杂破碎水泥胶结体，14.5～15.1m 水泥胶结体，15.1～15.6m 松散中粗砂，15.6～16.2m 水泥胶结体，下部为黏土层，如图 7-22 所示。

图 7-21　Y4 点抽芯芯样

图 7-22　Y3 点抽芯芯样

检测点 Y2：8.4～12.4m 水泥胶结体夹杂砂砾，12.4～15.2m 柱状水泥固化砂块，如图 7-23 所示。

检测点 Y1:10.6～11.3m 水泥胶结体,11.3～12m 松散砂层夹杂水泥胶结体,12～13.2m 水泥胶结体,13.2～14.5m 有一定连接性和强度的砂柱,14.5～15.3m 水泥胶结体,底部为黏土层,如图 7-24 所示。

水平取芯点 1 个,R0:0～0.8m 连续墙;0.8～1.4m 较完整水泥柱,1.4～2.5m 松散砂层中间夹杂水泥块,2.5～4.0m 水泥柱破碎,夹有十几厘米厚的砂层,如图 7-25 所示。

图 7-23　Y2 点抽芯芯样

图 7-24　Y1 点抽芯芯样

图 7-25　R0 点抽芯芯样

水平探孔的情况,见表 7-5。

水平探孔统计表　　　　　　　　　　　　　表 7-5

孔号	开始漏水位置(m)	探孔深度(m)	水流量描述	现 在 状 况
R1	2.5	4	2.5m 后有少量砂水流出,一直渗漏	水流量筷子粗细,勉强能连续上,为清水
R2	3.5	4	3.5m 后有少量砂水,不连续滴漏	不连续滴漏,为清水
R3	不漏水	6	无	无
R4	3	4	3m 时有少量黄水流出,水量很小	水量很小,不连续
R5	还未探孔			
R6	2	4	2m 后有水、砂,7月30晚上注浆涌砂,后注浆堵住	孔已封住,无水
R7	3.5	4	3.5m 时有少量黄水流出	少量清水,滴漏
R8	3	4	3m 时有少量水流出带点砂	少量清水,滴漏
27	2～4,5.5～6,7～7.5	8	此上三段钻进时有少量黄色水流出	无水

因为第一次水平探孔见水,对加固体的质量有质疑,随后采取以下措施:
(1)进一步了解加固体的质量,对 9 个水平探孔加深;
(2)对 9 个水平探孔进行注浆补强,注浆压力为 3MPa 左右,注浆量见表 7-6。

水平加深探孔出水及注浆统计表　　　　　表 7-6

序号	孔号	开始漏水位置(m)	探孔深度(m)	水流量描述	注浆情况
1	R1	2.5	10	清水,水流筷子头粗	注入 0.3m³ 浆液
2	R2	3.5	10	清水,滴流	注入 0.5m³ 浆液
3	R3	7	10	清水,水流筷子头粗	注浆少许
4	R4	3	10	浊水,水大,流出 0.3m³ 砂子	注入 0.3m³
5	R5		9	无水	封孔
6	R6	2	10	无水	封孔
7	R7	3.5	10	清水,滴流	注入 0.9t 水泥
8	R8	3	10	清水,滴流	封孔
9	R0	2	10	清水,水流筷子头粗	作为检查孔

(3)补强注浆完成后,再打水平探孔,检验加固体的透水性,见表 7-7。

水平探孔出水及注浆统计表　　　　　表 7-7

序号	孔号	孔位	探孔深度(m)	水流量描述	注浆情况
1	C1	12～13 之间	7	清水,滴流	未封孔
2	C2	15～16 之间	7	清水,水流筷子头粗	未封孔
3	C3	18～19 之间	7	清水,水流筷子头粗	未封孔
4	C4	19～20 之间	7	清水,水流筷子头粗	未封孔
5	C5	21～22 之间	7	清水,水流小于筷子头粗	未封孔
6	C6	24～25 之间	7	清水,滴流	未封孔

(四)补充加固

右线盾构机于 2009 年 8 月 10 日抵达人和站地下连续墙后,从盾构机前体、中体径向孔注 350kg 聚氨酯,盾尾管片二次注双液浆堵漏,水泥约 20t,经检查确认堵住盾尾后来水。在实施以上措施后,从二级螺旋输送机出渣口流出 15～20m³/h 的清水。

按 2009 年 8 月 15 日右线盾构吊出井端头加固质量分析会议要求,对右线加固体西侧下部 1/4 圆环(面向洞门 6～9 点)范围可能存在的渗水通道,从洞门钻斜孔注聚氨酯 300kg,压力 0.5MPa;针对可能的薄弱位置,在地面钻孔埋设袖阀管 11 孔(图 7-26、图 7-27),重点设置在右线外侧位置,已注浆 4 孔,注浆量 2.6t。

8 月 18 日,抽空土仓内渣土和水,开仓观察刀盘周边土体加固情况,仅在左下角有一微小渗漏点,其余砂土均为双液浆胶结凝固,加固情况良好。

8 月 25 日凌晨 0:30 左右,右线洞门内出现涌水、涌砂,此时洞门已破除 2/3,砂、水经土仓从洞门连续墙被凿通的地方流出。立即组织抢险,及时遏制住了涌砂,但仍然有清水涌出

(图7-28),专家讨论认为漏水点仍在第一次漏水的薄弱部位,出现漏水的原因主要是左线端头加固一直未停止施工,其所注带压浆液窜流到右线,穿透堵漏的聚氨酯胶体,重新打开了漏水通道。

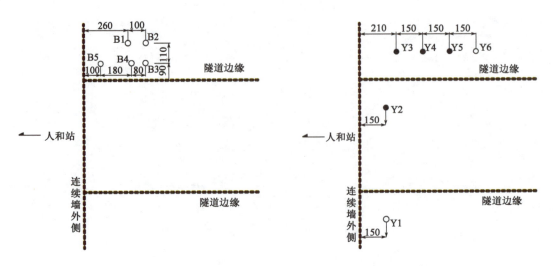

图7-26 右线隧道外侧薄弱位置预留注浆孔（尺寸单位:cm）

图7-27 外侧补强注浆孔(尺寸单位:cm)

8月26日,支模浇筑混凝土封闭已破凿的2/3洞门墙体(图7-29),洞门不再向外流水;8月28日同时从地面和洞门处作垂直和水平注双液浆,至9月2日完成堵漏工作。水平注双液浆用水泥24t;垂直注双液浆用水泥25t(紧邻暗渠布置5个注浆孔),保护暗渠,防止暗渠变形漏水产生地表沉降。

9月7日,在洞门3点~8点位,钻斜孔6个,每孔进入加固体约70cm深,无漏水、漏砂现象;随后打开盾构机土仓检查同样无渗漏水,堵漏成功。

图7-28 用水泥袋堵住流动清水

图7-29 混凝土封堵已破除的洞门

(五)水平渐进式注浆存在的问题

(1)浆液不是均匀地向四周扩散,未胶结的地方易出现新的水力通道。
(2)加固体内未胶结的砂,在水流作用下会流动形成涌砂,对盾构机接收风险很大。

(3)本项目地表隆起量达到了 40~50cm。

(4)加固注浆压力的传递没有明确的方向性,对已做好的盾构吊出井主体结构有不利的影响,如图 7-30 所示。

图 7-30 端头墙因水平注浆加固产生的裂纹

第二节 土压平衡盾构掘进

一、富水砂层土压平衡施工控制技术研究

为了研究广州地铁富水砂层土压平衡盾构综合施工控制技术这一难题,调查土压平衡盾构砂性土层开挖面稳定及盾构掘进对周边环境的影响,研究富水砂层盾构掘进参数匹配控制技术和盾构施工扰动指标体系及检测等技术,编者曾对三号线北延段区间隧道的典型富水砂层区段进行监测,并开展以下研究:

(1)研究盾构在富水砂层中施工地面沉降的大小和范围;

(2)研究盾构在富水砂层中施工引起的土体应力、土体深层沉降和位移的变化规律;

(3)根据监测反馈的信息,及时调整相关盾构施工参数及施工辅助措施,进行监测数据分析,实行信息化施工;

(4)研究富水砂层中盾构与土层相互作用以及地层反应规律,结合理论分析解决盾构掘进在富水砂层开挖面稳定的问题。

1. 关于地表沉降的小结

(1)盾构推进各阶段沉降百分比如图 7-31 所示。

由图 7-31 可以看出,对于以砂土为主的土层,前期沉降占 16%,而主要的沉降集中在盾构通过期间和盾尾注浆阶段,占 75%,后期沉降只占 9%,表明盾构在通过期间和盾尾注浆阶段的参数设置很重要,如土仓压力的控制、注浆量和注浆压力的设定

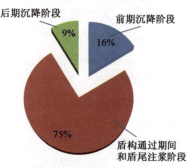

图 7-31 盾构推进各阶段沉降百分比

等。还表明砂土在扰动后的固结速率比较快。

(2)施工期间隧道沉降主要是由于盾构推进时对周围土体的扰动,以及注浆等施工活动,主要包括以下几个方面的因素:①开挖面底下的土体扰动;②盾尾后压浆不及时和不充分;③盾构在曲线推进或纠偏推进中造成超挖;④盾壳对周围土体的摩擦和剪切造成隧道周围土层的扰动;⑤盾构挤压推进对土体的扰动。

(3)土体在盾构掘进速度较慢的情况下,容易发生液化而造成更大的土体沉降,因此在通过富水砂层时,应尽量快速通过,不要停留时间过长。

(4)对沉降监测的一些建议。由于地理位置的特殊,沉降点的选取受到限制,一个断面最多只布置了两个监测点,使得横向沉降槽无法分析其规律。监测时间点不能很好地和盾构掘进相联系,只是按照既定时间安排进行,大致是上午、下午各监测一次,使得盾构在通过期间不能得到变化过程的数据。由于穿越高速公路比较麻烦,选取的参考点(即沉降监测时默认的不动点)离隧道太近,无法保证其绝对不沉降。

2. 关于分层沉降的小结

(1)隧道正上方的土体随着埋深增加,沉降值增大;隧道侧边的土体随着埋深增加,沉降值呈现先增大后减小的趋势,隧道底部的土体沉降值几乎为0。

(2)与地表沉降一样,分层沉降主要发生在盾构通过期间和盾尾通过后10m范围内,影响其沉降的主要是土仓压力的变化,在快速通过的同时,必须控制螺旋输送带的转速,将土仓内的土体维持在一定水平,严格控制出土量。

(3)对分层沉降监测的建议。由于使用的分层沉降仪是手动式的,靠人工进行读数,所用钢尺比较软,容易扭曲收缩,造成测量误差。同时,由于需要靠在管顶读数,视线必定与钢尺有一定角度,造成斜视,出现读数上的误差。而且管顶也不是水平的,不同人读数时钢尺所靠的位置也不一致,又造成了读数上的误差。因此建议分层沉降监测最好采用自动读数仪,当传感器接触磁环的瞬间一起自动计数,会大大减小误差。

3. 关于土压力的小结

(1)当切口达到断面前,土压力的变化值很小,但总体上呈现随着盾构的靠近土压力增大的趋势。切口经过断面时,土压力达到一个较大的波动值,然后有小幅度回落。这主要是因为切口逼近时对土体的挤压和形成超孔隙水压力致使土压力大幅度上升,当切口推进一环时要停机进行管片拼装,对于砂土地层一旦停止掘进,超孔隙水压力会迅速消散,使得土压力有所回落。而后再次推进,到盾尾通过时,土压力会再次波动到一个较大的水平,甚至超过切口达到时的土压力值。这是因为盾尾通过后进行同步注浆,注浆压力会产生较大的土压力。停止注浆后,土压力开始回落,后期回落会持续较长时间。从监测情况来看,同一个孔埋深越大,土压力的变化值也越大。同一深度土体,离隧道越近,土压力变化值也越大。

(2)孔隙水压力的变化规律与土压力基本类似。与土压力明显的区别在于,孔隙水压力的回落非常快,而且回落幅度也很大,基本在切口通过断面25m之后,能回落到初始水平附近。

(3)超孔隙水压力和土压力变化的实测结果表明:土压力与孔隙水压力是同步增加的,说明土体中土压力增加是超孔隙水压力产生的原因。隧道顶和肩部土体的应力扰动程度较大,隧道底部土体的应力扰动程度较小,越往地表,土体的应力扰动程度越小。

4. 综合结论

(1)开挖面的稳定性最直接的表现为地层的沉降大小,开挖面的稳定性取决于土压、水压和土仓内压力的平衡关系,确保土压平衡是盾构隧道法施工技术方面的主要问题,通过监测,本工程盾构通过砂层设置的各参数基本合理(详见刀盘管理章节,砂层盾构掘进参数变化图)。

科研结合工程实践证明:①土压平衡盾构施工过程中必须在开挖面和隔板之间充满可塑性土料。②在盾构推进和管片拼装过程中,盾构密封舱内压力 P_i(MPa)始终略大于正面主动侧压力 P_k(MPa)和水压力 P_w(MPa)之和,即 $P_i \geqslant (1.1 \sim 1.2)(P_k + P_w)$。③土压平衡盾构螺旋输送机出土量与刀盘前方进土量一致,以保持土压力的动态平衡。

(2)盾构在砂层掘进的基本原则是:建立土压平衡模式,尽量减小对砂层的扰动,快速通过砂层。广州地铁三号线北延段盾构隧道穿越近500m的软弱砂层,采取的主要对策就是土压平衡掘进、保持盾尾良好的密封性能、渣土流塑化改良等。

(3)在中粗砂地层,当盾构处于动态掘进时,应力上升,静态拼装管片或者停机时,应力回落,且一般能回落到初始值。所以整个掘进过程中,土体应力处于上下波动状态。沿盾构前进方向孔隙水压和侧向土压的变化规律一致(下面将两者统称为土体应力),共分为三个阶段:①缓变段——盾构切口距离断面15m时,波动范围在5kPa之内;②显变段——切口临近至盾尾过后3~12m范围内,峰值一般出现在盾尾壁后注浆期间;③消散段——盾尾远离,这时掘进的影响已经很微弱。

二、盾构掘进技术参数分析

三号线北延段施工11标高增站—机场南站区间,黏土砂卵石区域盾构掘进总推力、注浆冲程、扭矩及掘进速度,如图7-32~图7-35所示。

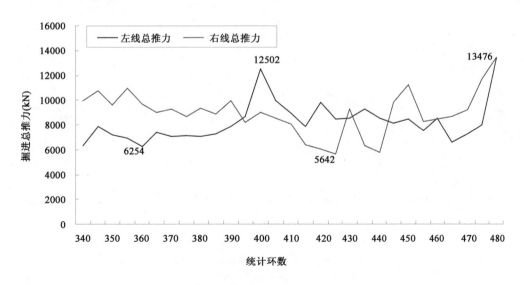

图7-32 左右线穿越鹅卵石地层掘进总推力统计图(左线平均值8227.6kN,右线平均值8973.8kN)

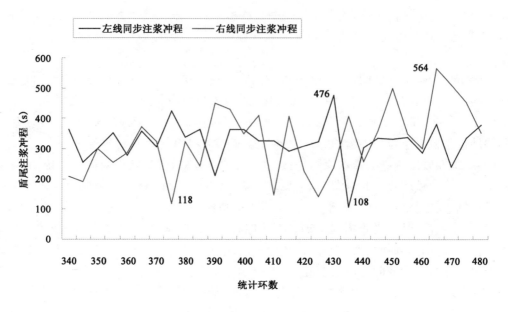

图 7-33 左右线穿越鹅卵石地层同步注浆冲程统计图
（左线平均值 322.83s，右线平均值 326.14s）

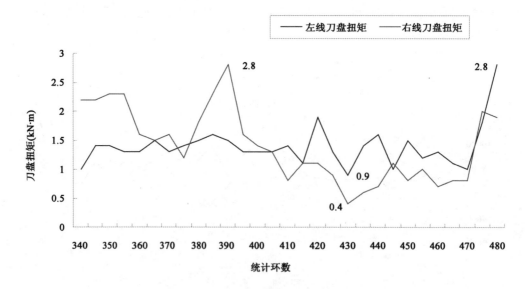

图 7-34 左右线穿越鹅卵石地层刀盘扭矩统计图（左线平均值 1.39kN·m，右线平均值 1.40kN·m）

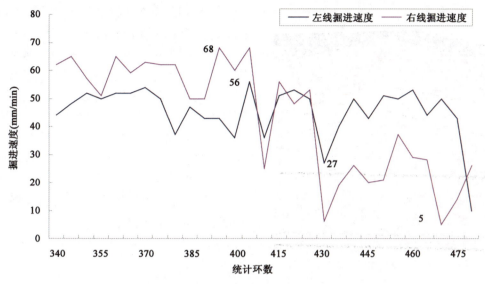

图 7-35　左右线穿越鹅卵石地层掘进速度统计图(左线平均值
45.3mm/min,右线平均值 43.3mm/min)

三、盾构在富水砂层穿越高速公路

三号线北延段施工 11 标高增站—机场南站区间,盾构长距离在富水砂层中掘进,同时斜穿机场高速段、航油管线、电力线、给排水管等。

(一)盾构在机场高速下掘进的风险

(1)地质变化大,软硬不均和长距离富水砂层造成盾构施工风险大。

从工程剖面图可以发现,隧道线路在横穿机场高速路下地层变化较大,由线路地质断面图 7-36、图 7-37 可知,线路下伏地层主要为〈6〉、〈7〉、〈9C-2〉地层,地层起伏波动较大;线路上伏地层主要为〈3-2〉中粗砂层、〈4-1〉黏土层,局部有〈3-1〉粉细砂层,软硬不均的地层给盾构施工带来较大的风险。同时,该线路在机场高速不具备勘察条件,提供的地质资料精确度较差,地层中有较多溶、土洞,资料都没揭露。盾构进入绿化带掘进后,线路边界离高速路仅有 3m,而隧道埋深达 16m,施工影响高速公路 5 条车道以上,600m 的长距离砂层风险较大。

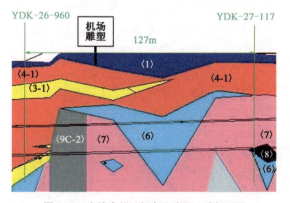

图 7-36　右线穿越机场高速路段地质断面图

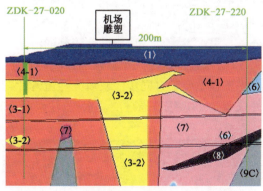

图 7-37　左线穿越机场高速路段地质断面图

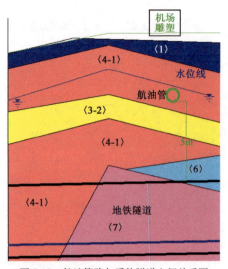

图 7-38 航油管路与盾构隧道空间关系图

(2)机场高速路位置敏感,沉降控制要求高,管线多、施工保护难度大。

盾构掘进对双向 8 车道机场高速路影响范围达 200 多米长,左右线路分别须穿越机场雕塑、航油管路、机场路景观河及电力线和供水管等设施管线。尤其是航油管(图 7-38),它担负着整个机场的能源供应,其安全级别是最高级的,同时航油管离盾构隧道仅有 5m,增加了施工保护的难度。

(3)软硬不均的地层使盾构掘进姿态和出土量控制难度都较大。

(4)全断面砂层掘进容易发生喷涌,以致发生地面塌方。

(二)盾构在机场高速路下掘进施工控制

(1)盾构进入机场高速路范围前,在 2 号联络通道加固体内对刀盘、刀具进行了全面检查,更换了磨损的滚刀,修补掉落及损坏的齿刀,对盾构施工各项配套设备进行检查,对电瓶车、龙门吊、搅拌站等重要设备进行保养,降低因设备故障引起的停机风险。

(2)采用土压平衡模式掘进,使盾构连续快速掘进。

(3)加强渣土改良,避免盾构掘进"喷涌",以达到盾构出土量控制目的。

本工程渣土改良分成三类,第一类是砂层,其特点是含泥量都在 20%~30% 之间,同时线路大部分断面都是半断面砂层和半断面黏土层,含水量较大,施工中仅加入 3%~5% 的泡沫水溶液,泡沫注入率 15%~25%(泡沫体积与渣土的体积比),泡沫水溶液使用在 10~15m³ 之间,已达到良好的渣土改良。第二类是黏土层、残积土层和全风化及强风化地层,这类地层粉黏粒含量较高,需加入大量的泡沫和水,施工中加入 5%~8% 的泡沫水溶液,泡沫注入率 35%~45%(泡沫体积与渣土的体积比),泡沫水溶液使用在 20~25m³ 之间,方能达到改良渣土、预防刀盘结泥饼及保护刀具的目的。第三类为中风化和微风化岩层,该地层一般裂隙水发育,出来的石渣和水完全分离,容易发生喷涌,渣土改良采用膨润土+高分子的外加剂。高分子水溶液(高分子原液为 1%)和膨润土泥浆[膨润土浆液按照膨润土:水 = 1:10(质量比)配制,注入量为 10%~15%],分两个管路注入刀盘,使石渣四周包裹泥皮,高分子与泥水发生反应形成塑性较好的渣土。

(4)通过同步注入单液浆和分段补充注入双液注浆控制地表沉降。

工程主要通过同步注浆填充隧道管片背后的空隙,采用水泥砂浆作为同步注浆材料,水泥采用 32.5R 级普通硅酸盐水泥,注浆配合比见表 7-8。

同步注浆材料配比(单位:m³) 表 7-8

水泥(kg)	粉煤灰(kg)	膨润土(kg)	砂(kg)	水(kg)
120	360	120	700	500

盾构掘进中,通过控制注浆压力和注浆量双重条件保证填充效果,注浆压力恒压保持在 2.0~2.5bar。注浆量取环形间隙理论体积的 1.2~1.3 倍,则每环(1.5m)注浆量 $Q=(\pi \times 3.15^2 \times 1.5 - \pi \times 3^2 \times 1.5) = 4.3 m^3$,施工确定注浆量为 5.5$m^3$/环。当砂浆量没注完,注浆压力已达到恒压要求时,停止注浆;盾构一环掘进没完成,砂浆已注完,但是注浆压力没达到恒压要求时,需停止掘进,增加搅拌浆液,要求每循环掘进完成后注浆压力必须达到恒压要求。

(5)加强盾尾刷管理,延长盾尾刷寿命,是提高注浆效果,控制地表沉降的有效保证。

(6)加强地表沉降监测,及时反馈监测信息指导施工。

盾构在高速路下掘进,横向重点对埋深 45°影响范围,每隔 15m 布置一个监测的断面进行布点监测;纵向沿着线路中心每 5m 布置一个监测点,盾构掘进时,盾构机前方 2.5D(D 为盾构机直径)及盾构通过后 30m 都是重点监测范围,监测结果如图 7-39 所示。

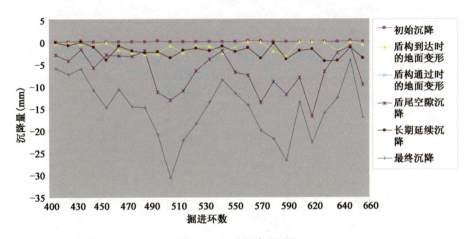

图 7-39 地表沉降监测图

根据观测到的每个断面上各个测点的沉降值,画出测量断面沉降曲线。通过分析,得出以下规律:

①当盾构机工作面在测量断面前约 15m 之前,各个测点的沉降值基本为 0,即在盾构机前方 2.5D(D 为盾构机直径)以上时基本无沉降。

②当盾构机通过测量断面后 10~25m 之间位移增加值变小,这说明从这之后盾构机的推进对该断面的影响不大。

③位移增加最快的点一般位于盾构机通过测量断面 0~12m。在这段距离内,产生的沉降值在 5~10mm 之间。因此,在该区间(盾尾空隙沉降)要加强观测,以防发生大的沉降。

综合监测数据分析,盾构在高速路下施工变形较小,施工较安全。

(7)盾构在高速路下存在高风险,施工前制订了详细的施工方案和安全应急措施,并组织了桌面演练,施工中一旦发生险情,马上启动预案。盾构在横穿高速路期间,曾发生出土超量现象,工程技术人员迅速启动预案,封锁受影响的高速路车道,并从高速路上钻孔回灌砂浆,在受影响范围加密布点监测,使险情迅速解除。

四、砂层回填法盾构通过区间中间风井技术

(一)工程概况

高增站—人和站区间中间风井进出洞加固为地下素混凝土墙,宽 9.4m,厚 0.8m,墙深上部与基坑冠梁高,下部比盾构隧道底部深 1m,墙间用双管旋喷止水。中间风井主体结构完工后,回填塑性混凝土(见图 7-40),盾构拼管片通过中间风井。

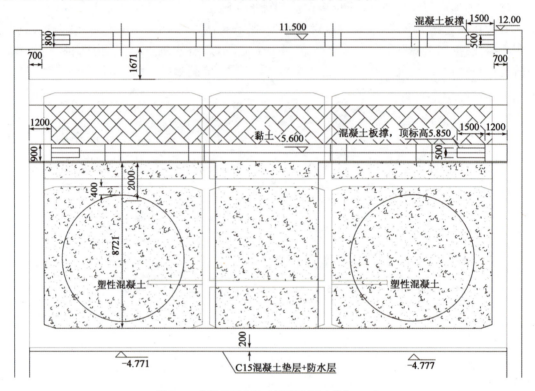

图 7-40 塑性混凝土施工剖面图(尺寸单位:mm)

塑性混凝土是指用黏土或膨润土取代普通混凝土中的大部分水泥,形成的一种柔性墙体材料。这种材料的特点是抗压强度不高,一般可控制在 $R_{28}=0.5\sim2\mathrm{MPa}$,弹性模量较低,一般可控制在 $E_{28}=100\sim500\mathrm{MPa}$。

(二)回填式过站的风险及应对措施

(1)针对破除洞门时,素混凝土墙坍塌发生突水涌砂的风险,采取的措施为:分层破除洞门,破除一层且回填一层 M15 的水泥砂浆,待 3d 砂浆强度达到要求后,再破除上一层,层高 1m,以确保破除洞门的安全。

(2)针对拆除 0 环时,发生突水涌砂的风险。采取的措施为 0 环不拆除,切割一部分,中间风井的 4 个洞门全做成外凸的洞门,以减少拆除 0 环的安全风险。

(3)针对清除中间风井内的回填土时,管片外与素混凝土墙、中间风井地下连续墙和主

体结构的间隙存在漏水涌砂的风险,采取的措施为:在洞门圈预埋一圈钢板(10mm)以及在 0 环外侧也预埋一圈 10mm 的钢板(B 板),清除一层 0.5m 的土层后,用螺纹钢将 A 板和 B 板帮焊在一起,防止此缝漏水漏砂,以确保清除回填土时的施工安全。

(三)实施过程和效果

1. 实施过程

(1)为了争取时间,盾构机过中间风井前,先将中间风井的底板和边墙及中间的隔墙做到中板以下。

(2)检查素混凝土墙与洞门处地下连续墙之间是否有水力通道。

(3)分层破除洞门,分层回填水泥土,在洞门口 5m 范围内用 M15 砂浆回填。水泥土回填高度为盾构隧道顶上 2m。

(4)盾构机进洞前 150m 时,进行联系测量,控制好盾构机姿态,以确保顺利进洞。

(5)进洞时 0 环脱出盾尾后必须进行二次补浆,防止中间风井外的水通过 0 环外的缝隙流入中间风井内,图 7-41 是左线 0 环脱出盾尾时,中间风井外的水流入中间风井的情况,图 7-42 是左线 0 环二次补浆时,浆液串入中间风井,7min 后,二次注浆的浆液将漏水通道堵死。

图 7-41 左线 0 环脱出盾尾时中间风井外的水流入中间风井

图 7-42 左线中间风井 0 环二次补浆窜浆图

(6)土模浇筑中板,待中间风井主体结构完成后,再将中间风井的回填土挖出来,并拆除中间风井内的管片。

2. 实施效果

本项目两台盾构机安全通过中间风井,短时间内在敞开(图 7-43)的条件下更换全盘刀具。实践证明,盾构机回填式过区间风井是成功的。

图 7-43 换刀作业环境

第三节 泥水盾构掘进

一、泥水掘进参数控制

(一)地层情况对掘进的影响

三号线北延段施工 8 标龙归站—人和站区间(二),左、右线盾构在不同地层下的掘进参数和进度统计见表 7-9、表 7-10。

不同地层下左线掘进参数和进度　　表 7-9

隧道断面	施工环号	平均总推力(kN)	平均扭矩(kN·m)	平均进度(环/d)
〈3-3〉	96~136	8034	940	8.4
〈3-2〉、〈4-1〉、〈3-3〉、〈5-2〉	324~351	14936	1460	2.3
〈5-2〉、〈6〉、〈7〉	427~478	12226	2450	10.4
〈8〉	1102~1159	13491	2882	9.4

不同地层下右线掘进参数和进度　　表 7-10

隧道断面	施工环号	平均总推力(kN)	平均扭矩(kN·m)	平均进度(环/d)
〈3-2〉	77~124	6397	1047	9.4
〈4-1〉、〈3-1〉、〈4-1〉、〈3-2〉	325~350	12503	1035	2.2
〈4-1〉、〈7〉	3710~419	11152	2318	8.2
〈7〉、〈8〉	1100~1141	12630	2964	8.4

通过以上统计可以看出,泥水盾构在砂层和上软下硬地层都有很强的适应性,但在隧道全断面黏土层则掘进比较困难,主要表现为刀盘结泥饼和环流系统堵管,解决办法有降低泥浆黏度、增加刀盘注水量、加大 P0 泵的循环流量、提早安装 PE 泵、缩短 P2~P5 中继泵的输送距离等。

(二)泥水管理

1. 相对密度

泥水相对密度为 1.15~1.25,下限为 1.15,在土体自立性较好或黏土层中掘进可适当下调。上限根据施工的特殊要求而定,在砂性土中施工、保护地面建筑物、盾构穿越浅覆层等,可达 1.30,甚至可达 1.40。

2. 黏度

从土颗粒悬浮性要求的角度来讲,泥水的黏度越高越好,考虑到泥水处理系统自造浆的能力,随着推进环数增加,泥浆越来越浓,相对密度也呈直线上升,而相对密度的增加并非说明泥浆的质量越来越好,若在砂性土中施工,黏度甚至会下降,因此,泥水黏度的范围应保持在 20~30s。

考虑到黏度的调整有一个过程,故在泥浆黏度为 22s 时(调整槽黏度),可逐渐增加 CMC,添加量的多少视黏度下降的趋势而定。

过分强调提高黏度而无限制地添加 CMC,将提高工程费用,造成不必要的浪费。当然,在特种场合,为了使开挖面更加稳定,有可能将黏度指标提高到 40s。

3. 含砂量

本项目使用的设备只能去除 $45\mu m$ 以上的颗粒。

4. 泥水配比(质量比)

天然土泥浆($1m^3$)配比见表 7-11,膨润土泥浆($1m^3$)配比见表 7-12。

天然土泥浆($1m^3$)配比   表 7-11

天然黏土	CMC	纯碱	水
400kg	2.2kg	11kg	700kg

膨润土泥浆($1m^3$)配比   表 7-12

膨润土	CMC	纯碱	水
330kg	2.2kg	11kg	870kg

在施工过程中,每一环推进前要测试调整槽内工作泥浆的指标,直至满足施工要求为止,并记录在案,这样持续 5 环后,就可得出泥水指标的变化趋势,在指导配比的基础上再作大的调整。因此,泥水监控是一个动态变化过程,而不存在什么类型地质一定要用什么配比,什么样的工况条件一定要用哪个配比的问题。检验配比是否合理的唯一标准是地面沉降量,沉降量得到控制后就要注意泥水指标的变化趋势,使之稳定在某一区域内。

5. 泥水指标选取原则

从理论上来讲,泥水各项指标的选取取决于土体的渗透系数 k(表 7-13)。

泥水黏度选取与土质的关系   表 7-13

土质	渗透系数(m/d)	含砂量(%)	相对密度	黏度系数(s)	
				地下水影响小	地下水影响大
淤泥质黏土、黏土	$10^{-9}\sim10^{-7}$	5~15	1.15~1.175		
黏土、粉砂	$10^{-7}\sim10^{-5}$	15~25	1.175~1.20	23~27	28~35
粉砂、砂	$10^{-5}\sim10^{-3}$	25~35	1.20~1.225	28~35	33~40
砂、砾石	$10^{-3}\sim10^{-1}$	35~45	1.225~1.25	30~40	50~60

泥浆的黏度系数根据地层孔隙大小调整,对于松散地层,黏度系数要足够大时才能稳定掌子面,而地下水会影响泥浆的黏度,所以当有地下水影响时要加大泥浆黏度。

(三)注浆参数和效果

本项目使用的同步注浆搅拌设备,全部由计算机编制程序控制,它控制的模式主要分为手动和自动部分,自动部分又可进行分部控制(如配比称重控制、搅拌时间控制、搅拌次数控制等,配比见表7-14)。

浆液主要材料配比(单位:1m³)　　　　　　　　　　　　　　　　表7-14

	水泥	膨润土	延迟剂	水
A液	250~300kg	30~100kg	3~5kg	775~820L
B液	水玻璃 90L			

浆液技术要求:
凝结时间　　　　　10s左右
1h抗压强度　　　　0.05~0.1MPa
1h析水率　　　　　<5%

将在地面拌制好的A液和B液用砂浆车运送到后配套车1号台车的A液和B液储浆罐上,经拌和后再压出盾构,注入盾尾建筑空隙。工作面拌和压注管路,每次压注以后要及时清洗。施工时采取推进和注浆联动的方式。

在穿越地面一些重要建筑物时,本盾构区间依照之前制定的掘进参数进行操作,效果良好,地面沉降均控制在规范允许范围内(表7-15)。

盾构过沿线建筑物操作参数表　　　　　　　　　　　　　　　　　表7-15

名称	参数	隧道断面地层	切口水压(kPa)	掘进速度(mm/min)	干砂量(m³/环)	注浆量(m³/环)	注浆压力	泥浆黏度(s)
某饭店	左线	⟨3-3⟩、⟨4-1⟩、⟨7⟩	173	10	34.61 超挖率 <10%	5~6m³	0.3MPa 左右	25
	右线	⟨3-2⟩、⟨4-1⟩、⟨7⟩	171	10				26
某塑料厂	左线	⟨3-3⟩、⟨7⟩、⟨8⟩	179	15				26
	右线	⟨3-2⟩、⟨4-1⟩、⟨7⟩	180	15				26
某银行	左线	⟨7⟩、⟨8⟩	190	15				27
	右线	⟨6⟩、⟨7⟩、⟨8⟩	190	15	34.61 超挖率 <10%	5~6m³	0.3MPa 左右	27
某厂办公大楼	左线	⟨8⟩	194	15				27
	右线	⟨7⟩、⟨8⟩	194	15				27
某工厂宿舍	左线	⟨8⟩	195	10				27
	右线	⟨8⟩	196	10				27

二、始发端头洞门凿除时涌水处理技术

(一)工程概况

施工8标区间段2台盾构机施工从南端风井始发,到接收井接收。该区段各端头隧道

拱顶及洞身主要为〈3-1〉、〈3-2〉、〈2-2〉、〈3-3〉、〈4-1〉、〈6〉、〈7〉层,地层较软弱,覆土厚度为7.4~14m,砂层较厚,稳定性很差,存在涌砂、坍塌危险。

为了提高端头加固的防水效果,在紧贴各端头盾构井的围护结构边,做一个口字形的旋喷桩止水帷幕,止水帷幕在紧贴连续墙侧采用2排$\phi 600@450$的旋喷桩,其余三边均采用1排$\phi 600@450$的旋喷桩,止水帷幕长约15m,止水帷幕内采用$\phi 500@400$的搅拌桩填充,桩长为隧道底以下3m。各端头加固形式如图7-44、图7-45所示。

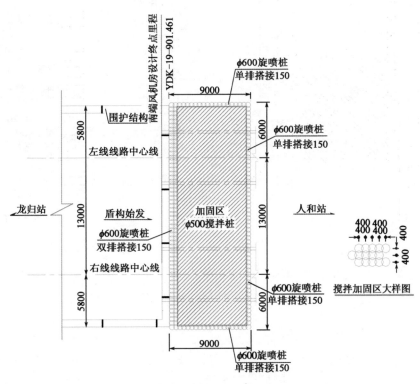

图7-44 盾构始发端头加固平面示意图(尺寸单位:mm)

始发时洞门凿除出现漏水,证明该端头加固效果不理想,在砂层中桩与桩之间咬合部位存在空隙,在地下水的作用下,这些薄弱地方最容易出现流砂。在实施过程中,采用了注浆、降水等措施补充加固。

第一次:洞门凿除于2008年10月21日开始,在凿除第一层混凝土时没有发现漏水现象。距离洞顶50cm处凿除至第二层钢筋时发现上部10点钟位置有一处漏水,如图7-46所示。

后经过埋管引水,并将漏水孔位封堵好,然后继续往下进行凿除。为了进一步探知漏水情况,在原有水平钻孔基础上增加了7个水平孔,具体位置见图7-47中红色钻孔,未发现再有漏水情况。

第二次:通过水平钻孔,发现了主要漏水点。将漏水点通过封堵和引流的办法处理后,继续往下凿除第二层混凝土。27日上午,在图7-47右边所示缝隙1位置突然出现较大漏水,至晚上时在加固区外侧出现了塌方(图7-48)。

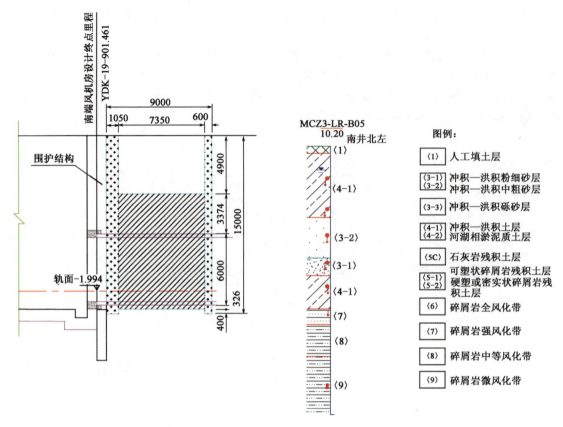

图 7-45 盾构始发端头加固剖面图

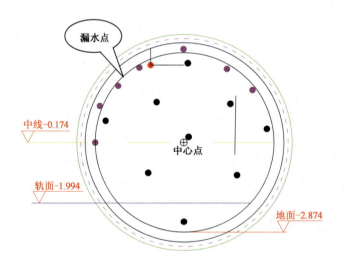

图 7-46 漏水点示意图(一)

第三次:通过打钢板桩和注浆处理好第二次漏水缝隙后,继续进行第一层混凝土的凿除。凿除至图 7-47 中左边缝隙 2 时出现了第三次漏水(图 7-49)。经过观察,断定水流是从加固区东北侧的坍陷位置进入,从素混凝土连续墙左线洞门圈分幅接缝,上半部一个 30cm 宽×100cm 长的漏洞涌出。

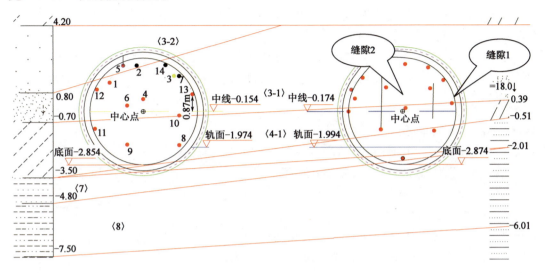

图 7-47　漏水点示意图(二)
注:红色为不漏水孔,黑色为漏水孔

图 7-48　加固区东北侧坍陷情况

图 7-49　左线洞门圈涌水情况

(二)事件分析

1. 设计情况分析

原设计在紧贴各端头盾构井的围护结构边,做一个口字形的旋喷桩止水帷幕,止水帷幕在紧贴连续墙侧采用 2 排 $\phi 600@450$ 的旋喷桩,其余三边均采用 1 排 $\phi 600@450$ 的旋喷桩,止水帷幕长约 15m,止水帷幕内采用 $\phi 500@400$ 的搅拌桩填充,桩长为隧道底以下 3m。

考虑到盾构始发安全,经多方研究,将靠近基坑 2 排 $\phi 600$ 咬合 150 的单管旋喷改为 1 排素混凝土 800 地下连续墙,设计深度 15.7m,超过洞门底标高 1m,分 7 幅墙进行浇筑。具体设计内容如下：

根据地层含水量情况，为提高端头加固的防水效果，在紧贴各端头盾构井的围护结构边，做一道素混凝土地下连续墙和旋喷桩止水帷幕，止水帷幕在紧贴原盾构井旧有连续墙侧中部采用800素混凝土连续墙，东西两端各2m缺口范围内用2排φ600@450的旋喷桩，其余三边均采用1排φ600@450的旋喷桩，止水帷幕范围9m×25m，止水帷幕内采用φ450@350（部分φ500@400）的搅拌桩填充，桩长至隧道底以下1.5m。

在方案审查会上，专家们提出，在洞门圈位置的素混凝土连续墙不宜分幅，但没有被采纳。事后证明，正是洞门圈的两道竖向分幅，接缝位置出现涌水涌砂，给左线始发带来很大麻烦。

2. 现场抽芯分析

为了检测加固效果，第一次是7月22日～7月28日，采用钻芯法对加固体进行检测。钻孔在平面上的布置尽量均匀，共抽芯9根，钻孔平面布置如图7-50所示，钻孔深度为14.5m。

对各钻孔抽芯后，得出芯样图如图7-51所示。

根据现场抽芯芯样情况和现场施工记录，抽芯桩共计9根。其中，有4根桩（1、2、6、8）桩身水泥土芯样连续、基本完整，水泥土搅拌混合均匀，胶结较好，芯样多呈坚硬柱状，局部胶结稍差呈块状；有5根桩（3、4、5、7、9）桩身水泥土芯样胶结差，水泥土芯样不连续，水泥土搅拌混合不均匀。所有钻孔显示，施工桩长符合设计桩长要求。

结论：部分地层（主要为6～10m，该地层为〈4-1〉、〈3-2〉）加固效果较差。

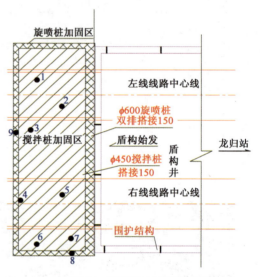

图7-50 钻孔平面布置图

第二次是8月29～8月30日，在加固区靠近线路中心位置，芯样2组，连续性、完整性良好，胶结较好（图7-52）。

3. 施工情况分析

（1）搅拌桩施工

由于施工加固地层主要为砂层，而本端头砂层主要以砾砂为主，施工过程中曾多次出现钻杆断裂、卡钻等情况，搅拌桩难以钻下。原设计桩径为φ500，但由于施工钻进困难更改为φ450，搭接长度不变。

事后评估：搅拌桩施工效果不是很理想。

（2）旋喷桩施工

旋喷桩主要在外围起止水作用，由于是单排布置且在地下水如此丰富的端头施工，未能达到设计的效果。

（3）素混凝土地下连续墙施工

由于搅拌桩、旋喷桩效果不是很理想，所以在原来围护结构和搅拌桩之间采取了连续墙施工以保证加固体的质量。连续墙施工主要存在的问题是：连续墙各槽段之间的接缝处理

第七章 富水砂层盾构掘进及辅助工法

图 7-51 第一次抽芯芯样情况（汪本灿 摄）

和与原来围护结构之间接缝的处理。从漏水的情况可以得知,这两个问题都未能解决好,主要是素混凝土连续墙接缝采用自然接缝,没有用接口管,由于水下混凝土浇筑不实,造成左线洞门产生一个自然漏口,给洞门凿除带来麻烦。

图 7-52　第二次抽芯芯样情况(汪本灿　摄)

(三)地面注浆和降水井施工

针对加固体钻孔抽芯检测结果不理想的状况,实施了降水井+地面注浆的方案,从 9 月初开始,共采用袖阀管注浆 4 次;并在靠近基坑的左右线中间位置,打了一口直径 1m、深 15m 的降水井。

1. 注浆孔平面布置

注浆孔的布置主要利用现有抽芯孔来进行,在隧道范围内相应位置增加注浆点,具体如图 7-53 所示。

降水井平面位置如图 7-54 所示。

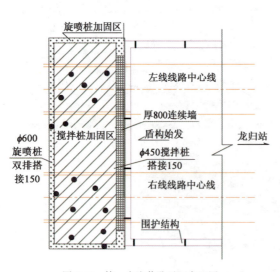
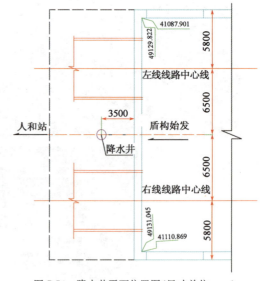

图 7-53　第一次注浆孔平面布置图　　　图 7-54　降水井平面位置图(尺寸单位:mm)

注浆参数见表 7-16。

注浆参数统计表   表 7-16

序号	注浆时间	孔数（个）	孔深(m)	水泥用量(t)	水泥浆液配比	注浆压力(MPa)
1	8月21日～8月30日	13	14.5	29	1∶1	1.0
2	10月12日～10月13日	6	14	6.9	1∶1	1.2
3	10月31日～11月2日	16	12	18.5	1∶1	0.6～0.8
4	11月5日～11月9日	15	13	12.7	1∶1	0.5

2. 注浆材料及配比

在第四次注浆的最后，采用了化学浆液，其主要材料配比为：

(1)主要材料：水玻璃、42.5级水泥、水、丙烯酰胺、过硫酸铵、二甲氨基丙腈、N-N′亚甲基双丙烯酰胺。

(2)配比：

A. 水泥浆筒内

水∶丙烯酰胺∶N-N′亚甲基双丙烯酰胺∶二甲氨基丙腈＝350∶20∶1∶1.3

B. 水玻璃筒内

水∶过硫酸铵＝500∶1

A∶B＝1∶1

从止水效果来看，化学浆液最好，双液浆次之，单液浆最差，但化学注浆的成本最高。

(四)抢险处理措施

(1)在开始涌水时，马上启用降水井，虽井内水位很快下降6m多，但对涌水情况没有多少改善。

(2)拉森钢板桩施工。

由于在加固区外侧出现了塌方，为了防止塌方面积进一步扩大，立即对加固区外侧进行了拉森钢板桩的施工。钢板桩施工深度为12m，横跨整个加固区，具体如图7-55所示。

图 7-55 施打钢板桩与注浆

钢板桩施工到第6、7根时，发现洞门漏水减小了约3/4，有明显的效果。后发生了第二次漏水，原来塌陷的位置继续加深，得知钢板桩外侧仍然有水土通过钢板桩流失，判断是局部钢板桩深度不够所致。由图7-56可知,钢板桩刚刚穿过砂层,水土极易从桩底找到通路流出。

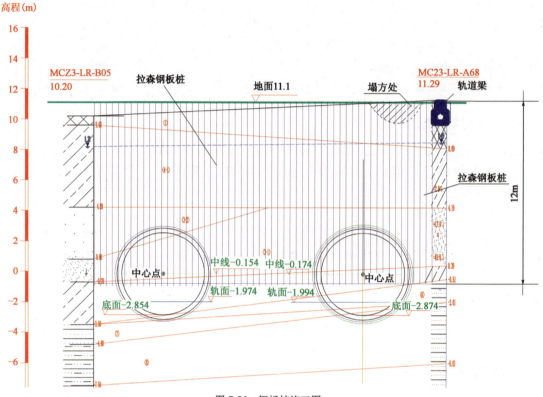

图7-56 钢板桩施工图

(3)注浆堵漏和加固

在降水井无效,通过在加固区北侧打一排钢板桩减小水头后,接下来采取的措施就是地面注浆。开始是注双液浆,但浆液配比和注浆工艺没有掌握好,洞门圈出现了第3次涌水,经过分析后,用化学注浆的方法,堵住了洞门涌水。

①注双液浆

对塌陷地方采用注浆措施。先注加有红丹粉的浆液,确定水流从塌落处至洞门处所需时间,然后注双液浆液,封堵漏水口,确保不再塌陷。

②注化学浆

由于水泥浆和水玻璃浆液的粒径较大,无法渗透到砂层,为了保证洞门不再出现涌水情况,采用能够渗透到砂层的丙烯酰胺浆液处理漏水。

11月10日,通过5d的化学注浆,终于止住洞门圈的涌水,13日顺利割除第二排钢筋网,15日左线三菱泥水平衡盾构机刀盘推进至加固体素混凝土连续墙。

三、河床塌陷事故处理技术

(一)工程概况

施工7标右线过北村桥(沙坑涌)时发生塌陷事故。过河段隧道埋深7.5~8.3m,隧道拱顶所处地层为⟨3-1⟩、⟨3-2⟩砂层,厚5.6～7.0m,砂层富含地下水,受扰动极易液化,砂层上方无隔水层,直接与河床底相通。

(二)河床坍塌事故简述

2009年6月11日上午10:30,右线掘进至919环,VMT显示盾构机刀头刚刚进入北村桥北端桥台,桥台底部河床发生了喷涌并局部下沉。现场立即进行回填,共回填混凝土约20m³。

6月12日凌晨3:00,右线盾构掘进至929环,VMT显示河床再次发生塌陷,塌陷范围面积约10m²,深约1.8m。至早上7:30,回填混凝土约18m³。在12日上午后续掘进中,河床又有部分区域下陷,再次回填混凝土约6m³。

6月12日上午10:00左右,在调整了掘进参数后,基本恢复正常,河床未发现明显下陷,只有少许气泡。

(三)掘进指令与实际掘进参数比较

1. 掘进指令

(1)掘进参数控制

施工盾构掘进参数见表7-17。

施工参数 表7-17

盾构机姿态	水平偏差(mm)	水平趋势(mm/m)	竖直偏差(mm)	竖直趋势(mm/m)
	－10～＋10	－4～＋4	－20～＋20	－10～＋10
掘进参数	千斤顶总推力(kN)	刀盘扭矩(MN·m)	刀盘转速(r/min)	千斤顶行程(mm)	掘进速度(mm/min)
	8000～15000	<1.8	1.0～1.3	≥1800	≤20
	气泡仓压力(bar)	开挖仓压力(bar)		液面高度(m)	铰接千斤顶行程(mm)
	1.3～1.5	0.7～0.8(波动范围<0.2)		－0.5～＋0.4	≤50
	盾尾间隙	最小盾尾间隙不小于50mm		推进千斤顶行程差(mm) ≤40	

(2)泥浆参数控制

盾构过北村桥及砂坑涌期间,使用高黏度优质泥浆护壁,以形成有效泥膜,保证砂层稳定性,减少超挖。循环泥浆进浆相对密度为1.13～1.20,黏度要求保持在35s以上。

(3)注浆参数控制

为保证盾构机通过期间开挖面周围土体的稳定,盾构过桥期间采用同步注浆与二次补注浆相结合,保证注浆回填及时、饱满。同步注浆采用加入水玻璃的水泥砂浆(凝结时间2～3h),并根据同步注浆量,通过管片吊装孔进行二次补浆(双液浆),注浆压力为1.0～2.5bar,注浆量6～7m³/环。

同步注浆配比,水泥：粉煤灰：砂：水玻璃：废浆：水=150：150：550：17：500：200(kg);

双液浆配比：

水泥∶水＝1∶1(质量比)

水玻璃∶水＝1∶1(体积比)

水泥浆∶水玻璃溶液＝1∶1(体积比)

浆液凝结时间 30～40s，注浆压力不超过 0.4MPa。

2.实际掘进参数

盾构实际掘进参数见表 7-18。

施工参数　　　　　　　　　　表 7-18

环号	里程(m)	掘进速度(mm/min)	推力(kN)	扭矩(MN·m)	刀盘转速(r/min)	气泡仓压力(bar)	开挖仓压力波动范围(bar)	注浆压力(bar) 最小	注浆压力(bar) 最大	进浆黏度(s)	注浆量(L)
919	18438.9	26.0	7254.8	0.97	2.2	1.22	0.61～0.91	1.5	4.0	25	620
920	18437.4	27.4	7828.5	0.98	2.0	1.19	0.54～0.92	1.5	5.1	26	695
921	18435.9	31.5	8598.1	1.09	2.1	1.10	0.69～1.32	1.5	4.9	35	600
922	18434.4	47.4	9144.9	1.22	1.9	1.13	0.77～1.24	1.5	5.8	35	664
923	18432.9	48.9	7817.7	1.14	2.3	1.18	0.82～1.09	1.5	5.0	35	648
924	18431.4	40.0	7754.5	0.92	2.5	1.22	0.64～1.02	1.5	5.3	35	616
925	18429.9	41.7	6981.1	0.94	2.1	1.20	0.54～0.86	1.5	4.3	35	630
926	18428.4	38.9	7491.1	1.06	1.8	1.18	0.54～0.92	1.5	3.9	35	661
927	18426.9	35.2	8285.5	1.49	1.3	1.18	0.63～1.03	1.5	4.6	35	646
928	18425.4	32.6	8285.2	1.24	1.7	1.17	0.59～1.00	1.5	4.3	36	965
929	18423.9	27.2	7477.6	0.92	1.6	1.15	0.43～1.09	1.5	4.0	36	965
930	18422.4	48.5	8436.1	1.04	2.2	1.10	0.68～0.91	1.5	1.7	35	31
931	18420.9	41.2	9069.0	1.20	2.2	1.12	0.62～1.04	1.5	4.8	35	681
932	18419.4	50.7	10558.9	1.48	2.2	1.06	0.69～1.25	1.5	4.2	35	645
933	18417.9	48.0	9678.5	1.47	2.2	1.12	0.53～1.34	1.5	5.7	35	620
934	18416.4	54.1	10667.5	1.69	2.4	1.16	0.92～1.35	1.5	2.5	35	0
935	18414.9	45.7	10855.8	1.93	2.1	1.21	0.58～1.25	1.5	6.0	35	496
936	18413.4	37.3	11649.1	1.69	2.2	1.35	0.56～1.35	1.5	5.0	35	830
937	18411.9	29.0	10749.0	2.00	2.1	1.28	0.37～1.29	1.5	5.4	35	724
938	18410.4	28.8	9756.7	1.98	2.1	1.26	0.37～0.86	1.5	4.7	35	637
939	18408.9	32.5	8892.6	1.85	2.2	1.09	0.37～0.82	1.5	4.6	35	621
940	18407.4	29.0	10355.8	2.02	2.0	1.28	0.38～0.89	1.5	4.9	35	627
941	18405.9	32.7	10582.8	2.08	1.9	1.56	0.67～1.16	1.5	6.4	36	631
942	18404.4	29.2	11042.9	2.02	2.1	1.65	0.67～1.28	1.5	4.6	36	680
943	18402.9	31.2	10701.3	1.79	2.4	1.82	0.85～1.42	1.5	4.8	36	631
944	18401.4	41.9	10212.6	1.90	2.2	1.79	0.85～1.27	1.5	5.7	36	561
945	18399.9	44.1	9255.0	1.64	2.4	1.35	0.51～1.40	1.5	5.5	36	581

3. 原因分析

(1)客观原因

①地质条件差、隧道覆土较浅,是造成此次连续塌方事故的客观原因。

过河段隧道埋深 7.5~8.3m,隧道拱顶所处地层为⟨3-1⟩、⟨3-2⟩砂层,厚度 5.6~7.0m,砂层富含地下水,受扰动极易液化,砂层上方无隔水层,直接与河床底相通。盾构在该地层中掘进沉降控制难度较大。

②$P_{2.2}$泵未安装,$P_{2.1}$泵的排渣能力有限,导致块状土体聚在排渣口,管路容易堵塞,洗仓次数过多,从而对刀盘上方的土体扰动过大,是最终导致塌陷事故发生的原因之一。

(2)主观原因

①对风险的预计不足,准备措施不充分,是造成此次连续塌方事故的主观原因。

过河段隧道埋深较浅,隧道覆土压力与刀盘泥水压力较难平衡,事前虽考虑到对河床进行反压处理,但由于该时间段内连降暴雨,河水水位急速抬高,反压处理存在一定的难度,未找到行之有效的办法进行事前预防。

②掘进指令针对性不强,与实际掘进情况出入较大。

第一,掘进指令中,刀盘扭矩控制在 1.8MN·m 以内,没有下限,疏忽了一种情况,即当刀盘扭矩较小时开挖仓内土体也相应较少(开挖仓内土体不足以克服刀盘旋转的反力,也不足以提供支撑掌子面的反力)。而当刀盘扭矩较大时,说明开挖仓内土体较多,开挖仓内土体可以有效支撑掌子面,避免塌方。这在后期的掘进中得到了验证。第二,指令中下达的掘进速度为不大于 20mm/min,而实际在过河段砂层中掘进,快速通过是防止塌方的有效措施,同步注浆不足可以进行二次补浆。第三,刀盘转速和推力都应当以刀盘扭矩为参考进行调节。第四,为汲取上次塌方的教训,要保证开挖仓内泥水压力和掌子面水土压力的平衡,不能有气体进入开挖仓,避免高压气体对掌子面及刀盘上方土体冲刷而造成塌方。第五,对排渣量没有具体的要求。

③盾构机操作手出现失误,在掘进过程中未能有效控制掘进参数,是造成此次事故的原因之一。由以上数据对比可知,掘进速度过快、开挖仓压力波动较大、注浆量不足、注浆压力过高,对河床塌陷都有直接影响。另外,由于设备的缺陷,排渣量估算存在一定难度,不易控制,排渣量偏多,也是造成此次事故的主要原因之一。

4. 处理措施

(1)掘进过程开挖仓顶部压力(切口环)控制:根据隧道埋深,切口环压力初定为 0.8bar,气泡仓压力 1.16bar,掘进过程中根据河涌变化情况进行调整。此时,液位在 0 位;如果液位不在 0 位,则依据泥浆相对密度、液位高度等参数来调整气泡仓压力。

(2)在掘进过程中要时时观察气泡仓内气体是否进入开挖仓,并及时排除开挖仓内的气体。在正常掘进时要保证每两环排气一次。

(3)在掘进过程中要时刻注意进、排浆量的差值,排浆量约为 800m³/h,进浆量约为 700m³/h。进、排浆量差值为 50~100m³/h,并密切注意排渣量,避免超挖产生。

(4)在盾构停止或拼装管片时不进行洗仓,必须遵从不停机洗仓原则。在盾构开始掘进前 200mm 时,如掘进顺利且没有堵管现象发生,则以最快速度掘进,否则在 20mm/min 的速度掘进时洗仓,保证掘进顺利进行。

(5)过北村桥河床时,泥浆黏度为35s。

(6)刀盘转速主要依据刀盘扭矩来进行,保证刀盘扭矩在1.2~1.5MN·m。

(7)注浆量控制不低于10槽,当出现拼装完毕而浆液未运送到洞内的情况时,盾构也要开始掘进,等浆液到达后再注入浆液。注浆时要根据掘进速度和距离匀速注浆,保证注浆与掘进同步,即保证在盾构开始推进至盾构完成掘进期间匀速注浆。

5. 经验教训

(1)低估了盾构过河涌的风险,准备措施不充分。

(2)掘进指令不合理,针对性不强。

(3)盾构机操作手对类似地层中的掘进经验不足。

(4)过河前未对设备进行改进和检查,如未安装$P_{2.2}$泵。

(5)过河前未集思广益进行有效的交底。

明挖及矿山法篇

Open Cut Method and Mine Tunnelling Method

第八章 明挖工法

第一节 石灰岩地层明挖工法风险分析

一、岩溶地区明挖基坑施工风险分析

岩溶地区明挖基坑施工风险,主要是围护结构施工过程中的坍塌、围护结构渗漏水、基坑开挖过程中的基底突涌水、基坑失稳及周边建筑物沉降风险等。

一方面,在溶洞浅埋地段,当上部土层挖除后,岩溶水具有一定的水头压力,会顶穿覆盖层,导致基坑大量涌水致使基坑失稳;另一方面,由于沿线地下水较丰富,开挖过程中需降水,补偿应力作用下,地下水位的大幅下降也会引起地面沉降问题。因此,开挖施工若大量抽排地下水,则极易引起周边地下水位下降,诱发地面沉降和岩溶塌陷,对基坑及周边建筑物造成较大危害。

基坑疏干排水将引起基坑周边地下水位下降,地下水位以基坑为中心呈漏斗状向四周扩散。根据太沙基理论,地下水位以下的地基承载力由孔隙水压力和土粒的支撑力组成,地下水位降低后,孔隙水压力大幅度消减,地基因承载力不够而产生不均匀沉降,并且随着地下水位下降,排水砂土层中的细小颗粒被带走,上部土层特别是上部砂层孔隙水的疏干,砂层压密,这些因素都会引起地面沉降。另外,基坑开挖支护不当易引起涌泥涌砂,措施不当或不及时可诱发地面塌陷和区域地面不均匀沉降。

因此,在溶洞浅埋地段,采用明挖法时,当上部土层挖除后,岩溶水的水头压力可能顶穿覆盖层,导致大量涌水,应采取有效加固应对措施。

二、石灰岩地层工程结构受力影响的数值模拟分析

广州市轨道交通三号线北延段永泰站地层中,溶、土洞发育较强烈,可在短时间内诱发地面坍塌,对地基的均匀性和稳定性产生不良影响,且溶洞充填物工程性质差,车站原始地基承载力低。因此,对溶、土洞进行详细勘察时,对洞高大于2m的溶、土洞,先进行吹砂处理,然后采用袖阀管注浆加固;对洞高小于2m的溶、土洞,直接采用袖阀管注浆填充。结果表明,对加固地层钻孔取芯及原位标贯试验均满足规范要求,达到预期效果。

本节针对地铁车站基坑稳定性受溶、土洞影响进行数值模拟分析。

(一)工程概况

三号线北延段永泰站,位于广州市白云区尖彭路与新广从公路交叉口西南角,呈东西走

向,位于华南三期高架桥南侧。车站设计起点里程为YCK9+429.7,终点里程为YCK9+596.7,车站总长167m,标准宽度22.5m。车站为明挖地下两层岛式中柱结构,有效站台长度120m,线间距16m。

(二)地质条件

永泰站地貌形态为广花冲积盆地,地形平坦较开阔,地面标高21.71~23.46m,高差1.75m,车站主要位于人工填土层(Q_4^{ml})、冲积—洪积砂层(Q_{3+4}^{al+pl})、冲积—洪积中粗砂层(Q_4^{al+pl})、冲积—洪积土层(Q_3^{al+pl})中,底板主要坐落在残积土层(Q^{el})中,围护桩主要嵌入残积土层(Q^{el})中,个别围护桩嵌入石灰岩微风化带($Q_{2+3}ht$、C_1dc)中。

(三)岩溶概况

永泰站主体工程部分详勘揭露发育溶、土洞主要在车站中部和东部,如图8-1所示,均属埋藏性溶、土洞,发育特点复杂,与岩型、地形地貌、地质构造、岩层产状、地下水活动规律等诸多因素有关,其形态各异。车站溶、土洞为无填充、半填充、全填充,充填物质多为流塑、软塑状粉质黏土。溶洞顶板厚度小,岩溶洞体高度较大,且充填不好,工程性质差,在受到外力作用下,可致使顶板塌落,造成地面坍塌、卡钻、漏浆等事故,对围护结构和车站桩基施工不利。

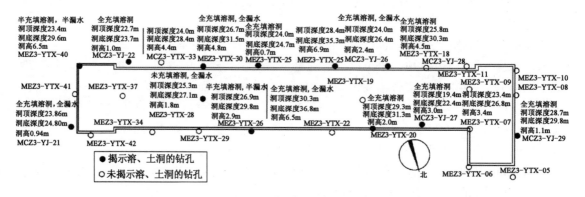

图 8-1 永泰站详勘溶、土洞分布平面图

(四)溶洞对车站基坑稳定性影响数值模拟分析

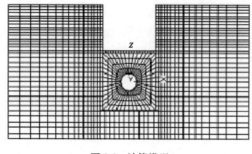

图 8-2 计算模型

1.计算模型与计算参数

三号线北延段永泰站计算模型,可选取车站宽度方向为竖直方向,车站走向长度为水平方向,选取溶洞中点为坐标原点,计算模型如图8-2所示。

计算采用的岩土体屈服条件为Mohr-Column强度准则,其强度包络线的直线表达式为:

$$\frac{\sigma_1 - \sigma_3}{2} = \frac{\sigma_1 + \sigma_3}{2}\sin\varphi + c\cos\varphi \tag{8-1}$$

$$F\left(\frac{\sigma_1 - \sigma_3}{2} - \frac{\sigma_1 + \sigma_3}{2}\sin\varphi - c\cos\varphi\right) = 0 \tag{8-2}$$

式中，σ_1、σ_3 分别为最大和最小主应力，c 为岩土体的黏聚力，φ 为岩土体的内摩擦角。

车站开挖和溶洞模拟采用 FLAC3D 的 Null 模型，岩土体的初始应力场只考虑自重应力，所需参数见表 8-1。

岩土体物理力学参数　　　　表 8-1

土体	密度(kg/m³)	体积模量(GPa)	剪切模量(GPa)	内摩擦角(°)	黏聚力(kPa)
围岩	1900	2.94	1.1	25	40
充填体	1940	4.41	1.68	27	60
支护	2200	26.4	10.3	32	100

2. 计算模拟结果及分析

数值模拟结果如图 8-3～图 8-6 所示。

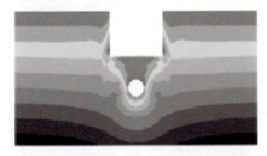

图 8-3　有溶洞基坑应力分布

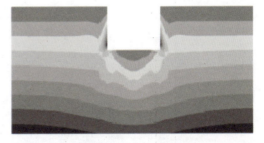

图 8-4　溶洞充填后基坑应力分布

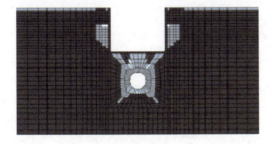

图 8-5　有溶洞基坑塑性区分布

图 8-6　溶洞充填后塑性区分布

由图 8-3、图 8-4 可以看出，基坑开挖后围岩应力重新分布，基坑侧壁底部产生应力集中，最大应力达到 0.8～0.9MPa，基坑底部中部应力松弛，应力为 0.1～0.2MPa。当溶洞存在时，应力松弛被引往深部，应力松弛区较溶洞充填时大得多，基坑底部变形更大。

从基坑土体塑性区分布图 8-5、图 8-6 可知，溶洞周围在基坑开挖后会形成塑性区，直接影响基坑底部的稳定，由此可见对溶洞进行充填的重要性。

第二节 石灰岩地层明挖工法基底加固

三号线北延段白云大道北站除车站西南角以外,车站主体基坑基本处于溶洞范围内,在施工中采取注浆回填溶、土洞,单管旋喷桩加固基底的方法进行处理。施工时,对于洞高大于2m的溶、土洞,由于吹砂回填的效果很差,也采用了注浆回填的方法进行处理。

一、溶、土洞详细探查

车站主体结构范围内详勘及原区间详勘钻孔共28个,钻孔平均间距19m,并约一半钻孔已经揭露溶洞,除车站西南角以外,车站主体基坑基本处于溶洞范围,因此,白云大道北站溶洞探查与溶洞处理相结合,利用详勘钻孔,借助注浆钻孔,按2m×2m梅花形进行布置地质钻孔,准确探明溶洞的边界,其具体范围、大小、充填物成分、充填状况以及是否存在溶、土洞,水及其流量,为溶、土洞的处理提供准确资料,钻孔布置如图8-7所示。

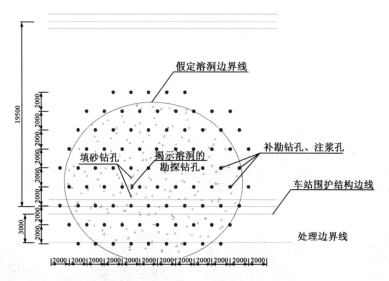

图8-7 地质钻孔确定溶、土洞范围示意图(尺寸单位:mm)

二、处理原则和措施

根据车站底板底距基岩面距离及土层情况,划分高风险区、低风险区,底板底往下深度10m范围内侵入基岩面为高风险区,10m范围内未见基岩为低风险区;当10m范围内存在较厚的砂层等软弱土层时,应适当调整。重点处理高风险区详勘揭示的所有溶、土洞。水泥土墩柱、连续墙施工过程中遇到的溶、土洞也需进行处理。

根据以上原则,因白云大道北站主体结构底板底往下深度10m范围内基本全部侵入基岩面,确定白云大道北站主体基坑全部处于高风险区。

位于车站主体底板以下10m内的已揭示溶、土洞,自地面进行充填(填砂、注浆)加固。

对全充填溶、土洞,以及无填充和半填充溶、土洞,可直接采用袖阀管注浆填充。

结构底板下方到岩面的土层进行水泥土墩柱加固,高压旋喷桩与土形成水泥土墩柱。高压旋喷桩按照纵向 10m 长(沿线路方向)、10m 净距(墩与墩之间的净距)的原则布置。高压旋喷桩施作位置,若遇到新发现的土洞,分两种情况处理:

(1)土洞为全充填的,利用旋喷桩加固;

(2)土洞为无充填或半充填的,先进行地面充填加固处理,再进行旋喷桩加固。

三、注浆施工步骤

对于半充填、无充填和全充填溶、土洞的处理方法和步骤见表 8-2。

半充填、无充填和全充填溶、土洞处理方法和步骤　　　　表 8-2

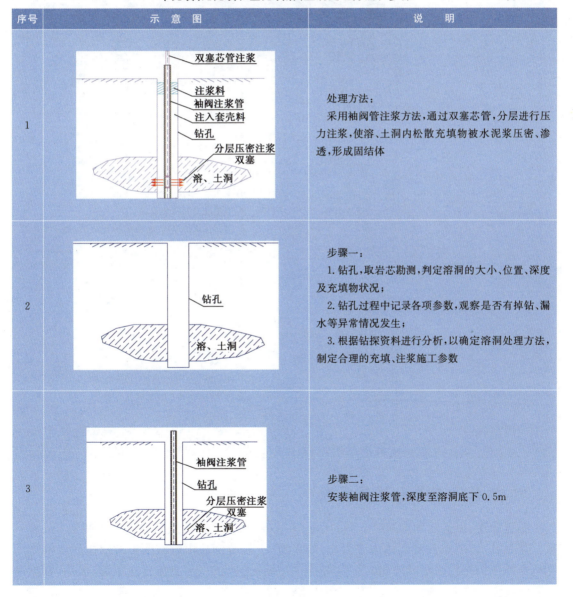

序号	示意图	说明
1		处理方法: 采用袖阀管注浆方法,通过双塞芯管,分层进行压力注浆,使溶、土洞内松散充填物被水泥浆压密、渗透,形成固结体
2		步骤一: 1.钻孔,取岩芯勘测,判定溶洞的大小、位置、深度及充填物状况; 2.钻孔过程中记录各项参数,观察是否有掉钻、漏水等异常情况发生; 3.根据钻探资料进行分析,以确定溶洞处理方法,制定合理的充填、注浆施工参数
3		步骤二: 安装袖阀注浆管,深度至溶洞底下 0.5m

续上表

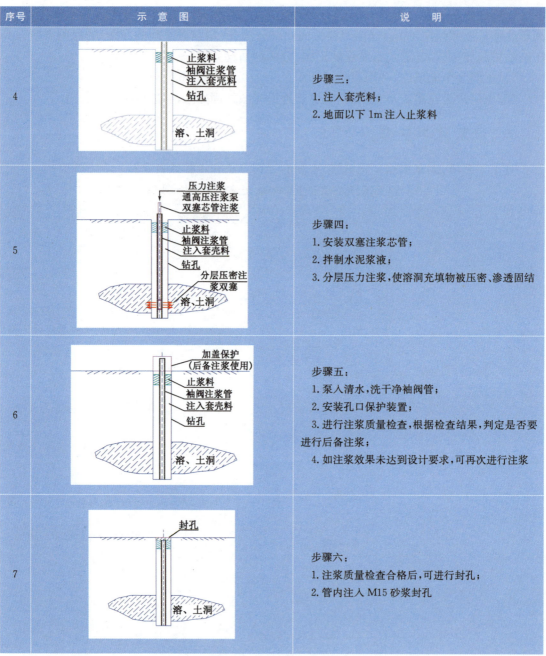

四、注浆孔布置和注浆参数

钻孔顺序:以揭示到溶洞或土洞的钻孔为基准点,沿垂直于线路方向每孔间隔2m施一排注浆钻孔,以基本找到洞体边界为止;如果溶、土洞范围超出车站围护结构边线以外3m,则以车站围护结构边线以外3m为界,并在围护结构边线外3m处施作止浆墙;最后,根据基本探定的洞体边界施作其他钻孔。孔深进入洞底以下 0.5m。

根据注浆材料及地质条件,结合类似工程的施工经验,选用表 8-3 所示注浆参数,在施工中坚持先试后作的原则,通过试注浆对各项参数进行修正。

注浆参数　　　　　　　　　　　　　　　表 8-3

分类	项　目	参　数
成孔	孔距×排距	2m×2m,正方形
成孔	孔径	89～110mm、150mm
成孔	孔深	溶洞底 0.5m
充填物	充填管孔径	48mm、127mm
充填物	充填料(单液浆)	水泥浆,$W:C=1:1～1:1.5$
充填物	充填料	中细砂
充填物	充填料(双液浆)	水泥:水:水玻璃=1:1.38:0.29(质量比) 水玻璃模数 $m=2.4～3.4$(浓度为 30～40°Bé)
下袖阀管	套壳料配合比	水泥:黏土:水(质量比)=1:1.50:1.88
下袖阀管	袖阀管长度	顶、底板上下 0.5m 为花管,顶板至地面为实管
下袖阀管	固管止浆液配合比	水:水泥(质量比)=1:1.5
注浆	扩散半径	1.5m
注浆	浆液配合比	单液浆:水泥浆,$W:C=0.5:1～1:1$ 双液浆:水泥浆:水玻璃=1:0.5～1:1
注浆	开环压力	0.3MPa
注浆	注浆压力	周边孔(双液浆):0.6～0.8MPa 中央孔(单液浆):0.8～1.0 MPa
注浆	注浆次数	周边孔:3～4 次(间歇时间 6～10h) 中央孔:3 次(间歇时间 6～10h)
注浆	注浆速度	顶底界 20～50L/min,其他部位 30～70L/min
注浆	终灌标准	达到终浆压力并继续注浆 10min 以上

注:注浆压力暂按本表中给出的指导值,施工时可根据现场试验情况再作调整。

五、水泥土墩柱施工

设计利用水泥土墩柱将车站下的土体进行分段加固,阻止新生土洞以及未得到处理的土洞大规模发展。水泥土墩柱平面按纵向(沿线路方向)10m 长、20m 间距(墩与墩的中心距)布置,单个土墩柱平面布置如图 8-8 所示,主体基坑水泥土墩柱分布如图 8-9 所示,共分 A、B、C、D 四种类型和 11 个土墩柱(编号 01～11 柱)。土墩柱为由单管水泥旋喷桩组成的框格结构,桩径 600mm,桩与桩之间咬合 100mm。

旋喷桩浆液采用 42.5 级以上的普通硅酸盐水泥拌制,水灰比为 1.0～1.5,注浆压力 15～20MPa,注浆量 40～70L/min,旋转速度 16～20r/min,提升速度 15～25cm/min,施工时可根据现场试验情况进行调整。

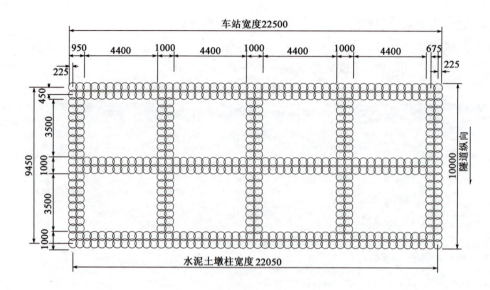

图 8-8 水泥土墩柱平面图(尺寸单位:mm)

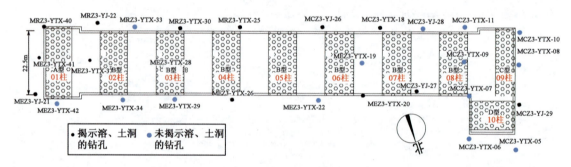

图 8-9 主体基坑水泥土墩柱分布图

第三节 花岗岩残积土地层明挖工法风险分析

花岗岩残积土地层的一大特性是岩土暴露后遇水软化,力学性能急剧下降,如果不能控制好水,基坑开挖将十分困难,基底软化为稀泥,围护结构变形加大,基坑外建筑物沉降加剧。燕塘站瘦狗岭旁边的谷地,为周边汇水的最低点,再加上基坑深度大,地下水的问题十分突出,也是施工中首要解决的重难点。

燕塘站为三、六号线换乘站,呈十字交叉,如图 8-10 所示。三号线 4 层,六号线 2 层。该站是广州地铁建设史上深度最深、难度最大的基坑之一:一是基坑深度大,六号线方向基坑深 24m,三号线方向基坑深达 32m;二是地下水丰富,基坑位于瘦狗岭断裂带上,车站连续墙封闭后进行了抽水试验,一个抽水井的日抽水量达到 500m³,抽水对地面建(构)筑物沉降影响明显,主要含水层为中风化裂隙带分布;三是地质情况复杂,车站地面 5m 以下,包括基底都是花岗岩残积土,经验表明,即使在晴朗的天气,开挖后 6~12h,其表层就会渗水软化。基底软化后,施工机械再上去,泥化现象加重,一方面造成施工更加困难,另一方面使基底地层的力学性能发生改变,若设计考虑不周、围护结构嵌固深度不够,则影响基坑安全;四是周边环境复杂,基坑周围为楼房、边坡、公路,场地狭小,给施工组织带来很大困难。为了应对工程风险,克服工程难点,采取了以下措施确保基坑安全。

图 8-10　燕塘站鸟瞰图

各级领导高度重视该工程的基坑开挖,深基坑设计方案经广州市建委科技委员会专家审查;深基坑施工方案经过专家评审;开挖前制订严密的应急预案;开挖期间参建人员现场24h值班;及时组织专门会议研究解决施工过程中发现的问题。

第四节　花岗岩残积土层降水试验

针对花岗岩残积土层采取降水井降水方法是否可行的问题,三号线北延段以燕塘站为工程实体,开展一系列的试验研究,取得了大量一手数据,可为今后工程提供参考。

一、概述

依照"广州市轨道交通三号线北延段工程燕塘站基底花岗岩残积土预处理试验方案图"及相关图纸会审意见,在场地范围的地下土层分别进行了两组降水井降水试验,第一项是在燕塘站场区南侧范围分别设置三组管井降水井,三组降水井呈一字形布置,间距为10m,每个降水井在距离5m和10m的位置分别设置两个观察井;第二项是在小基坑范围内分别设置一个降水井进行降水试验。设计降水试验方案具体如下:

1. 第一项降水试验方案

(1)试验布孔

降水井平面布置如图 8-11 所示(具体位置可根据现场施工条件做局部调整),降水井大样如图 8-12 所示。

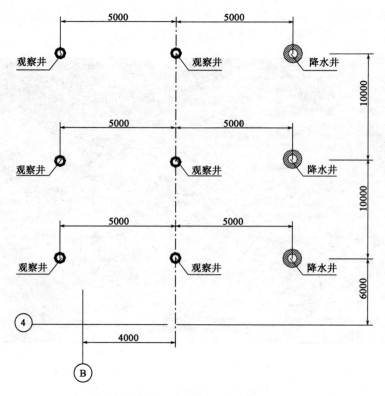

图 8-11 降水井平面布置图(尺寸单位:mm)

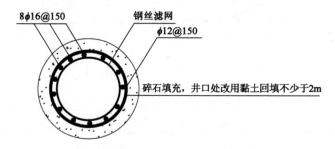

图 8-12 降水井大样图

(2)降水井设计

施作三组管井降水井,采用潜水泵抽水,每组设两个观察井,从地面施作,降水井、观察井深 25.5m,具体施工步骤:

①采用钻进成孔,其中管井孔径为 800mm、观察井孔径为 100mm;

②管井孔内放置内径为 400mm 的钢筋笼;

③钢筋笼外过滤层采用碎石填充,至井口处改用黏土回填封孔不少于 2m;

④在管口周围砌筑 150mm 高、100mm 宽水泥砂浆挡水圈;

⑤降水井洗井,同时应进行观察井水位观测。

(3)试验结果要求

通过测试抽水量来判别花岗岩残积土层的降水效果。

2. 第二项降水试验方案

(1) 试验布孔

降水井布孔如图 8-13 所示(具体位置可根据现场施工条件做局部调整)。

(2) 降水井设计

降水井设于小基坑内,共两组,在基底土层泡水压板试验完成后施作,井深为基底以下 3m,孔径 300mm,钢管管径 110mm,过滤管长 1.5m,孔隙率 15%,外包两层 60 目尼龙网作为过滤网,过滤网外再用一层铁丝保护网;管与孔壁间用砂填实作为过滤层,在基坑面管口周围砌筑 150mm 高、100mm 宽水泥砂浆挡水圈。

(3) 试验结果要求

往小基坑内回灌水 50mm 深,通过测试小基坑内的水位变化来判别花岗岩残积土层的降水效果。

(4) 降水井试验

降水井内抽水,统计日均抽水量,并检测观察井内或小基坑内水位变化。

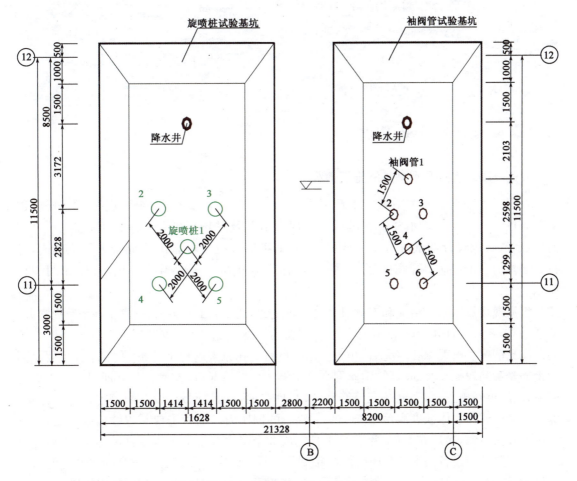

图 8-13 降水井布孔图(尺寸单位:mm)

(5) 主要试验设备及仪器仪表(见表 8-4)

主要试验设备及仪器仪表　　　　表 8-4

试验手段	施工用途	设备、仪器名称	型号	数量
成孔	降水井施工	钻孔桩机	$\phi 800$	1 台
抽水	3 台	抽水	水泵	QO×3−30−0.75
	抽水	井用潜水泵	GD-B1−4000C	4 台
	水位测量	钢尺水位计	50m	2 台

(6) 完成工作量(见表 8-5)

完成工作量统计　　　　表 8-5

备注	项目	单位	工作量
1	第一项降水井($\phi 800$)3 组	m	76.5
2	第二项观察井($\phi 110$)6 组	m	153
3	第二项小基坑降水井($\phi 300$)2 组	m	6
4	深井抽水观测	次/井	60
5	小基坑抽水观测	次	

二、降水试验实施情况

1. 第一项降水井及观察井的施工情况

根据设计图纸和相关图纸会审意见要求,于 2007 年 7 月 28 日组织相关人员、机械进场并开展工作。由于降水井所在区域位于原有道路及进场后硬化的地面下,桩机钻进前需要探管,根据设计图纸进行施工放样后,立即组织了机械设备破除混凝土硬化地面,进行人工探管,由于地下管线的影响,施工时对井位分别作了适当的变化,具体如图 8-14 所示。

根据现场总体施工情况和安排,1、2、3 号降水井及 1-1、1-2、2-1、2-2、3-1、3-2 号观察井,从 2007 年 8 月 3 日开始施工,由于期间 1 号降水井施工过程中,安装后的钢筋笼滤网出现局部塌孔情况。出现塌孔情况后,相关技术人员对塌孔原因进行了分析,发现塌孔主要是因为钢筋笼箍筋较疏以及 60 目的钢丝网强度不够。分析情况后,技术人员立即组织人工进行回填,之后重新施工,加密钢筋笼箍筋密度,并且在细目钢丝网外,设置两道粗钢丝网保护,保证钢筋笼滤网整体强度满足填充的级配碎石的侧压力。因为需要与连续墙施工配合,施工进度较为缓慢,最后在 2007 年 9 月 1 日完成 3 个降水井及 6 个观察井的施工,随后进行水泵及相关计量设备的安装,并在 2007 年 9 月 2 日~9 月 8 日分别对三个降水井进行试抽水试验,试抽水试验完成达到设计要求后,于 2007 年 9 月 8 日开始正式的抽水试验。

小基坑降水井 2007 年 9 月 17 日完成施工,9 月 18 日正式开始抽水试验,历时 19d。

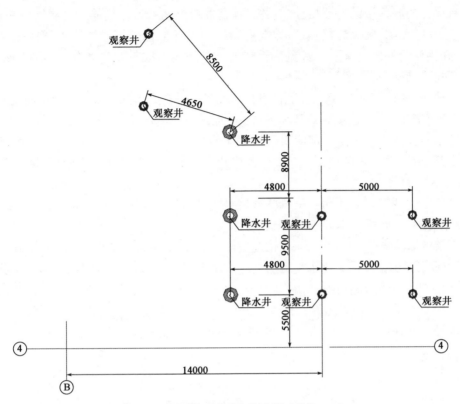

图 8-14 降水井与观察井布设图(尺寸单位:mm)

2.降水井施工工艺及技术措施

(1)工艺流程

准备工作→钻机进场→定位→开孔→下护口管→钻进→终孔→冲孔换浆→下钢筋笼过滤网→冲孔换浆(泥浆相对密度换到 1.05)→填碎石→止水封孔→洗井→活塞洗井(空压机洗井)→下泵试抽→合理安排排水管路及电缆电路→抽水试验→正式抽水→记录。

(2)技术措施

①准备工作。进场后,即开始施工部署,首先要组建试验领导小组及施工班组,落实材料和人员,合理安排人财物,与甲方及工地上各兄弟单位保持密切协作。

②专人负责进料,工程师核定,确保过滤钢筋笼(外包尼龙网)、围填碎石砂、黏土等材料的质量。

③进出场、定位、埋设护孔管,钻机进场。钻井井位双方按设计方案校核,保证钻机移到位,基础牢固平稳,磨盘水平"三点一线"(孔位、磨盘、大钩成一垂线),各项准备工作就绪,井管、砂料到位,埋设护孔管要求垂直,护孔管尽可能进入原状土层内 20～50cm,外围用黏土填实,保证泥浆返出孔外,孔垂直不超过 1‰。

④钻进清孔。钻进前测量好钻具总长,精确计算钻具上余尺,控制钻进深度,钻进中保持泥浆相对密度在 1.15～1.25 之间。终孔深度达到后,即可清孔,调浆宜慢,清孔后泥浆相对密度在 1.05 左右,孔底沉渣≤10cm。

⑤下钢筋笼过滤网。按设计井深事先将钢筋笼过滤网排列、组合,钢筋笼过滤网下放安

装时所有深井的底部按标高严格控制,并且保持井口标高一致。钢筋笼过滤网应平稳入孔、焊接垂直、完整无隙,确保焊接强度,以免脱落。为了保证钢筋笼过滤网不靠在井壁和碎石滤层上,在钢筋笼外侧设有一定数量的钢垫块。钢筋笼下放时要自然落下,不可强力压下,以免损坏过滤结构。

⑥回填碎石滤层。钢筋笼安放到位且孔内泥浆相对密度达到1.05时,沿钢筋笼外围均匀缓慢的填放干净碎石,一边填一边开小泵量泥浆循环。回填碎石高度距地面孔口2m时停止。

⑦止水封孔。为了防止上部泥浆及地表水直接渗入孔内影响成井质量,待回填碎石结束20min后,碎石滤层顶到地面孔口2m范围内夯填黏土。并在孔口周围砌筑150mm高、100mm宽水泥砂浆挡水圈。

⑧洗井。洗井采用活塞和空压机联合洗井方法,缺一不可。洗井质量要达到井内为清水,基本不含砂,井底沉砂不大于10cm的要求。

⑨下泵试抽。洗井结束后,待水位恢复按设计下泵,下入深度在井下半部分即16~18m深的位置,以保证足够的降深。排水管道及电源线路先连接好,试抽3h,测定井内水位及观测孔水位变化,安装水表测流量,预估降水试验运行途径,等水位恢复后,积极配合抽水试验。

⑩合理安排排水及电缆电路。降水井井内排水管和电缆一起铺设,排水要畅通无阻,井内抽出水经沉砂井排入市政雨水管道,电缆应绝缘,有一定抗拉、抗压强度。

3. 抽水试验

根据设计要求,降水井和观测井施工完后,用深井潜水泵放入降水井,先抽1~2d或更长时间,以确保抽水时流量稳定。开始抽水试验前,测量观测井的初始水位,抽水试验过程中观测水位频率为:①抽水试验其稳定延续时间不得少于4h,当抽水不稳定时,其延续时间不得小于24h;②应观测出水量和水位降深,降水后十天之内每天观测3次,之后十天内每天观测2次,再以后十天每天观测1次,共30d;③出水量的观测误差应不小于5%,水位降深值的观测允许误差为±5mm。

抽水每天24h派人现场值班,并做好抽水记录,每天汇报水位、流量。记录内容包括降水井涌水量Q和水位降深S,并在现场绘制S-t,Q-t,S-Q曲线。

第一项降水井抽水试验从2007年9月8日开始抽水,并开始观察;9月9日~9月18日平均每日观察3次;9月19日~9月26日平均每日观察2次;9月27日~10月7日平均每日观察1次。

第二项在模拟基底花岗岩残积土泡水后的基坑降水试验,从2007年9月18日开始进行抽水试验,到2007年10月5日终止抽水,历时17d。9月19日~9月27日平均每日观察6次,9月27日~10月7日平均每日观察3次。因为2007年9月24、25、26日三天连降暴雨,水位暴涨,基坑基本上被淹,停止量测水位,抽水断续进行。

三、降水试验结果分析及相关结论

抽水试验正式开始抽水后,根据所观察记录的原始数据,分别绘制了单井降水过程中,观察井水位随抽水时间变化的S-t曲线、出水量随时间变化的Q-t曲线、降水井水位S与降水井抽水量Q的S-Q曲线以及每次抽水量、降水井水位、观察井水位随时间变化的$Q(h)$-t

曲线图,具体如图 8-15～图 8-28 所示。通过分析相关的曲线可以得出以下结论:

(1)1～3 号降水井,在 2007 年 9 月 18 日～2007 年 10 月 7 日期间观察井水位 S 随抽水时间 t 变化的 S-t 曲线(图 8-15～图 8-17),说明降水井抽水期间离降水井 5m 远的观察井和离降水井 10m 远的观察井水位虽略有下降,但是下降的总水头相对降水井的水位降差是非常小的,并且水头降趋于稳定状态,说明在此种地层采取降水井降水效果不明显,不能形成有效的降水漏斗。

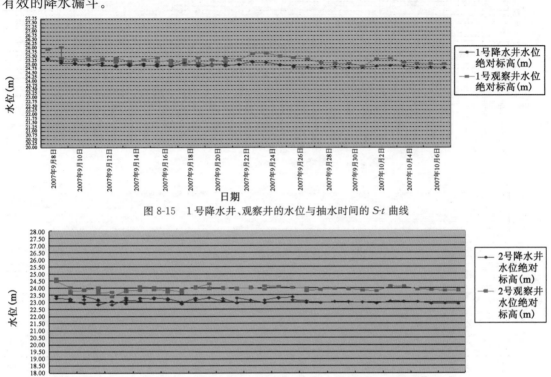

图 8-15　1 号降水井、观察井的水位与抽水时间的 S-t 曲线

图 8-16　2 号降水井、观察井的水位与抽水时间的 S-t 曲线

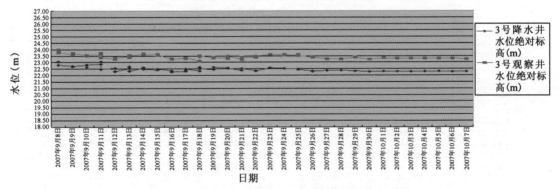

图 8-17　3 号降水井、观察井的水位与抽水时间的 S-t 曲线

(2)1～3 号降水井,在 2007 年 9 月 18 日～2007 年 10 月 7 日期间的抽水总量 Q 随时间 t 变化的 Q-t 曲线(图 8-18～图 8-20),说明该场地范围地下渗水比较丰富,场地上层第四系孔

隙水径流通畅,渗透性较好,含水量较为丰富,埋深较浅,受地表或周边地下水补给影响较大,在抽水量、降水井水位相对稳定的情况下,周边上层水的渗透量与抽水量达成平衡,难以继续扩大降水漏斗。

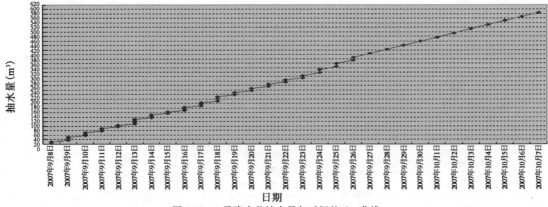

图 8-18　1 号降水井抽水量与时间的 $Q\text{-}t$ 曲线

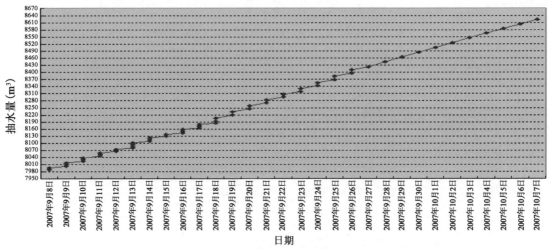

图 8-19　2 号降水井抽水量与时间的 $Q\text{-}t$ 曲线

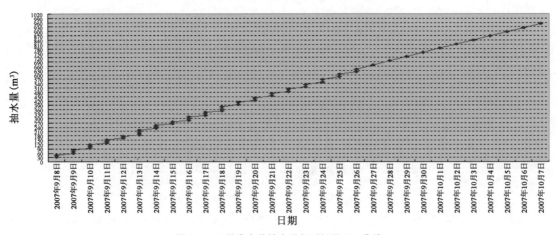

图 8-20　3 号降水井抽水量与时间的 $Q\text{-}t$ 曲线

(3)另根据降水过程中观察井水位 S 与降水井抽水量 Q 的 S-Q 曲线(图 8-21~图 8-23),说明在抽水期间,抽水量持续上升,降水井的观察井水位虽有下降但是最终趋于稳定,进一步说明该地层地下水量受地表降水和周边场区地下水补给影响较大,并且同样可以说明该地层采取降水井抽水,在降水井水位稳定、抽水量稳定的情况下连续抽水,难以排降周边土体的水位,从而不能形成有效的降水漏斗。

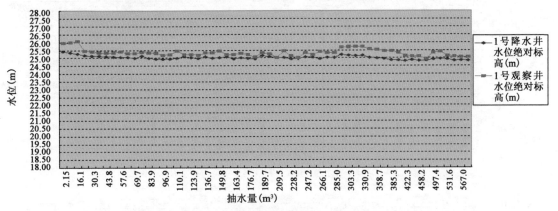

图 8-21　1 号降水井、观察井的水位与降水井抽水量的 S-Q 曲线

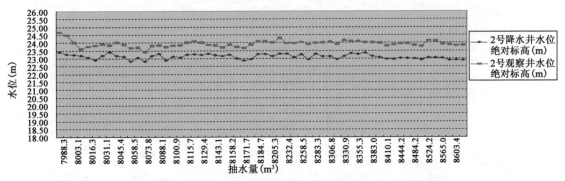

图 8-22　2 号降水井、观察井的水位与降水井抽水量的 S-Q 曲线

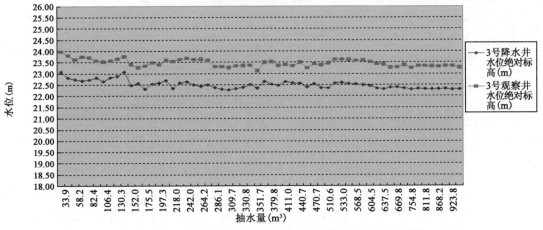

图 8-23　3 号降水井、观察井的水位与降水井抽水量的 S-Q 曲线

(4)通过观察 1 号降水井(靠近工地洗车槽)、2 号降水井、3 号降水井三个降水井的观察井的起始地下水位,发现该三个井虽然相隔 10～20m,但各自的地下水位有明显差异(图 8-24～图 8-26),由此可以说明,地下水位的变化受地形地貌、赋存条件、补给及排泄方式等影响较为明显。

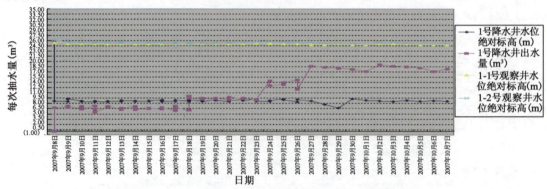

图 8-24　1 号降水井水位、出水量和观察井水位与抽水时间的曲线

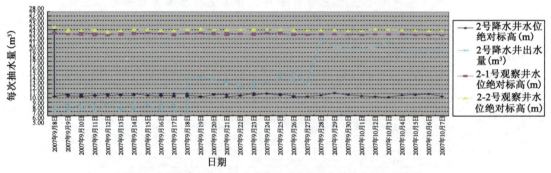

图 8-25　2 号降水井水位、出水量和观察井水位与抽水时间的曲线

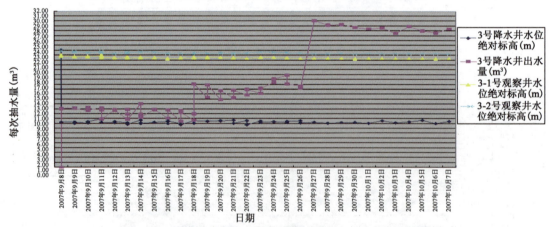

图 8-26　3 号降水井水位、出水量和观察井水位与抽水时间的曲线

(5)袖阀管小基坑的降水井降水试验,虽然降水时间较短,从 2007 年 9 月 18 日开始抽水到 2007 年 10 月 5 日,从基坑水位与抽水时间的变化(图 8-27)可以看出,在花岗岩残积土〈5H-1〉层中,由于渗透系数非常小,随着抽水时间和抽水量的变化,观察井水位变化非常小,并且因为该位置的花岗岩残积土埋深较浅,开挖后可以看出该位置地下水位较高,说明

〈5H-1〉层有隔水作用。

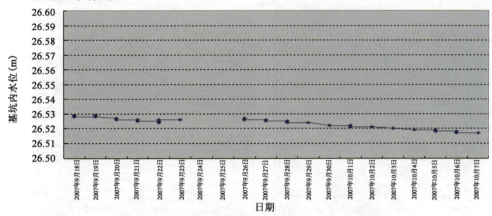

图 8-27 袖阀管小基坑水位与抽水时间的 $Q\text{-}t$ 曲线

（6）单管旋喷桩小基坑的降水井降水试验，虽然降水时间较短，从 2007 年 9 月 18 日开始抽水到 2007 年 10 月 5 日，从降水井的抽水量与抽水时间的变化（图 8-28）可以看出，虽然抽水时间内，降水井内有水可抽，但是所能抽上的水量较少，说明花岗岩残积土〈5H-1〉层的渗透系数较小，为弱透水层，该地层降水效果非常差。

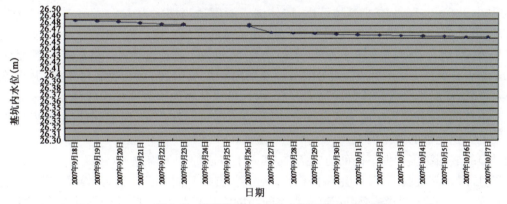

图 8-28 单管旋喷桩小基坑水位与时间的 $Q\text{-}t$ 曲线

第五节 花岗岩残积土地层超深基坑施工

一、基坑支护与加固

（1）选用止水效果好，整体性强，可靠度高的围护结构形式：地下连续墙＋内支撑。计算过程中，充分考虑不良土层遇水软化的特点，同时充分考虑周边建筑物及六号线西端陡坎超载对基坑支护的影响。加强基坑监测设计，保证基坑安全。围护结构采用 1m 厚的地下连续墙，三号线方向采用 6 道支撑。第一道支撑应全部为混凝土支撑，所有斜撑均采用混凝土支撑，以提高角撑的抗剪切和抗滑移性能，加强整体性。在三、六号线节点处采用混凝土米字撑（图 8-29），保证节点位置的受力满足安全要求。基坑设计概况如下：

图 8-29 混凝土米字撑及各层支撑

六号线：基坑标准断面深 19.69m，墙厚 800mm。根据不同的地质条件，其入土嵌固原则上需进入〈7H〉层。当〈7H〉层埋深很深时，进入基坑底下〈5H-2〉层不小于 6～6.5m，进入〈6H〉层不小于 5～5.5m。在小基坑范围，墙体嵌入深度适当加大为 7.5～8m，支撑竖向共设 4 道，换撑 1 道，水平间距除钢支撑为 3m 外，其余钢筋混凝土撑均为 6m。

三号线：基坑分为两段，即车站部分和南端风机房（兼作竖井），基坑标准断面深 31.74m，墙厚 1000mm。其中，三、六号线节点处采用 $\phi1200@1200$ 密排钻孔桩支护，并设旋喷桩止水帷幕，同时结合六号线基底加固方案，将六号线基底加固范围扩大到钻孔桩未设旋喷桩止水帷幕的一侧，加固深度为穿过〈6H〉层并进入〈7H〉层内 1m，保证〈6H〉花岗岩残积层内施工工人挖孔桩的施工安全。

墙（桩）的嵌固深度根据不同的地质条件，其入土嵌固原则上需进入〈7H〉层，当〈7H〉层埋深很深时，进入基坑底下〈7H〉层不小于 5.5～6m。支撑竖向共设 7 道，并换撑 2 道（南端风机房基坑 6 道混凝土支撑，换撑 1 道），水平间距除钢支撑为 3m 外，其余钢筋混凝土撑均为 6m，考虑到三号线基坑宽大于 25m，需在基坑中部设临时竖向立柱。

三、六号线基坑主要设计参数如下：

①第一道支撑采用 700mm×1000mm 混凝土支撑，冠梁尺寸 1200mm×1000mm；

②第二、三、四、五、七道支撑采用 $\phi600$，$t=14$ 钢管，支撑支顶在腰梁上，斜撑采用混凝土支撑，截面为 800mm×700mm，腰梁采用混凝土腰梁，截面为 800mm×700mm；

③第六道支撑采用混凝土支撑，截面为 900mm×800mm，腰梁采用混凝土腰梁，截面为 800mm×800mm；

④第四道换撑、第七道换撑、风机房第六道换撑均采用 $\phi600$，$t=14$ 钢管，支撑支顶在内衬墙上；

⑤风机房 6 道混凝土支撑均采用 700mm×800mm 截面，冠梁尺寸 1200mm×1000mm，其余 5 道腰梁均采用混凝土腰梁，截面为 900mm×800mm。

钢立柱采用 600mm×600mm 矩形钢格构柱，柱下设 $\phi1200$ 钻孔桩基础，深入基坑底以下 6m。

（2）针对花岗岩残积土遇水软化崩解的特性，在广泛存在花岗岩残积土的六号线基底，开挖前采取预处理措施。即采用三管旋喷桩对基底进行加固，连续墙内侧及纵梁底设两排紧密布置旋喷桩。加固范围为基底以下 3m（中间部分）和达到连续墙底（连续墙内侧两排）。紧贴连续墙两排旋喷桩从地面开始施工，其余的旋喷桩在工期和场地允许情况下待土方开挖至第一道支撑位置处再进行施工。

考虑混合花岗岩残积土遇水易软化，地下连续墙应穿越残积土层及全风化岩层进入较好的岩层且应确保嵌固深度，根据计算分析结果和广州地区的工程经验，进行类比并结合现场的实际地质条件重新调整地下连续墙的深度，均在强风化以下土层嵌固。

（3）为了防止基岩破碎带中的承压水造成基底突水，在基坑周边采取帷幕注浆进行止水。注浆孔与连续墙竖向搭接长度 2m，注浆孔原则上进入〈9H〉地层 1m，最深达 75m，采用自上而下循环式分段注浆，以尽可能截断基坑与断裂破碎带的水力联系。帷幕注浆孔共设 2 排，排内的孔距暂定为 4m，排距暂定为 1m，综合孔距 2m，两排孔呈梅花形布置，共 178 孔，先导孔共计约 20 个，检查孔不少于 20 个，并配合基坑降水，降水井根据现场实际情况布置。基坑周边设置回灌孔，并设置水位观察孔。回灌孔、水位观察孔均沿基坑周边布置，间距 15m，回灌孔、水位观察孔隔孔布置。基坑周边建筑物密集处，间距加密暂定为 10m，可按实际情况调整间距。

按照地下连续墙的平面走势分为 6～8 个施工单元，每个单元 20～30 孔，先导孔约 3 个，检查孔不少于 3 个，分单元施工。每单元先施工距围护结构最近的第一排帷幕，第一排施作完毕后，开始第二排帷幕施工，施工过程中每排注浆孔都应严格隔孔施工，并按照规范要求设置检查孔。每个单元在施工完第二排帷幕的先导孔后，就应结合压水试验及取芯试验，对孔距和排距可能存在的问题提出合理建议，以便及时进行合理调整。

每个注浆孔的注浆范围为围护结构底以上 2m 至微风化岩面以下 1～1.5m，分段长度为 1～4m，六号线西侧的帷幕注浆范围为六号线西侧围护结构墙底以上 2m 至微风化以下 1～1.5m。

注浆采用自上而下循环式分段灌注法，对燕塘站三号线基底所处的强风化层、中风化层进行分段注浆，分段长度控制在 1～4m，所涵盖的地层包括〈7H〉、〈8H〉层，从连续墙底以上 2m 直至〈9H〉层内 1～1.5m，注浆后应通过对检查孔的取芯、压水试验等初步判断止水效果。

（4）基底下设降水井及盲沟，并对基底下 30cm 厚进行碎石换填。

（5）根据全线工程整体进度规划，燕塘站需在三、六号线节点处，分别沿三号线轨道中心线增加 26m×4.5m 轨排井预留孔。轨排井范围内的主体结构需要待轨排施工完成后施工，该范围内支护结构原为内支撑＋钻孔桩，增设了轨排井，在内支撑拆除后，轨排井范围内无结构板支撑，故需要增设预应力锚索支护（图 8-30）。由于

图 8-30　锚索施工

锚索所处地层中的残积土层及全风化岩有遇水和扰动软化特性,在这种地质条件下锚索的抗拔力难以保证,故需要对轨排井预留孔外侧的土体进行旋喷桩加固,既起到了对围护结构外侧土体加固的作用,又起到了对六号线基底加固的作用。该范围加固深度为基底以上300mm至基底以下15m。

二、基坑开挖

(1)高度重视地下连续墙施工,在成槽的垂直度、泥浆的相对密度、钢筋网片的制作、水下混凝土的浇筑等环节严格把关,确保了连续墙的施工质量。

(2)开挖过程中采取了先撑后挖、垂直吊土的措施,最大限度减少了围护结构的位移和周边建筑物的沉降。

(3)开挖、支撑、盲沟和集水井、清底、浇筑垫层、接地施工、钢筋绑扎等一系列工序必须做好组织协调,做到快速封闭,快速施工,尽早做好底板。2009年3月底第一段基坑开挖到底后,流水作业,一个月内完成了全部底板施工。

(4)加强基坑变形及周边建筑物监测。施工单位每天自行监测2次;业主委托的第三方监测单位三天监测1次,必要时一天1次。

通过以上措施,该站基坑开挖过程中地下连续墙位移、相邻建筑物沉降均控制在允许范围内。

第六节 富水砂层车站基坑施工

一、富水砂层中基坑施工风险

在深厚富水砂层中进行地铁工程建设风险较大,对明挖基坑施工容易造成连续墙成槽困难,渗水漏砂增加基坑失稳或地面沉降的风险。

在富水砂层,地下水发育的情况下,容易引发围护结构涌水涌砂等险情。涌水涌砂的部位,绝大部分发生在围护结构地下连续墙的接头处,部分发生在地下连续墙非接头处,还有少量发生于基底。

发生于地下连续墙接头处的涌水涌砂,主要原因是接头处存在夹泥夹砂。发生于地下连续墙非接头处的涌水涌砂,主要原因是地下连续墙水下混凝土浇筑质量问题,由于泥浆质量不合格或水下混凝土浇筑过程中有塌壁现象发生,从而造成地下连续墙夹泥夹砂。发生于基底的管涌,主要有两个方面原因:一是地下连续墙未进入相对不透水层或地下连续墙深度不能满足抗管涌的要求;二是基底以下承压水水位未降到抗基底突涌的要求。

二、富水砂层中基坑施工技术

(一)工程概况

三号线北延段人和站地处广花冲积盆地,地表为106国道公路,地面标高为15.39～16.25m,平均地面标高为15.79m,地面基本平坦。车站总长181.3m,标准段宽为18.7m,

采用二层明挖框架结构,顶板覆土约 3m,设岛式 10m 中柱站台,主体建筑面积为 $7616m^2$,总建筑面积为 $9775.5m^2$。

车站站位土层中含富水性的砂层较厚,平均 7～10m;中风化岩层岩面起伏较大,岩层面埋深标高 -19～-26m。因地下水位较高、砂层较厚,高压喷射注浆止水及深层搅拌桩法止水施工难度较大,因而采用地下连续墙结合钢管内支撑基坑支护形式。地下连续墙既是围护结构,又是永久结构,可同时满足挡土、截水、防渗和承载的要求。虽然存在施工成孔难度较大、施工工期长、费用高等缺点,但在本站特殊条件下,施工风险较小,所以选用地下连续墙作为围护结构方案。

人和站基坑开挖深度 17m。主体基坑围护结构采用 800mm 厚的 C30 地下连续墙,地下连续墙标准幅宽为 6m,桩长约 22m,嵌固深度约 5.5m。连续墙接头处采用 ϕ600 旋喷桩止水,基坑内设三道支撑,其中第一道为混凝土支撑,间距 9m;第二道为双道 ϕ600, $t=14$ 钢管支撑,间距 4.5m;第三道为双道 ϕ600, $t=12$ 钢管支撑,间距 4.5m。

主体结构基底大部分位于松散的粉细砂层〈3-1〉、中粗砂层〈3-2〉和较软弱的冲积—洪积土层〈4-1〉中。基坑开挖后,由于土体承载力不足,受力后变形增大,被动土压力减少,从而造成开挖困难、连续墙水平位移增大、车站永久结构下沉等后果。为消除这些不利影响,在车站基坑开挖前采用 ϕ500、间距为 800mm×800mm 的双管旋喷桩进行加固、处理,如图 8-31 所示。

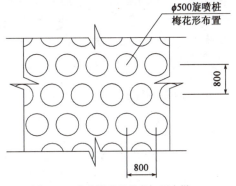

图 8-31 人和站喷桩基底加固大样
(尺寸单位:mm)

(二)施工技术措施

围护结构施工包括连续墙施工、三管旋喷桩及冠梁和支撑施工。施工流程为:预交场地→探测管线→导墙施工→连续墙施工→接头止水旋喷桩施工→土方开挖至冠梁底面标高→墙顶凿除→冠梁和支撑施工。

围护结构连续墙施工,上部土层采用成槽机抓土,余下部分岩层采用冲击钻成槽,槽段宽 0.8m,标准槽段长 6m,墙体混凝土强度等级为 C30 水下混凝土,分布筋采用 HRB335,拉结筋采用 HPB235。采用两序施工方法成墙,槽段及施工顺序满足设计及有关安全要求。

连续墙间止水旋喷桩采用三重管旋喷桩,设计要求桩径不小于 ϕ600,桩体连续、完整,水泥采用 42.5 级普通硅酸盐水泥,水灰比 1:1。

内支撑沿基坑深度方向共设置三道,第一道支撑及第二、三道的斜撑为钢筋混凝土支撑,第二道、第三道支撑分别采用 ϕ600,壁厚为 14mm、12mm 的钢管撑。

连续墙的质量控制措施如下:

(1)连续墙施工防塌孔措施

人和站地处广花冲积盆地,车站主要坐落在第四系冲积—洪积砂层及土层上,即粉细砂层、中粗砂层、砾砂层及粉质黏土层上,施工中地下连续墙穿越砂层最大深度约 16m,为保证连续墙"一天一幅"的施工任务,有效防止塌孔、埋钻,必须严格进行泥浆质量控制。成槽前先用膨润土拌制泥浆,通过试验确定其泥浆相对密度在1.06～1.08之间,新拌制泥浆应在泥浆池储存24h或加分散剂,当膨润土充分水化后方可使用,严禁将前一槽段灌注完成后的废弃泥浆不经处理直接注入新槽段中进行施工。由于地质条件为砂性土层并且砂层较厚,在成槽过程中要经常测定循环泥浆的相对密度并适当加大,使其控制在1.2～1.25之间。施工期间,槽内泥浆面必须高于地下水位1m以上并且不低于导墙顶面0.5m。清槽过程中应不断置换泥浆,清槽后用取浆器取出槽底0.2～1m处泥浆测定其各项指标,泥浆相对密度应不大于1.15,黏度不大于28s,含砂率不大于5%,沉渣厚度小于10cm。

(2)连续墙墙体接头处理

人和站连续墙采用跳槽式开挖,墙体接头处采用工字钢连接,在A型槽段(带工字钢)混凝土浇筑之前,为防止混凝土外溢至工字钢外侧与B型槽段(不带工字钢)接头处,导致钢筋笼下放困难,应对A、B型槽段接头处进行处理。人和站在A型槽段两侧填充黏土包并在下放时将黏土包扎破,以利于后续接头孔施作。值得注意的是,尽量不要下放砂袋,砂子沉在槽底,易给后续施工带来困难。因此,在槽段施工期间要马上安排工人进行黏土包安装(每幅A型连续墙接头需要黏土包1000个左右)。另外,在A型槽段混凝土浇筑完毕后,要立即安放2台冲击钻进行接头孔施工。

(三)监测情况

1. 基坑监测

(1)围护结构顶部的水平、垂直位移监测

①测点的埋设及布置:监测点设在围护结构冠梁顶上,每隔10～15m设一个点。浇冠梁混凝土时预埋15cm长的ϕ20钢筋,钢筋头露出地面5～10mm,钢筋头磨成球状并刻"十"字,作为水平和垂直位移的观测点。埋设测点时用经纬仪控制,使同一条边测点应尽量埋设在同一条直线上。

②监测方法:考虑到基坑开挖时,施工现场狭窄,测点常被阻挡,且基坑有较长和较短直线边并存的情况,围护结构顶部水平位移宜用视准线和小角度法来监测,监测仪器为精密经纬仪和全站仪。

围护结构顶部垂直位移(沉降)监测用几何水准法,仪器为精密水准仪。首次观测时,应按同一水准线路同时观测两次,每隔一定时间绘制出时间—沉降曲线。为确保测量精度,在远离基坑(大于5倍基坑开挖深度)的地方至少设置6个稳定可靠的基准点,并定期检查稳定性。

③监测频率:基坑开挖前,测量不少于2次,取得稳定的初始值;基坑开挖后,每天定时测量2次;异常情况时2h测量一次。

(2)围护结构的桩墙变形监测

①测斜管的埋设与布置:测斜管沿车站围护结构每隔10～15m设一个。测斜管采用绑扎法固定在钢筋笼上,一起吊入孔中。在进行测斜管管段连接时,必须将上下管段的滑槽对准,使测斜管的探头在管内平滑移动。为了防止混凝土浆进入管内,还应对接头密封处理。

②监测方法:围护结构水平位移表现在围护结构的倾斜程度,应用测斜仪进行监测,基本原理是:将测斜探头放入测斜管底部,提升电缆使测斜探头沿测斜管导槽滑动,自上而下每隔一定距离逐点量测每个测点相对于铅垂线的偏斜。测点间距一般就是探头本身长度,

因而可以认为量测结果沿整个测斜孔是连续的,这样,同一量测点任何两次量测结果之差,即表示量测时间间隔内围护结构在该点的角变位。根据这个角变位,可以把它们换算成每个测点相对于测斜管基准点水平位移。由此,可以提供围护结构沿深度方向水平位移随时间变化曲线。

③监测频率:基坑开挖前,测量不少于2次,取得稳定的初始值;基坑开挖后,每天定时测量2次。

(3)钢支撑轴力及变形监测

本工程应用轴力计来量测钢支撑的轴力,轴力计通过安装架来固定在钢支撑的端头,其安装方法如图8-32所示。

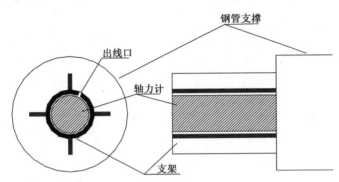

图8-32 轴力计安设示意图

钢支撑和轴力计安装后,即可确定支撑的轴向荷载和偏心荷载。钢支撑变形主要体现在钢支撑的位移上,采用视准线法和水准法量测。

量测频率:支撑架设后,下层土开挖完,下道支撑安装后,以及挖至基底后,直到底板混凝土浇筑,每天测2次,然后每拆一道支撑测1次;异常情况时,加密量测并采取措施。

(4)地下水位监测

①地下水位观测井布置:本工程用地下水位仪和水位管来量测地下水位,地下水位观测井沿车站基坑四周每隔25m设一个,距离围护结构外1m,基坑内部分降水井兼作地下水位观测井。

②水位管埋设:水位管由EPA工程塑料制成,内径45mm,管上钻有4排呈梅花状布置的孔。水位孔用小型钻机成孔,孔径为略大于水位管的直径。成孔至设计标高后放入裹有滤网的水位管,管壁与钻孔孔壁间用净砂回填至离地表0.5m处,再用黏土封填,以防地表水流入。

③观测方法:

a.降水开始前,所有抽水井、观测井统一联测静止水位,统一编号、量测基准点。

b.选择一排观测孔,从降水开始前,水位观测按抽水试验观测要求进行,以复核、修正设计方案,并进行必要调整。

c.测量时,把水位仪的测头放入水位管内,手拿钢尺电缆,让测头缓慢地向下移动,当测头接触到水面时,接收系统的音响器会发出蜂鸣声。此时读出钢尺电缆在管口处的深度尺寸,即为地下水位离管口的距离。坑内的降水孔需与坑外的测水孔进行联测,由此得出水位差。

④观测频率:围护结构施工及基坑开挖期间,每两天 1 次;主体结构施工期间,每两天 1 次;下雨期间应增加次数,每 2h 观测一次。

2. 基坑外地面沉降监测

①测点布置与埋设:沿车站纵向每 20m 为一个量测断面,每个断面至少设 6 个沉降观测点。设置在地面的沉降标,其埋设方法是采用φ20 以上,长 0.5m 左右的钢筋打入地下,地面用混凝土加固。

②监测方法:采用精密水准仪进行几何水准测量,先将监测点组成闭合水准路线,然后附合在已知的基准点上,方法与围护结构顶部沉降监测类似。

③观测频率:围护结构施工前观测 2 次,取得稳定的初始值;围护结构施工及基抗开挖期间,每两天观测 1 次;主体结构施工期间,每周观测 2 次。

3. 相邻建筑物变形监测

建筑物变形监测包括沉降监测、倾斜监测、裂缝监测三部分内容。施工前,对将受到施工影响的建筑物进行仔细调查,获取建筑物结构和基础设计资料,如受力体系、基础类型、基础尺寸和埋深、结构平面布置、建筑高度等,并对建筑物现有质量缺陷做好拍照、录像和记录工作。

(1)沉降监测

沉降监测点布置在建筑物的承重构件、基础角点、柱底部位置处,长边时适当加密测点。采用手持电钻钻孔,然后用环氧树脂植入φ20 钢筋,钢筋外露端磨成球状作为沉降监测点。埋设监测点时注意是否通视。每个建筑物的沉降监测点组成单一闭合水准路线,采用精密水准仪监测。

(2)倾斜监测

在需要监测的楼底部和顶部设置倾斜监测标志点。底部和顶部标志点要求在同一铅垂线上。观测时,在离建筑物大于其高度的距离外安置精密经纬仪,测出上部标志的高度 H 以及水平位移的投影值 a,则倾斜度 i 为:$i=a/H$。

(3)裂缝监测

建筑物的沉降和倾斜必然会导致结构构件的应力调整,有关裂缝发展状况的监测通常作为影响程度的重要依据。

开工前对将受施工影响的建筑物进行调查,记录建筑物已有裂缝的分布位置和数量,测定其走向、长度、宽度,并做好拍照、录像和记录工作。选择主要裂缝作为观测对象。施工中发现新的裂缝产生,应将新裂缝作为观测对象。测量裂缝宽度的方法是贴石膏饼:将长约 250mm,宽 50~80mm,厚约 10mm 的石膏饼骑缝粘贴在面上,当裂缝继续发展时,石膏饼随之开裂。裂缝宽度用裂缝观测仪、小钢尺观测。

4. 管线水平位移和沉降监测

(1)车站周边地下管线的水平位移和沉降监测

由扁铁做成抱箍固定在管线上,抱箍上焊一测杆(图 8-33),测杆入钢管套筒内。测杆顶端不应高于地面,顶端可以加顶盖予以保护。当管线过粗,不便于挖开管线设置抱箍时,可以直接在管线上方打入钢筋,钢

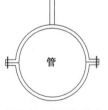

图 8-33 管线抱箍式测点图

筋底端和管线顶端紧密接触,钢筋上部用混凝土加固,露出1cm长的钢筋头即可。在管线上每隔10～15m布置一点,以作为位移、沉降监测点。同一管线所用测点尽量设在一条直线上,采用视准线法观测位移情况,采用水准仪监测沉降情况。

(2)横跨车站临时悬吊的管线观测

在悬吊架子上每隔5m焊接带有刻度的小钢尺作为沉降观测点,采用水准仪观测。在悬吊架子两端焊接小钢筋头(刻"十"字)作为水平位移观测点,用视准线法进行量测。

管线的变形量测一般为每天1次,异常情况加密观测。

(四)连续墙W45～W46渗漏险情处理

围护结构地下连续墙渗水将会导致基坑周围地面、管线、建筑物超标准沉降等险情,不仅影响基坑开挖进度、安全,严重时可威胁周围单位及市民的正常工作和生活,造成重大人员伤亡和经济损失。

人和站基坑开挖期间,2008年10月20日早上6:30,工人在凿除连续墙W45～W46侵线位置时,由于连续墙施工过程中槽段垂直度出现偏差,同时一序槽段的接头黏土袋处理不彻底,造成二序槽段钢筋笼没有镶到工字钢内,使接头强度降低,无法抵抗水压,造成墙间出现渗漏现象。渗漏点位于地面下17.5m处(处于基底位置),渗水点宽约0.2m,高约0.5m。本处地质情况如图8-34所示。

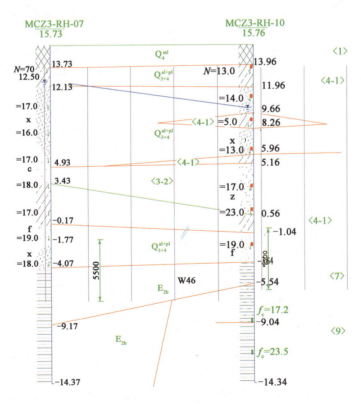

图8-34 W45～W46连续墙接头地质剖面图

具体处理措施如下:

(1)基坑内处理方案

基坑内利用混凝土对反压点进行封堵,封堵混凝土厚度不小于30cm,混凝土的坍落度尽可能小,采用坍落度为(10±2)mm、初凝时间为2h的早强混凝土,混凝土采用48m车泵输送到反压点,混凝土浇筑要快。在混凝土浇筑前将反压点四周淤积的泥清走,挖宽400mm、深度达到垫层面,确保封堵混凝土与基坑地面结合紧密。之后在反压面外侧铺一层稻草,然后用砂袋覆压。注浆时反压体仍有浆液渗出,在反压面喷射C25混凝土封闭。

(2)基坑外注浆堵水

在墙体渗漏点附近地面上利用地质钻机钻两个孔,孔间距控制在0.6～1.0m,然后利用单管旋喷机和注浆机通过地质钻机钻杆进行地面注浆,其中旋喷桩机注水泥浆,水泥浆按0.5∶1～1∶1配制,地质钻机注水玻璃。注浆钻杆深度:旋喷桩机的喷浆点比地质钻机出浆口高0.3～0.5m。注浆时旋喷桩机先进行注浆,约10min后,启动地质钻机进行水玻璃浆液注射,注浆过程中保持注浆后台与基坑内派值班员的联系,值班员密切观察出水点的渗漏情况。根据出水点流出浆液性质来调整喷浆点的实际位置,确保浆液及时凝固,起到有效的止水作用。注浆过程中采取间隔的原则,利用注浆时间差防止浆液刚刚凝固被水压冲开。

(3)留空区加固处理

在基坑外两幅墙接头外侧0.8m以外,设置单排单管旋喷桩并呈扇形布置,桩径为500mm,桩间距为400mm,共10根桩,桩位布设根据实际地形情况作调整,旋喷加固区域为地面下10m开始加固,加固深入到⟨7⟩底层1m以上。然后在扇形旋喷桩内部设置地质钻孔,利用钻机进行补强注浆,浆液采用水泥浆,钻孔间距按800mm梅花形布设,共3个点(图8-35)。由于充填注浆通过一次处理达不到理想效果,为了后续便于处理,待旋喷桩及钻孔充填注浆完成后,在前外该区域及时埋设袖阀管,袖阀管注浆区设置在地面12m以下,为后续多次补强提供条件。

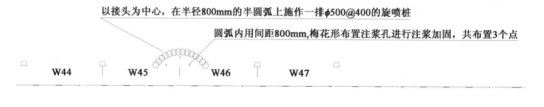

图8-35 留空区加固处理示意图

(4)后续处理及注意事项

在基坑外充填注浆完成一周后,利用地质钻机取芯,鉴定注浆效果。如注浆达到预期效果,则进行基坑内反压体破除。破除时,为防止涌水点堵漏效果不佳,必须准备充足的抢险应急物资。开挖时,从上向下分层凿出反压土体,层高为0.2m,开挖出0.6m后立即用膨胀螺栓固定ϕ10钢筋网片,同时用高强快硬水泥封堵连续墙接头位置。发现渗水立即停止施工,利用棉絮、砂袋封堵,然后继续地面注浆加固。如开挖到底板,立即用钢板封堵原渗水点,封堵方法为:在连续墙上打膨胀螺栓,然后将加工好的钢板固定在渗漏点处,钢板与连续墙间用背贴式止水带密封。反压体清除后,立即组织结构施工,缩短基坑裸露时间,确保基坑安全。

第七节　富水砂层竖井开挖联络通道施工

三号线北延段有4个联络通道位于富水砂层中。软土富水砂层中的联络通道施工,是盾构隧道施工中风险最大的一个环节。在这种特定的地质条件和环境因素下,必须选择安全可靠的工法,才能有效控制施工过程风险。目前,软土地层联络通道施工工法主要分为四大类,见表8-6。

软土地层联络通道施工工法　　　　　　表8-6

工法	优点	风险性	风险的可控情况
竖井与矿山法结合	1. 造价低; 2. 工期最短,施工期间对隧道正常掘进几乎没有影响; 3. 隧道自身安全保障性好	1. 盾构穿越加固体后形成的超挖间隙很难加固密实,开挖至洞门附近时容易出现涌水涌砂。一旦开挖不成功,后处理的费用相当高,工期也会受到影响。 2. 加固深度大,质量较难保证。 3. 竖井深较大,开挖期间安全控制难度大。 4. 需要临时占用地面场地,污染地面环境	1. 由于从地面开挖,即使加固体质量差或超挖间隙加固不密实,造成大量水土流失,只要处理及时,仍然不会对隧道安全构成较大影响。 2. 如果能辅以地面降水,安全是可控的
隧道内矿山法开挖	1. 造价低; 2. 地面场地占用时间短; 3. 工期较短	1. 加固质量难以保障; 2. 施工期间对隧道正常掘进会产生一定影响; 3. 开挖期间遇到涌水涌沙后,对成型隧道威胁大; 4. 加固过程可能使隧道产生较大变形	由于超挖间隙的加固质量难以全面判断,一旦开洞门后出现水土涌入,将导致隧道被淹,甚至变形损坏
顶管法	1. 开挖时间短; 2. 开挖过程安全性高	1. 破洞门阶段很容易发生涌水涌砂; 2. 造价较高,工期较长; 3. 对成型隧道自身可能产生位移等不利影响	由于超挖间隙的加固质量难以全面判断,一旦开洞门后出现水土涌入,将导致隧道被淹,甚至变形损坏
冻结法	1. 加固体强度高,抗渗性好,安全性高; 2. 是一种环保型工法,对周围环境无任何污染	1. 造价高; 2. 工期长; 3. 冻胀和融沉效应对周边环境会有一定影响	冻结体的质量最容易控制,破除洞门时的风险最小

通过几种工法的比较可以看出,在富水砂层施工中,冻结法风险最低,可控性好,而且不需要占用地面场地。但是冻结法造价高,工期长。考虑到三号线北延线的工期非常短,没有足够的时间进行冻结法联络通道施工。为此,首次在富水砂层中联络通道施工采用了围护墙内竖井开挖的工法,在盾构机通过前即施工连续墙将隧道与联络通道包裹进去,围护体内进行搅拌桩或旋喷桩加固,盾构机通过后,再通过地面竖井开挖和矿山法相结合的工法完成联络通道施工。

以三号线北延段施工8标龙归站—人和站区间(二),盾构段5号及6号联络通道施工方案为例。5号联络通道位处砂层,联络通道埋深11m(拱部到地面),洞身上部分和拱部主要为〈3-1〉、〈4-1〉地层,地层的透水较强,自稳性较差。6号联络通道埋深12m(拱部到地面),洞身上部分和拱部主要为〈3-3〉、〈3-2〉、〈3-1〉、〈4-1〉地层,地层的透水较强,自稳性较差。联络通道剖面图如图8-36、图8-37所示。

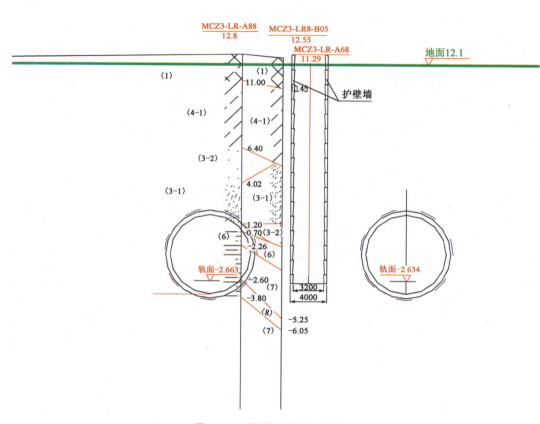

图 8-36　5 号联络通道施工剖面图

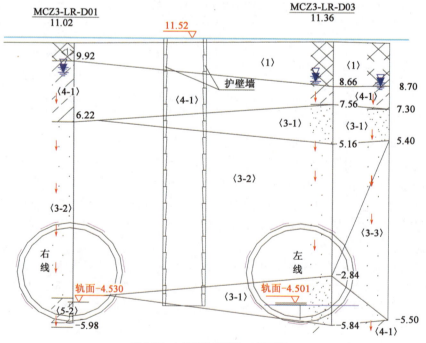

图 8-37　6 号联络通道施工剖面图

由于所处地层地质条件差,故加固方案采用:外侧为素混凝土地下连续墙,接口位置采用冲孔灌注桩;内侧加固划分为旋喷桩加固区和搅拌桩加固区两个区域。联络通道在旋喷桩加固区,中央人工挖竖井到底,再向左右两侧矿山法暗挖(图8-38)。

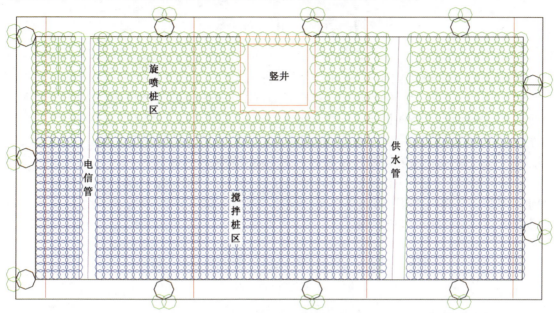

图8-38 5号联络通道施工平面图

加固采用地下连续墙能有效防止地下水的影响,还可以起到围护结构作用,保证开挖时的安全。同时,旋喷桩及搅拌桩搭接较好,加固效果十分理想。在联络通道中采用竖井施工,不仅可以减少工期,还大大减低了开挖的风险。

第九章 矿山法工法

矿山法在广州市轨道交通三号线北延段中所占比例不大,但困难不小,工程的重难点集中。

(1)花岗岩残积土地层和花岗岩不整合带地层中的矿山法施工,主要面对残积土遇水软化的问题,在大埋深高水头的情况下更加突出,而且一般的注浆方法往往无法有效封堵孔隙和裂隙。系统性注浆成功解决了这一工程难题。工程案例包括燕塘站站台层矿山法段、广州东站—燕塘站区间、梅花园站—京溪南方医院站区间风井隧道。

(2)超浅埋本就是矿山法的难点,其中以在富水砂层中风险最大,采用以双重管后退式注浆为主的工艺成功克服了该难题。系统注浆包括地面斜孔注浆、掌子面前进式注浆和初期支护背后环向注浆。工程案例包括永泰站矿山法出入口、京溪南方医院站出入口通道。

第一节 花岗岩残积土地层矿山法

一、工程概况

燕塘站三号线车站至风机房有 40~50m 的站台主隧道需采用矿山法进行施工。站台主隧道(拱顶)埋深约 22m,隧道直径 9m,隧道围岩主要为强风化花岗岩,隧道施工将会出现围岩渗涌水、风化土软化与泥化的情况,不仅会引起掌子面难以稳定、坍塌的风险,而且会使邻近建构筑物、道路、管线产生变形与沉降的风险。图 9-1 为隧道开挖前所打注浆孔注浆前的涌水情况。

图 9-1 隧道开挖前所打注浆孔注浆前的涌水情况

二、帷幕劈裂注浆

为防止上述风险的产生,采用在隧道外侧布设"桶状"帷幕注浆(图 9-2),控制隧道围岩水的渗涌。

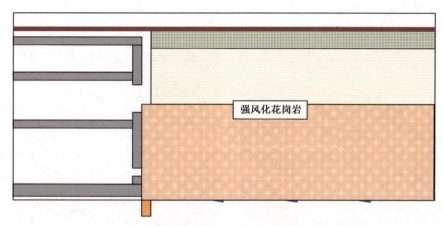

图 9-2　隧道"桶状"帷幕注浆分布纵剖面示意图

隧道"桶状"帷幕注浆孔分三类型布设：第一类：布设在隧道外侧呈"桶状"形成帷幕；第二类：为加强仰拱截水效果增设的注浆孔；第三类：为加固隧道掌子面风化土的固结而布设的注浆孔。

根据上述布孔原则，每条站台主隧道（隧道直径约 9m）需布设 47 个注浆孔。经注浆后，布置了多个检查孔，仅有少量的渗水（图 9-3）。

图 9-3　完成"桶状"帷幕注浆后所打检查孔基本无水渗涌

注浆方法采用前进式劈裂注浆，注浆浆液可挤入强风化花岗岩的节理裂隙，不仅起到封堵节理裂隙空间、切断水流通道的作用，而且可对花岗岩、风化岩起到进一步的加固作用（图 9-4）。

在广州市轨道交通二号线已采用上述注浆方法的基础上，完成了纪念堂至越秀公园区间的隧道开挖。

三、系统注浆

在花岗岩地区除需注意隧道开挖的安全外，尚需巩固帷幕注浆效果，注意做好围岩的系统注浆工作，防止因隧道开挖围岩产生松弛、已经帷幕注浆封堵的节理裂隙水渗涌复活等不利情况发生，确保隧道在今后运营中的安全与稳定。系统注浆主要是针对节理裂隙比较发育的强、中风化围岩，多采用小导管穿过初期支护结构打入围岩 3～5m 进行注浆，使围岩外侧形成一个注浆加固的固结体。

图 9-4　采用劈裂注浆后浆液插入强风化花岗岩的状况

第二节　高水头裂隙发育带穿越建筑物

不整合带地层中往往存在许多不规则的裂隙，不仅掌子面存在岩土遇水软化崩解的情况，而且成型隧道面临着裂隙水流失，导致地面下沉的风险，特别是在大埋深、高水头的情况下更加突出，如果再遇到隧道上方建筑物密集的情况，则对工程有重大挑战。全面系统注浆是一项细致持久的裂隙水攻防战，通过持之以恒的注浆把各种裂隙通道封堵，从而成功克服裂隙水的工程危害。系统注浆包括地面斜孔注浆、掌子面前进式注浆和初期支护背后环向注浆。

三号线北延段广州东站—燕塘站区间穿越瘦狗岭断裂，附近存在混合花岗岩与花岗片麻岩的推断地质不整合面，而且隧道埋深 24.28～139.1m，地下水水头高度 83m。根据经验，地质不整合面附近岩层构造裂隙发育，地下水丰富，详勘报告中经抽水试验推算广州东站—燕塘站区间隧道施工中每日涌水量为 92.7m³，而实际施工中涌水量达到了每日 800～1000m³，远远超出预测水量。

该区间在竖井开挖时，地层失水引起周边建筑物沉降，燕岭大厦 C 栋最大沉降量累计达 79mm，使隧道正常开挖受到了影响。2008 年 11 月，隧道向南开挖进入中风化岩层后，水平袖阀管注浆效果变差，洞内失水量每天仍超过 1100m³，周边建筑物大面积沉降，燕岭大厦 C 栋最大沉降量累计达到 98.1mm、电缆廊道最大沉降量累计达到 103.9mm、禺东西桥最大沉降量累计达到 93.4mm。

为减少洞内失水量，控制周边建筑物沉降，采用系统注浆方法：

（1）隧道开挖前于掌子面施作钢筋混凝土止浆墙，并采用水平袖阀管对洞周岩体进行超前注浆加固，主要是燕塘方向的〈6H〉、〈7H〉地层，进行全断面水平 40m 超前深孔注浆，填充裂隙，确保今后掌子面开挖安全，达到无水作业，为工程推进创造条件。应用里程范围为 YDK－0－347.000～YDK－0－500.525，ZDK－0－312.000～ZDK－0－500.525。

（2）隧道通过瘦狗岭山下高水头压力区段，采用围岩深孔注浆形成止水帷幕，对已开挖成洞的隧道增加全断面 3m 径向系统注浆，封堵围岩渗水裂隙，控制区间地下水出水量，从而减缓周边建筑物由于失水造成的沉降，应用里程范围为 YDK0＋036～YDK0－339、ZDK0＋036～ZDK0－322。

（3）对燕岭大厦 C 栋在外围采取桩基础持力层袖阀管跟踪注浆，通过注浆补偿持力层因失水造成的固结沉降，以控制桩基沉降。

一、工程概况

1. 工程地质和周边建(构)筑物

本区间沿线第四系土层覆盖于基岩之上，下伏基岩为燕山期花岗岩和震旦系变质岩，岩性主要为花岗片麻岩、混合花岗岩，部分地段为混合花岗岩，变质石英砂岩、石英岩等。地质钻孔揭露岩土层自上而下有：〈1〉人工填土，〈3-1〉粉细砂，〈3-2〉中粗砂，〈4-1〉粉质黏土、黏土，〈4-2〉淤泥质土，〈5H-1〉可塑状花岗岩残积土，〈5H-2〉硬塑或坚硬状花岗岩残积土，〈6H〉花岗岩全风化带，〈7H〉花岗岩强风化带，〈8H〉花岗岩中等风化带，〈9H〉花岗岩微风化带。其中，区间隧道穿越的地层主要为〈9H〉、〈8H〉微分化及中分化花岗岩带(图 9-5)，岩石单轴抗压强度最大值为 132MPa，并广泛分布有花岗岩球状风化、软硬夹层、上软下硬及风化深槽等不良地质，瘦狗岭地段有不整合带通过。

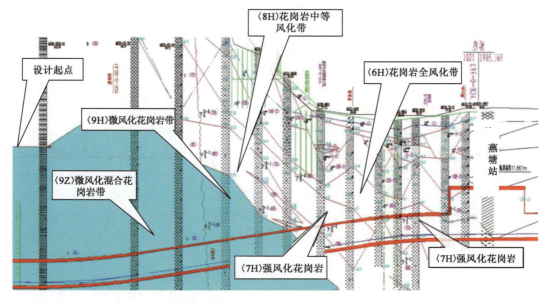

图 9-5 区间隧道穿越地层剖面图

Ⅱ级围岩：包括花岗岩、混合花岗岩微风化带，即岩土分层〈9H〉、〈9Z〉层。
Ⅲ级围岩：包括花岗岩、混合花岗岩中等风化带，即岩土分层〈8H〉、〈8Z〉层。
Ⅳ级围岩：包括已风化成半岩半土状强风化带，即岩土分层〈7H〉、〈7Z〉层。
Ⅴ级围岩：包括冲积—洪积、残积形成的砂质黏性土，即岩土分层〈4-1〉、〈4-3〉、〈5H〉、〈5Z〉和〈6H〉、〈6Z〉层。
Ⅵ级围岩：包括素填土、淤泥质土和冲积—洪积砂层、河湖相淤泥质土层，即岩土分层

〈1〉、〈3-1〉、〈3-2〉、〈4-2〉层。

沿线地面条件复杂,如图9-6所示,经过的建(构)筑物主要有地下军事设施、广东省农垦物资总公司职工宿舍、在建广东银燕房地产发展有限公司办公楼、粤垦路、禺东西路立交系统1.5标立交桥及燕岭路人行天桥。车流量大,人员密集。

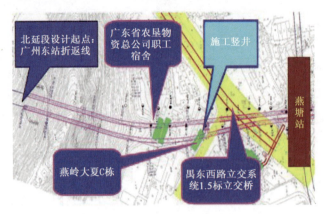

图9-6 建(构)筑物情况

2. 设计情况

广州东站—燕塘站区间隧道断面为单线单洞马蹄形,支护结构采用复合式衬砌及喷锚支护法。防水设计遵循"以防为主,刚柔结合,多道防线,因地制宜,综合治理"的原则,强调结构自防水为主。强调结构自防水首先应保证混凝土、钢筋混凝土结构的自防水能力。为此应采取有效技术措施,保证防水混凝土达到规范规定的密实性、抗渗性、抗裂性、防腐性及耐久性的要求。加强变形缝、施工缝、穿墙管、预埋件、预留孔洞、各型接头,各种结构断面接口、桩头等细部结构的防水措施。

本区间矿山法隧道共设计6种马蹄形断面支护类型:A型、B型、C型、D型、E型、F型,均为单孔单线结构断面。其中A型断面适用于Ⅱ级围岩,B型断面适用于Ⅲ级围岩,C型断面适用于Ⅳ级围岩,D、E、F型断面适用于Ⅴ级围岩;C、D、E、F型断面开挖前采用超前小导管注浆预加固地层。初期支护完成后进行壁后注浆,在开挖后地下水出露较多地段、注浆后仍有渗漏水地段应视具体情况向衬砌背后更深层围岩进行注浆,注浆时间为初期支护完成后的第3天。广州东站—燕塘站区间施工段地质分布如图9-7、图9-8所示。

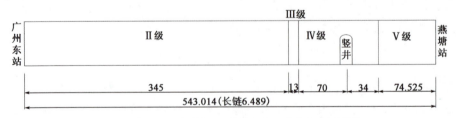

图9-7 广州东站—燕塘站区间左线施工段地质分布(尺寸单位:m)

原设计在穿越不整合带时,为保证隧道正常开挖,在隧道开挖之前进行全断面15m水平袖阀管注浆,逐环推进,搭接长度3~5m,以减少掌子面的渗水量,岩层稳定时间增长,确保开挖安全;减小洞内失水量,控制周边建筑物沉降。

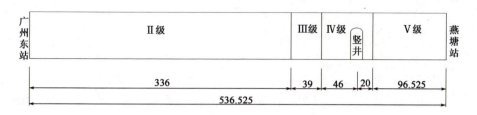

图 9-8　广州东站—燕塘站区间右线施工段地质分布(尺寸单位:m)

二、系统注浆

(一)全断面 3m 径向系统注浆

为减小隧道失水,采用对初期支护背后 3m 范围内注浆堵水施工。按 10m 一个区段分段依次注浆,注浆孔按 1.2m 的间距布设,根据岩层的倾向确定注浆钻孔的方向,必要时加密布孔。注浆采用孔口阻塞式注浆,浆液孔口混合的方法。浆液采用双液浆,注浆压力控制在 0.5~1MPa,间隔跳注。3m 径向注浆孔布置见示意如图 9-9 所示。

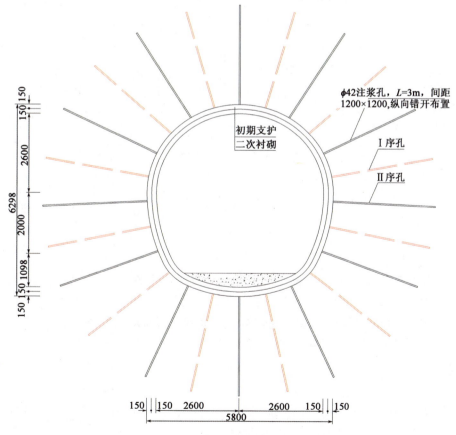

图 9-9　3m 径向注浆孔布置示意图(尺寸单位:mm)

注浆工艺如下：

1. 钻孔

(1) 布孔及施工顺序

洞身孔位布置见图9-10，施工过程中，严格按图放孔，确定各环内单号孔为Ⅰ序孔，双号孔为Ⅱ序孔。选取每环的1个Ⅰ序孔，作先导孔（按勘探要求施工），按环间10m的间距布置先导孔；每个掌子面各布置1个先导孔。

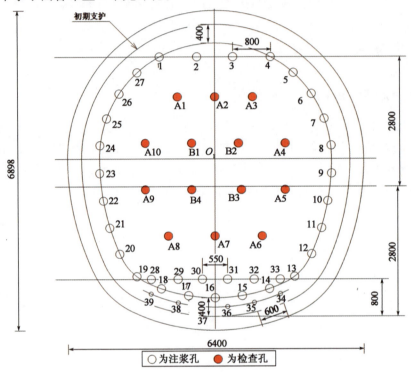

图9-10 掌子面水平40m超前注浆孔位布置图（尺寸单位：mm）

原则上，环向孔终孔孔深为3m。

(2) 施工工艺流程

施工工艺：采用金刚石钻头、合金钻头进钻，孔口封闭，自上而下分段注浆。

(3) 造孔技术要求

水平孔及俯孔造孔采用回转地质钻机，金刚石钻头钻进成孔或潜孔钻机钻进成孔，孔径76mm，上仰孔采用气腿式凿岩机合金钻头成孔。

孔位偏差≤10cm；钻孔时应对孔内情况进行详细记录，如地质分层情况、卡钻、各孔段钻进水漏失情况等，以备有针对性地进行集中处理。

2. 注浆

(1) 注浆方法

注浆主要是对基岩裂隙进行处理，而基岩裂隙的张开度和洞身的止浆效果又至关重要。

处理方法为先施工奇数环（排）Ⅰ序孔，再施工该环（排）Ⅱ序孔；后施工偶数环（排）Ⅰ序孔,最后施工偶数环(排)Ⅱ序孔,掌子面方向为排。

注浆采用栓塞孔口封闭注浆,各孔各注浆段开注前均应做压水试验,检查渗漏情况及孔口止浆效果,并通过压水试验成果对比注浆效果。

各孔均采用纯水泥浆液注浆,当漏失严重(即遇到空洞、破碎带)时,再采用水泥黏土水玻璃浆进行注浆,或改用水泥水玻璃双液浆。

各段注浆前注浆管下距离孔底 50cm 以内。

(2)浆材与浆液

注浆采用 42.5 级普通硅酸盐水泥;水玻璃采用模数 2.8～3.5,波美度 45°Bé。

水泥浆液水灰比为 3∶1、2∶1、1∶1、0.6∶1、0.5∶1 五个级别。该浆液以正常注浆为主。

水泥黏土水玻璃浆液水灰比 1.5∶1,黏土为水泥质量的 10%,水玻璃为水泥质量的 8%,适当加些纯碱。如需再降低浆材的初凝时间,可再增加 5% 的黏土和 5%～10% 的水玻璃。该浆液以冲填大裂隙为主。

水泥水玻璃双液浆水灰比 1∶1～0.6∶1,水玻璃掺量为水泥质量的 5%～30%。该浆液以串浆点出现后注浆为主。

(3)注浆压力

采用 0.5～1MPa 注浆压力。在正常情况下,将注浆压力尽量升高到指定数值。

(4)水泥浆液水灰比变换要求

注浆时浆液水灰比采用 3∶1,然后逐级由稀变浓。变换标准为:当注入量达 300L 而压力和吸浆量均无改变时,可以变浓一级;当吸浆量大于 30L/min 时,可以变浓一级。

注浆过程中每隔 30min 测记一次返浆浆液相对密度和温度,判别是否存在浆液回浓情况,否则应及时更换新浆。如效果不明显,则延续注 30min 后停止注浆。

(5)注浆结束标准

当各序孔采用 0.5∶1 浆液每米注入量达 200L 时,可结束注浆待凝 8～12h,扫孔后采用原水灰比浆液复灌。如吸浆量与注前变化不大,则采用加入速凝剂的浆液注浆 200L 再待凝,重复上述过程直到吸浆量小于 1L/min 时,再持续注浆 30min 后结束注浆。

(6)封孔要求

封孔采用 0.5∶1 浓浆,按基岩段与覆盖层分段封孔及人工结合将孔内封堵密实。

(7)特殊情况处理

若遇塌孔卡钻、冲洗液大量漏失等现象时,必须停止进钻,然后进行注浆工作,待复杂孔段注浆完并待凝 8～12h 后,方可进行后续工作。

在注浆过程中,若遇漏浆、冒浆、串浆、地表严重抬动等现象时,可以采取降压、限流、间歇注浆、待凝或改用水玻璃水泥浆注浆并待凝等方法进行处理。

注浆过程中,对注入量大的孔段可采用多台泵多孔群注浆。

当水泥注浆出现浆液返浓情况,而止水效果不明显时,在偶数排的孔内改用聚氨酯等化学浆材进行注浆处理。

(二)全断面水平 40m 超前深孔注浆

考虑隧道地质情况为〈6H〉、〈7H〉、〈8H〉层,结合现场情况和施工设备等因素,按每次超前注浆的长度为30～50m,进行长距离深孔注水泥－水玻璃双液浆。在掌子面的周边按500～1000mm的间距布孔,底部布置双排孔。注浆终压4～5MPa,上半部分孔扩散距离3～4m,下半部分孔扩散距离约1m。注浆浆液配比按照现场注浆效果调整。掌子面水平40m超前注浆孔位布置如图9-10所示。

注浆施工如下：

1. 注浆工艺准备

(1)施工作业面中将下部台阶向前掘进,形成一直立作业面,以便施工注浆用混凝土止浆墙;

(2)将暴露部分进行初期支护,底部用C25混凝土进行浇灌,确保混凝土浇灌质量,出水部位埋设导管将水引出;

(3)用现有潜孔钻按注浆孔位钻孔,每孔钻深1m,埋设长度2.3m的注浆孔口管(图9-11),以快硬水泥埋设;

图9-11　注浆管尺寸示意图(尺寸单位:mm)

钻孔时需搭设一层平台,便于钻机钻孔及埋设注浆孔口管。

(4)施工混凝土止浆墙(图9-12)。安设好注浆孔口管后,支模板进行混凝土浇筑,混凝土墙厚度为1m,采用C30混凝土,并在混凝土墙中间部位打一圈径向锚杆,间距为0.5m。

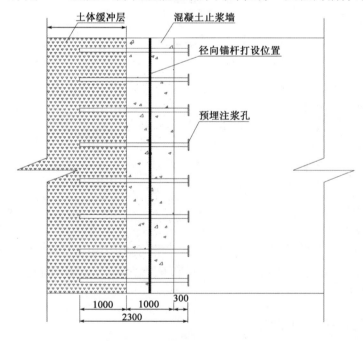

图9-12　混凝土止浆墙示意图(尺寸单位:mm)

(5)搭设平台。为便于钻孔,搭设一层平台,位于断面中间部位,根据南京产K90钻机参数,支钻机顶部需锚杆固定,两根I20工字钢,其他用脚手架搭设即可,上面铺设5mm厚度搭板。

2. 注浆孔布置

由于注浆过程中浆液扩散的规律是水平方向扩散及向上扩散,而垂直向下扩散距离较小,在基岩裂隙及风化带中垂直向下扩散距离一般为1.0~1.5m,而水平及向上扩散根据注浆压力不等,可扩散3~5m以上,因此布孔时,应考虑底板的注浆范围,即底部孔的布置应考虑向下的角度,达到底板以下1m为宜,而其他孔则布置为水平孔。

根据此原则布孔如下:

①离初期支护轮廓线40cm位置水平布置注浆钻孔,钻孔间距60cm,共20个。

②1~12号孔和20~27号孔距初期支护轮廓线40cm水平布置,顶部1~4号孔在高度5.6m水平布置。A1~A10号孔和B1~B4号孔在掌子面中部布置。

③局部带角度孔布置:

13、19号钻孔俯角2.5°,斜长30.1m。

14、18号钻孔俯角2°,斜长30.1m。

15、16、17号钻孔俯角1.5°,斜长30.1m。

28~33号钻孔俯角6°,斜长15.1m。

34~39号钻孔俯角10°,斜长7.6m。

3. 注浆孔钻进

(1)钻进设备选择

为加快施工进度,选择南京产K90钻机,其耗风量为11m^3/min,钻头选用ϕ50十字钻头,钻杆为ϕ45,最大钻进深度为35m。

钻孔初期10m以前,用YT27钻机配ϕ50钻头钻进,以加快施工进度。

(2)钻孔顺序

先钻单号孔,后钻双号孔,上部下部同时进行,具体顺序为:

上部:1—3—2—4—5—27—6—26—7—25—8—24

中部探孔:A1—A2—A3—A10—B2—A4—B1—A5—B4—A9—B3—A6—A7—A8

下部:9—23—10—22—11—21—12—20—13—19—18—14—17—15—16—28—32—29—31—30—33—34—38—35—37—36—39

4. 注浆

(1)注浆前的准备工作

①洗孔:用注浆泵向孔内注清水,洗孔时间不少于10min,以提高注浆效果,同时测定钻孔吸水率,以确保浆液初始浓度。

②配置浆液及准备注浆材料。

③检修和调试注浆设备。

④双液浆加固密实混凝土止浆墙。

(2)注浆参数的确定

①浆液浓度

初始浓度:水灰比为 15∶1

正常注浆浓度:水灰比为 1∶1

处理跑浆事故:水泥∶水玻璃＝1∶1(浆液)

浓度调整原则:先稀后浓,根据进浆量和注浆压力的变化,及时调整浆液浓度。长时间供不上压力,进浆量大,则调浓一级;压力上升快,则调稀一级。

②扩散距离

顶部及两侧水平方向扩散 5m,底部 2m。

③注浆终压

采用 0.5～1.0MPa 注浆终压。

④注浆结束标准

注浆量越来越少,达到注浆终压并持续半小时,即可结束注浆。

⑤钻注时间

钻孔时,出水就注,依次往复。

(3)注浆中注意的事项

①严格按注浆参数进行注浆,确保注浆效果。

②每次注浆前检修好设备,防止注浆过程中高压时突发情况影响注浆效果。

③及时观察注浆压力表,并做好注浆压力及浆液记录工作,以便注浆结束时分析每孔注浆情况。

④注浆结束后要高挡位冲洗注浆管路,防止注浆管路堵塞。

⑤每孔结束后要停 8～10h 才能复孔作业。

三、注浆效果与总结

(一)注浆效果

初期支护全断面 3m 径向注浆,根据初期支护施工进度分两个阶段进行:第一阶段施工从 2008 年 12 月 4 日开始到 12 月 31 日结束;第二阶段施工从 2009 年 4 月 20 日开始到 5 月 7 日结束。

全断面水平 40m 深孔超前注浆从 2009 年 1 月 2 日开始到 2009 年 9 月 4 日结束,总共分四个阶段进行(燕塘右线 YDK－0－436、YDK－0－463,燕塘左线 ZDK－0－436、ZDK－0－463)。

注浆期间地面建筑物沉降、隧道失水量和开挖面渗水量统计分析如下。

(1)通过洞内注浆地面沉降得到控制,如图 9-13～图 9-16 所示。

(2)通过洞内注浆有效减少隧道内失水量,如图 9-17 所示。

(3)开挖面渗水情况注浆前后对比,如图 9-18 所示。

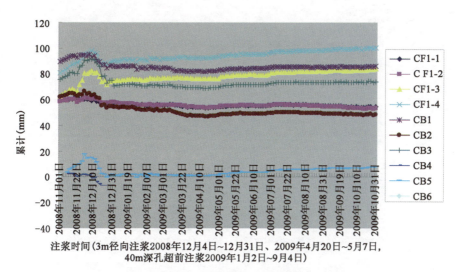

图 9-13　燕岭大厦 C 栋地面沉降

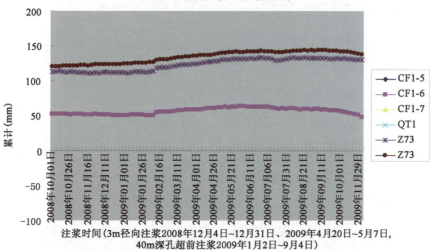

图 9-14　禺东西桥地面沉降

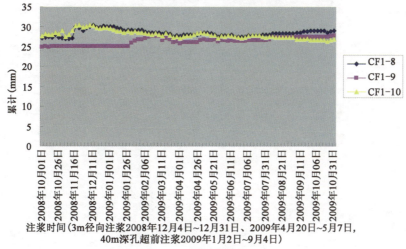

图 9-15　金燕大厦地面沉降

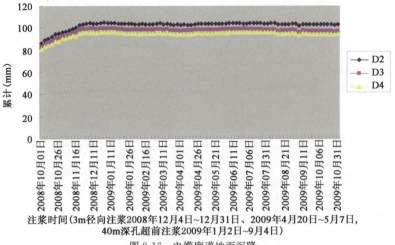

图 9-16 电缆廊道地面沉降

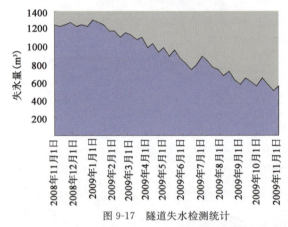

图 9-17 隧道失水检测统计

图 9-18 注浆前后对比

通过地面沉降监测、隧道内失水量统计以及掌子面注浆前后观察分析：全断面3m径向注浆及全断面水平40m深孔超前注浆，达到了控制地层失水量，从而控制地面建筑物沉降的目的。

(二)总结

全断面3m径向注浆和全断面水平40m深孔超前注浆，在矿山法隧道开挖与隧道成型后止水起到了很大的作用，隧道排水量、周边建筑物沉降都得到了控制，保证了隧道施工质量和工期的实现，为同类矿山法隧道工程地下水控制积累了一些经验。

但必须认识到，注浆截水、堵水是一个反复的过程，不能抱侥幸的心态，必须认真对待。

1. 全断面3m径向注浆

(1)全断面3m径向注浆，首先是依靠初期支护喷射混凝土作为止浆墙，初期支护结构的优等质量是保证注浆效果实现的必要条件。

(2)对于注浆压力的控制，由于初期支护结构混凝土的厚度不均匀，一般注浆压力不宜大于1MPa。当压力较大时，会造成初期支护结构的开裂，从而增加了堵漏点。注浆顺序采取间隔式注浆，预留部分管作为泄水孔，使其注浆排水，从而达到注浆堵水的目的。

(3)实际注浆时，从高水位向低水位注浆，使高水位部分一次性达到注浆效果后，逐步推进，将地下水赶到低水位，达到堵水的效果。

(4)在⟨6H⟩、⟨7H⟩地层进行注浆时，钻孔过程中易发生卡钻、塌孔、不宜成孔的现象，根据现场实际经验，成孔孔深应控制在不大于3m。根据浆液扩散路径，在⟨6H⟩地层注浆时，注浆量小，采用水泥浆注浆，增大扩散半径，挤压土体，达到注浆的目的；在⟨7H⟩地层注浆时，由于裂隙发育，注浆量大，采用水泥水玻璃双液浆，减小扩散半径，使浆液在可控范围内扩散，达到快速堵水的目的，参考配比为水：水泥：水玻璃＝0.8：1：0.15。

2. 全断面水平40m深孔超前注浆

(1)采用"前进式"注浆时，由于是将孔口作为浆液出入口，则存在淤泥质地层时，浆液穿透效果差，造成在第二循环注浆时部分地层注浆效果变差。出现这种情况时，可采用安装袖阀管穿过淤泥质地层的处理措施，进行针对性加固。

(2)深孔注浆的注浆压力高(最高4MPa)，决定了止浆墙必须具有足够的稳定性，最好的办法是在止浆墙前方预留5m左右的土体作为缓冲。

(3)根据本次注浆，采用单液浆时，在裂隙发育地层，扩散半径较大，容易引起跑浆、串浆，不利于地层加固。采用水泥水玻璃双液浆，可克服这一问题，参考配比为水泥：水：水玻璃＝1：1：0.15。

(4)注浆期间，监测必须到位，无论是地面沉降监测，还是洞内收敛监测，特别是注浆出现异常情况时必须及时检测，做到信息化施工，以指导注浆压力。

第三节　富水砂层浅埋暗挖法技术

富水砂层复杂地质条件下,在拱顶埋深5m的浅埋暗挖隧道中,采用"预排水、预注浆、小断面开挖、及早成小环、大环套小环"的指导思想,大胆采用双重管后退式注浆工艺进行围壁注浆和扩散注浆,同时采用降水、引水、上导洞留核心土等施工技术,使得富水砂层中暗挖施工取得了成功。

三号线北延段永泰站土建工程,1号出入口过街暗挖隧道位于白云区同泰路,同泰路交通繁忙,不允许路面出现较大变形,更不允许交通中断,对暗挖施工要求非常严格。

一、工程概况

暗挖隧道全长41.85m,最大宽度7.8m,最大高度6.6m,拱顶最大埋深约5m,为浅埋暗挖法施工隧道。

1号出入口过街暗挖隧道平面图如图9-19所示。

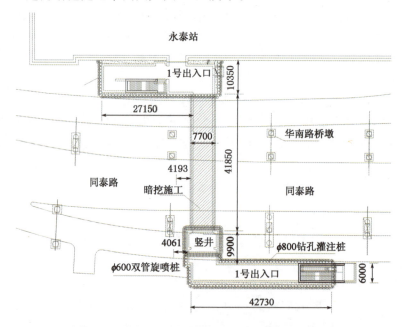

图9-19　1号出入口过街暗挖隧道平面图(尺寸单位:mm)

原设计方案暗挖隧道开挖采用中隔壁法,将暗挖断面分成4个小断面。
预加固采用长管棚、超前小导管和掌子面小导管注浆工艺。
原设计方案暗挖注浆横断面图如图9-20所示。
暗挖隧道右上导洞开挖进去5m以后,遇到以下难题:
(1)地下水丰富,地质以砂层为主,如图9-21所示;
(2)超前小导管和全断面小导管注浆,在富含水砂层地质条件下注浆效果不理想,不能有效固结砂层;

(3)拱脚部位流水、流砂比较严重,甚至塌方;

(4)中粗砂层中夹有一层冲积—洪积粉细砂层,以石英质粉细砂为主,黏粒含量高,在无水条件下能够自稳,但在有水条件下崩解、软化。

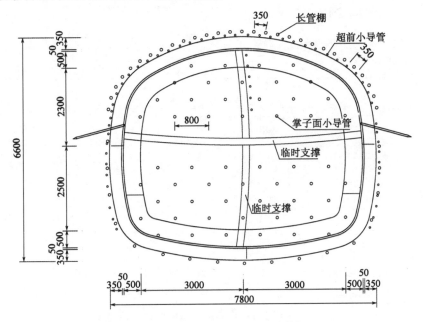

图 9-20 原设计暗挖注浆横断面图(尺寸单位:mm)

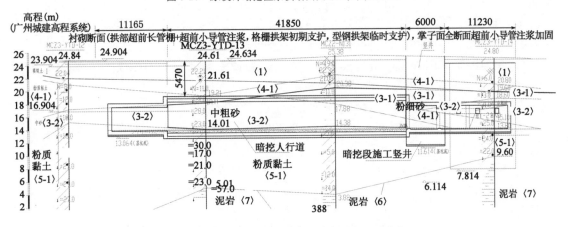

图 9-21 1号出入口过街暗挖隧道地质纵剖面图(尺寸单位:mm)

二、施工方案

为解决上述难题,总体上,采用"预排水、预注浆、小断面开挖、及早成小环、大环套小环"的策略,每一榀格栅钢架及时拼成大环后就形成拱效应,承载力增大,变形减小,暗挖隧道就安全了。据此,对原暗挖设计方案进行改进,具体如下:

(1)降水:基坑外设钢管降水井,竖井内设集水井,将竖井开挖至暗挖隧道初期支护底以下1m,形成降水漏斗有利于开挖,如图9-22所示。

(2)将超前小导管和掌子面小导管注浆均改为双重管后退式注浆。小导管注浆,浆液在小导管各孔扩散不均匀,导管越长,浆液压力损失越大,浆液在导管内是多孔同时喷射,浆液压力再分散,再加上砂层含水丰富,浆液随水流失,因此,注浆浆脉不明显,砂层不能有效固结,开挖容易形成流水、流砂。

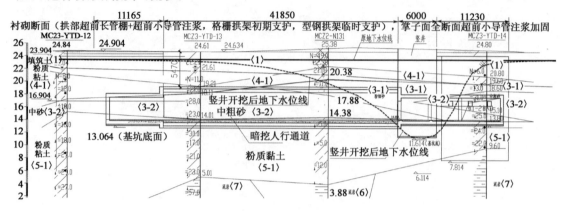

图 9-22 竖井开挖后地下水位变化剖面图

双重管后退式注浆,钻杆就是注浆管,钻头就是喷浆头,钻杆钻到规定孔深后开始注浆,浆液在喷浆头集中向前喷射,沿着土层、砂层裂隙、孔洞中填充,土层中哪里薄弱浆液就流向哪里。注浆达到一定压力或一定量后,注浆管向后退 0.4m,再进行注浆,达到一定压力或一定量后再向后退 0.4m,如此循环,直到注浆管退出钻孔。后段的注浆能填充前段注浆的薄弱环节,因此每一段注浆浆液扩散是均匀的、密实的。开挖后,注浆浆脉明显,砂层能有效固结,确保开挖安全。因此,双重管后退式注浆效率比小导管高。

(3)超前注浆采用外围护壁注浆参数,重点注浆,使初期支护外围形成固结体,在开挖过程中护壁不发生塌方。外围护壁注浆参数具体如下:

双液浆配比(体积比)为水泥浆∶水玻璃溶液=1∶1;

水泥浆配比(质量比)为水∶水泥=1∶1,700kg 水∶700kg 水泥≈直径 1.1m 水泥罐,液面高度控制在 0.7m∶14 包水泥;

水玻璃溶液配比(体积比)为水∶水玻璃=2∶1(水玻璃占桶 1/3);

注浆压力按 0.2~0.5MPa 控制,当注浆压力达超过 0.5MPa 以后,注浆管后退 0.4m,再进行注浆。

注浆孔沿着初期支护外围护壁弧形布置,孔位间距 0.8m。由于钻机是放在暗挖隧道内,因此,钻孔时要有一定外插角度,目的是将初期支护外围砂层固结形成护壁。外插角度还与每次注浆长度有关,为适应地质变化而采取有针对性注浆,一般注浆管长度适宜 6~10m,因此注浆管外插角度适宜 5°~10°。

针对上导洞拱脚部位和下导洞拱墙部位流水、流砂现象严重的问题,采取重点注浆措施,注浆孔孔位加密,保证注浆效果。

(4)掌子面注浆参数采用的是扩散注浆参数,使掌子面中粗砂层固结,但又不会形成坚硬的固结体,便于掌子面开挖,加快施工进度,而开挖过程中成块的固结体不会突然崩塌伤人。

双液浆配比(体积比)为水泥浆∶水玻璃溶液＝1∶1；

水泥浆配比(质量比)为水∶水泥＝1∶0.7，700kg水∶500kg水泥≈直径1.1m水泥罐，液面高度控制在0.7m∶10包水泥；

水玻璃溶液配比(体积比)为水∶水玻璃＝3∶1(水玻璃占桶1/4)；

对比外围护壁注浆参数可以发现，扩散注浆水泥用量和水玻璃用量有所减少，达到砂层固结但又不会形成坚硬的固结体目的。

注浆压力按0.2～0.5MPa控制，当注浆压力超过0.5MPa以后，注浆管后退0.4m，再进行注浆。

注浆孔沿着掌子面梅花形布置，排距0.8m，每排孔位间距0.8m。钻孔不需考虑外插角度。每次注浆长度与围壁注浆一样。

注浆顺序采用"从上到下，跳一排孔，隔一个孔"的方法，在奇数系统孔中注浆，在偶数系统孔中观察并测量注浆压力，当注浆压力超过0.5MPa时，说明暗挖封闭体内注浆已经饱和，偶数系统孔位注浆可以省略。

(5)上导洞留核心土，小断面开挖可增加掌子面稳定性，相应的临时中立柱也要增加分节。格栅钢架节点和上导洞留核心土对比如图9-23所示。

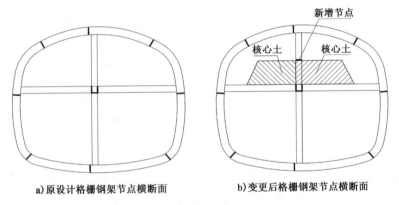

a)原设计格栅钢架节点横断面　　b)变更后格栅钢架节点横断面

图9-23　格栅钢架节点和上导洞留核心土对比图

(6)拱墙外围护壁留出来，以增加外围护壁稳定性。上导洞进洞顺序施工如图9-24所示；下导洞进洞计划顺序施工如图9-25所示，调整后的下导洞进洞顺序施工如图9-26所示。

通过暗挖施工实践发现，水往低处流，哪里先开挖，水就从哪里先流进来，而相邻侧就很少有水甚至没有水。而砂层，特别是冲积—洪积粉细砂层(带有一定黏性的粉细砂)在没有水的条件下能够自稳，因此，引水为暗挖施工创造了有利条件。

暗挖隧道的流水规律，前提条件是有长管棚，长管棚好比一把伞，地下水顺着长管棚的拱向下流。

按照中隔法施工，先开挖右上导洞，水从右侧拱脚部位流进来，当左上导洞跟进开挖时，左侧拱脚部位就很少有水，确保了左上导洞开挖顺利进行。

在开挖下导洞之前，通过风钻对左下洞门和右下洞门打探水孔，右下洞门出水量较大且一直在流，左下洞门探水孔流了一段时间就不流了，证实了水集中在右下导洞的预测。

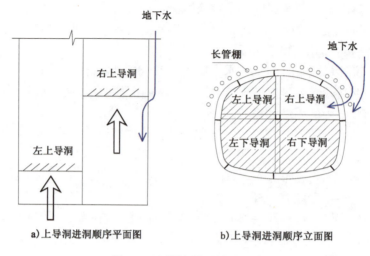

图 9-24 上导洞进洞顺序施工图

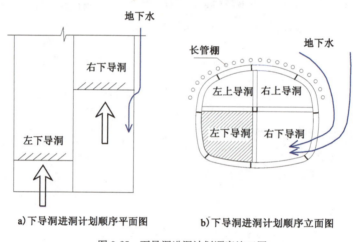

图 9-25 下导洞进洞计划顺序施工图

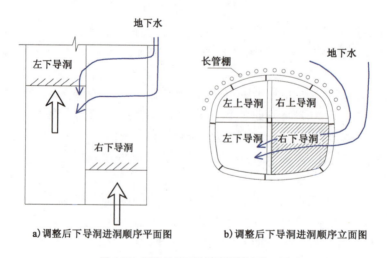

图 9-26 调整后的下导洞进洞顺序施工图

因此,实际施工中,并不是按照常规"右上导洞先进、相应右下导洞也先进",而是"左下导洞先进"的进洞顺序,将原来集中在右上导洞的水源,向下绕流到暗挖隧道下导洞中间,左下导洞向前开挖水源也会跟着向前移动,右下导洞与左下导洞保持5m跟进开挖,右下导洞开挖时水已很小,确保了右下导洞开挖顺利进行。

水源绕流到暗挖隧道下导洞中间,即使下导洞掌子面中间出现流水、流砂现象,也不会引起路面的塌方,因为上导洞和临时支撑已经成小环,确保了下导洞开挖安全。

三、实施效果

按照改进的暗挖方案实施后,初期支护外围形成坚硬护壁便于安装格栅钢架,掌子面砂层固结但比较好挖,下导洞水被引到隧道中间,下导洞两侧水比较小,未出现较大的流水、流砂现象,确保了暗挖隧道开挖的安全,也加快了暗挖的施工进度,比原计划提前8d贯通隧道。

根据第三方监测数据表明,同泰路下沉不超过10mm,暗挖隧道拱顶下沉未超过15mm,均满足设计和施工规范要求,确保了同泰路交通正常运行。

图9-27~图9-35为现场施工情况照片。

图9-27 超前分段后退式双液注浆施工

图 9-28 围壁注浆效果

图 9-29 扩散注浆效果

图 9-30 围壁开挖施工

图 9-31 上导洞留核心土施工

图 9-32 下导洞引水控水后开挖施工

图 9-33 下导洞格栅钢架安装

图 9-34 暗挖隧道初期支护完成实景

图 9-35 暗挖隧道二次衬砌施工实景

后记
Postscript

第十章 工程后效及创新

第一节 工程建设项目管理

一、标段划分和参建单位

全线共划分为17个土建施工标段,共有15家承包商参加施工建设;土建监理标段5个,共有3家监理单位参加工程监理工作;土建设计和咨询标段12个,共有10家设计和咨询单位参加工程设计和咨询工作(设计总体单位:广州地铁设计研究院有限公司;总体咨询单位:中铁工程设计咨询集团有限公司);第三方监测标段2个,共有2家监测单位参加第三方监测工作。

广州市轨道交通三号线北延段土建工程施工标段和合同概况汇总见表10-1。

二、施工工期和工程投资

(一)施工工期

三号线北延段于2005年11月28日,市发改委批复试验性工点开工,2005年12月底完成试验性工点京溪南方医院站的招标。但由于规划设计及前期原因,全线至2007年3月才稳定线路敷设方案,完成全线修改初步设计及专项审查工作,2007年4月首个工点燕塘站实现开工。2007年9月,完成原设计所有施工、监理、监测标的招评标工作并陆续进场,大部分工点于2008年初实现开工,2008年6月完成新增车站永泰站的招标并实现进场,至此全线17个土建标段全部进场施工。

三号线北延段从2007年4月开工至2010年10月亚运会前开通,在不到三年半的时间内实现一条长达30km地下线的贯通运营,这在世界地铁史上亦少见,其中土建工程工期最短时间不足2年,压力之大可想而知。按照工程总策划,盾构掘进平均指标高达180m/月,远高于其他新线策划的160m/月。三号线北延段采用盾构法施工的隧道长22.5km,占全线总长度的77%,划分为11个盾构标段,采用24台盾构机施工。24台盾构机于2009年2月底完成始发,其中22台于2009年12月底实现出洞,全线盾构掘进平均指标高达250m/月。24台盾构机同时施工,国内罕见。实际上大规模隧道土建工程施工只有1年的时间,面对紧迫的工期,建设单位对各标段每周组织会议分析工期,每月定期对全线工期进展进行分析,对关键工期目标专人跟踪到底。

经过建设者不分昼夜、两年多的苦战,三号线北延段于2010年4月20日实现双线隧道贯通的目标,2010年5月15日全部轨行区移交铺轨,2010年7月15日全部附属工程移交机电安装,2010年9月15日全线实现三权移交,2010年10月30日全线开通运营。

表 10-1

三号线北延段土建工程合同概况汇总表

序号	项目名称	招标时间	施工单位	设计单位	监理单位	合同编号	中标金额（万元）	合同金额（万元）	合同开工时间	实际开工时间	合同竣工时间	实际竣工时间	竣工验收日期	工程规模	工程起止里程
1	燕塘站	2006年6月	中铁六局集团有限公司			J3NJZ006	15483.9699	15483.9699	2006年8月1日	2007年4月6日	2008年12月1日	2010年6月15日	2010年9月15日	主体建筑面积13320.1m²	三号线车站设计起点里程为YCK0－500.525,终点里程为YCK20＋631.525;六号线设计起点里程为YCK20＋788.979,终点里程为YCK20＋874.579
2	梅花园站	2006年6月	湖南长大建设集团股份有限公司	广东省建筑工程设计院	江西中咨重工建设监理有限公司	J3NJZ005	6947.2419	6947.2419	2006年8月1日	2007年12月17日	2008年8月1日	2010年1月30日	2010年9月13日	总建筑面积9878m²	本车站起止里程为YDK-2－411.3～YDK-2－544.3
3	京溪南方医院站	2005年11月	广东基础工程集团有限公司			J3NJZ001	9364.9388	9364.9388	2005年12月30日	2007年7月12日	2007年10月28日	2010年5月16日	2010年8月5日	总建筑面积10411m²	本车站起止里程为YDK-3－725.600～YDK-3－878.500
4	同和站	2006年6月	广州市第二市政工程有限公司			J3NJZ002	14146.1889	14146.1889	2006年7月26日	2008年3月18日	2007年9月26日	2010年5月15日	2010年8月10日	总建筑面积16408.9m²	本车站起止点里程为YDK-5－105.200,YDK-5－557.100
5	永泰站	2008年6月	广东基础工程集团有限公司		中煤邯海南筑中原建设监理有限公司	J3NJZ359	8243.2123	8243.2123	2008年6月28	2008年6月28	2009年12月30	2010年3月26		总建筑面积8446.1m²	本车站起止里程为YDK8＋505.600～YDK8＋640.600
6	区间1标	2006年6月	中铁一局集团有限公司			J3NJZ004	18455.4360	18455.4360	2006年8月30日	2006年12月23日	2008年12月24日	2010年4月26日	2010年9月9日	广州东站—梅花园站区间,总长4643.569m,左线隧道长2327.911m,右线隧道长2314.800m	燕塘站—梅花园站YDK0－631.525～YDK-2－411.3;广州东站—燕塘站左线为ZDK0＋036～ZDK0－500.525
7	区间2标	2006年6月	北京城建集团有限责任公司	广东省南方建筑设计院有限公司		J3NJZ007	19101.7569	19101.7569	2006年10月30日	2007年3月2日	2008年12月30日	2009年12月30日	2010年6月25日	梅花园站—同和站区间,总长4827.104m,其中梅花园站—京溪京溪站区间长725.6,京溪京溪京溪京溪京溪京医院站区间长1181.3(单线)m,京溪京溪京医院站—同和站区间长1236.16(单线)m	梅花园站—京溪南方医院站盾构区间右线为YDK-2－544.3～YDK-3－725.6,左线为ZDK-2－544.3～ZDK-3－725.6;京溪京溪南方医院站—同和站盾构区间右线为YDK-3－878.500～YDK-5－114.66,左线为ZDK-3－878.500～ZDK-5－105.200

续上表

序号	项目名称	招标时间	施工单位	设计单位	监理单位	合同编号	中标金额（万元）	合同金额（万元）	合同开工时间	实际开工时间	合同竣工时间	实际竣工时间	竣工验收日期	工程规模	工程起止里程
8	区间3标	2006年6月	中铁十三局集团有限公司	中铁十三局集团上海建筑设计院有限公司		J3NJZ003	18789.7700	18789.7700	2006年8月30日	2007年5月5日	2008年12月30日	2010年5月20日	2010年8月5日	同和站—永泰站盾构区间,线路全长4173.727m,左线长为2091.694m,右线总长为2082.033m	其中区间左线里程为ZDK—5—557.100～ZDK—7—648.794,右线里程为YDK—5—557.100～YDK—7—639.133
9	施工4标白云大道北站	2007年7月	中铁隧道局集团有限公司	广东南海建筑设计院有限公司		J3NJZ351	7673.8884	7673.8884	2007年8月1日	2008年1月15日	2009年5月30日	2010年2月8日	2010年6月8日	总建筑面积11766.35m²	本车站起止里程为YDK—9—430.9～YDK—9—596.7
10	施工4标盾构区间	2007年7月	中铁隧道局集团有限公司	中铁工程设计咨询集团有限公司		J3NJZ351	23697.0706	23697.0706	2007年8月1日	2007年12月10日	2009年5月30日	2009年12月15日	2010年6月8日	永泰站—嘉禾站区间,隧道总长4911.92m	YDK7+640.450～YCK10+518.848（ZDK7+649.963～ZDK10+523.871）
11	施工5标	2007年9月	中铁隧道局集团有限公司	中铁工程设计咨询集团有限公司	中煤邯郸中原建设监理咨询有限公司	J3NJZ355	28867.7777	28867.7777	2007年9月15日	2007年12月22日	2009年6月30日	2009年9月30日	2010年1月20日	嘉禾站—龙归站区间一、区间隧道总长6127.14m	YDK12+389.800～YCK17+577.6（ZDK12+393.000～ZDK17+576.3）
12	施工6标	2007年9月	北京长城贝尔芬格格柏建筑工程有限公司			J3NJZ358	18185.1275	18185.1275	2007年7月28日	2007年11月19日	2009年6月15日	2009年10月18日	2009年10月30日	嘉禾站—龙归站区间二,右线全长1978.4m,左线全长1986.9m	区间起止里程为YCK—15—599.2（ZCK—15—590.7）～YCK—17—577.6（ZCK—17—577.6）,右线全长1978.4m,左线全长1986.9m
13	施工7标	2007年9月	广东省基础工程集团有限公司	中铁大桥勘测设计院有限公司		J3NJZ354	15426.1008	15426.1008	2007年9月15日	2008年2月21日	2009年6月15日	2009年9月2日	2010年1月18日	龙归站—人和站区间一,右线1806.077m,左线1800.153m	右线 YDK—18—015.800～YDK—19—821.860;左线 ZDK—18—015.800～ZDK—19—816.092
14	施工8标	2007年9月	广东省基础工程集团有限公司			J3NJZ353	17615.0190	17615.0190	2007年9月15日	2007年11月26日	2009年6月15日	2009年10月25日	2010年1月27日	龙归站—人和站区间二,右线1830.14m,左线1828.344m	右线 YDK—19—821.860～YDK—21—652;左线 ZDK—19—816.092～ZDK—21—644.436

续上表

序号	项目名称	招标时间	施工单位	设计单位	监理单位	合同编号	中标金额（万元）	合同金额（万元）	合同开工时间	实际开工时间	合同竣工时间	实际竣工时间	竣工验收日期	工程规模	工程起止里程
15	施工9标	2007年9月	中铁五局集团有限公司	中铁大桥勘测设计院有限公司		J3NJZ356	14947.1597	14947.1597	2007年9月15日	2007年11月15日	2009年5月31日	2009年12月15日	2010年4月6日	龙归站—人和站区间三右线1570m；左线1580.238m	右线YDK-21-652～YDK-23-222；左线路ZDK-21-644.436～ZDK-23-222
16	施工10标	2007年7月	中铁十一局集团有限公司	中铁第一勘测设计院		J3NJL352	20398.7618	20398.7618	2007年8月1日	2007年11月20日	2009年8月21日	2009年11月20日	2010年5月19日	人和站—高增站区间、隧道总长4262.902m	区间右左线Y（Z）DK-23-403.300～Y（Z）DK-25-677.300
17	施工11标	2007年7月	中交隧道工程局有限公司	广州地铁设计研究院有限公司		J3NJL350	18339.7806	18339.7806	2007年8月1日	2007年12月15日	2009年2月28日	2009年3月22日	2010年1月7日	高增站—机场南站盾构区间，右线1916.596m，左线1916.585m	右线YCK-26-160.100～YCK-28-076.696；左线ZCK-26-160.111～ZCK-28-076.696
18	施工12标龙归站	2007年9月	中铁三局集团有限公司	广州地铁设计研究院有限公司	广州轨道交通建设监理有限公司 广东南海建筑设计有限公司	J3NJZ357	12355.948	12355.948	2007年9月15日	2008年5月10日	2009年5月30日	2010年3月22日	2010年8月19日	总建筑面积13602.3m²，停车线长236.6m	YDK-17-575.600～YDK-18-015.8
19	施工12标人和站	2007年9月	中铁三局集团有限公司	广州地铁设计研究院有限公司		J3NJZ357	8312.2556	8312.2556	2007年9月15日	2008年5月15日	2009年5月30日	2010年7月15日	2010年8月19日	总建筑面积9468.5m²	YDK-23-222～YDK-23-403.3
20	施工12标高增站	2007年9月	中铁三局集团有限公司	广州地铁设计研究院有限公司		J3NJZ357	7084.3023	7084.3023	2007年9月15日	2008年1月15日	2009年5月30日	2009年7月15日	2010年8月19日	总建筑面积9097.3m²，站后折返线长292.1m	YDK-25-677.3～YDK-26-160.100
21	施工12标机场南站	2007年9月	中铁三局集团有限公司	广东省建筑设计院		J3NJZ357	2560.762	2560.762	2007年9月15日	2008年8月1日	2009年5月30日	2010年2月10日	2010年7月6日	总建筑面积11879m²，改造区间长度1587.348m	YDK-28-076.696～YDK-29-818.828

(二)工程投资

初步设计土建工程概算 54.74 亿元,实际土建标段中标合同价为 30.60 亿元,占概算的 55.9%;竣工结算价为 34 亿元,占概算的 62.11%。

三、工程建设大事记

工程建设大事记见表 10-2。

工程建设大事记　　　　　　　　表 10-2

序号	时间	事件
1	2005 年 7 月 25 日	国家发改委批复广州市轨道交通 2010 年前总体建设规划
2	2005 年 11 月 18 日	市发改委批准三号线北延段试验性工点开工
3	2007 年 1 月 13 日	三号线北延段全线开工可行性报告审查
4	2007 年 1 月 16 日	召开三号线北延段同和站—机场北站标段划分会议,确定土建项目划分为 11 个标段
5	2007 年 1 月 16 日	召开三号线北延段同和站—嘉禾站初步设计审查会议
6	2007 年 2 月 8 日	召开三号线北延段部分站点及全线系统设备初步设计预审查会,会议审查通过了各站点初步设计
7	2007 年 2 月 17 日	因白云区先后三次给广州地铁总公司(现广州地铁集团有限公司,下同)来文要求三号线永泰站以北高架段改走地下,地铁总公司给苏泽群副市长作专题请示,要求尽快明确嘉禾站—龙归站线路敷设方式
8	2007 年 3 月 7 日	市政府苏泽群副市长开会明确三号线永泰站以北原则改走地下
9	2007 年 3 月底	市政府批复同意走地下
10	2007 年 4 月 10 日	市建委科技委组织召开三号线北延段(广州东站—机场站)龙归站及相邻区间土建修改初步设计评审会。嘉禾站—人和站区间(含龙归站)修改初步设计方案经会议审查通过。同时,评审会建议为降低工期风险,龙归站—人和站区间划分为三个施工标段,4 月 13 日,地铁总公司招标领导小组会议同意此划分方案。
11	2007 年 7 月 19 日	地铁总公司与广州市公路局就三号线北延段须与 106 国道进行协调的前期问题举行会议,会上就征借地、拆迁、交通疏解、风亭位置等问题进行磋商
12	2007 年 9 月 7 日	施工 5、6、7、8、9、12 标及第三方监测标评标完毕
13	2007 年 9 月 12 日	召开 4～12 标第一次工程例会
14	2007 年 9 月 17 日	地铁总公司对三号线北延段总策划审定 2010 年 10 月 16 日通车
15	2007 年 9 月 18 日	6 标嘉禾站(龙归吊出井)—龙归站区间(二)、8 标龙归站—人和站区间(二)和 9 标龙归站—人和站区间(三)始发井用地交付
16	2007 年 11 月 20 日	10 标高增站—人和站区间始发井交地、12 标矮岗站交地
17	2007 年 12 月 27 日	收到市政府关于三号线北延段占用国道费用减免的批复(城建〔2007〕第 846 号文),同意按 20% 计征
18	2008 年 1 月 2 日	地铁总公司召开专题会议,审定矮岗站换乘方案按增加侧式站台方案

续上表

序号	时间	事件
19	2008年2月18日	收到市政府批示文件,同意增设永泰东站
20	2008年2月22日	永泰东站科技委组织初步设计专项审查
21	2008年6月4日	机场南站交地
22	2008年6月26日	9标龙归站—人和站区间(三)、10标高增站—人和站区间、11标高增站—机场南站区间通大电小电
23	2008年7月17日	国家发改委批复三北工可报告(发改投资〔2008〕第1811号文)
24	2008年8月25日	三北11标高增站—机场南站区间第一台盾构机下井组织装调试,11标吊出井进场
25	2008年8月31日	京溪南方医院站移交地面场地给2标,梅花园站—同和站区间盾构始发
26	2008年9月22日	施工5标同和站—永泰站区间(一)第一台盾构右线始发
27	2008年9月26日	施工11标高增站—机场南站区间第一台盾构右线始发
28	2008年10月14日	施工7标龙归站—人和站区间(一)第一台盾构始发
29	2008年10月24日	京溪南方医院站封顶
30	2008年11月5日	施工5标嘉禾(北始发井)—龙归(吊出井)区间(一)第二台盾构左线始发
31	2008年11月15日	施工8标龙归站—人和站区间(二)第一台盾构始发
32	2008年11月18日	施工6标嘉禾站(龙归吊出井)—龙归站区间(二)第一台盾构左线始发
33	2008年11月24日	施工4标嘉禾南始发井—同和吊出井区间第一台盾构左线始发
34	2008年12月4日	施工2标梅花园站—同和站区间梅南第一台盾构始发
35	2008年12月6日	施工11标高增站—机场南站区间第二台盾构左线始发
36	2008年12月9日	施工10标高增站—人和站区间第一台盾构始发
37	2008年12月15日	梅花园站移交盾构始发部分
38	2009年1月7日	施工2标梅花园站—同和站区间南同第一台盾构始发
39	2009年1月10日	施工2标梅花园站—同和站区间梅南第二台盾构始发
40	2009年1月9日	施工10标高增站—人和站区间第二台盾构始发
41	2009年3月1日	施工2标梅花园站—同和站区间南同第二台盾构始发,全线24台盾构完成始发
42	2009年3月27日	施工11标高增站—机场南站区间左线过完机场高速
43	2009年4月13日	施工6标嘉禾站(龙归吊出井)—龙归站区间(二)左线贯通
44	2009年4月24日	施工5标嘉禾(北始发井)—龙归(吊出井)区间(一)右线贯通
45	2009年4月30日	施工11标高增站—机场南站区间右线贯通
46	2009年5月21日	施工11标高增站—机场南站区间左线贯通,标段贯通
47	2009年5月24日	施工5标嘉禾(北始发井)—龙归(吊出井)区间(一)左线贯通,标段贯通
48	2009年5月17日	施工2标梅花园站—同和站区间完成右线矿山法拼装
49	2009年6月3日	施工6标嘉禾站(龙归吊出井)—龙归站区间(二)右线贯通,标段贯通

续上表

序号	时间	事件
50	2009年7月10日	施工2标梅花园站—同和站区间南梅区间右线贯通
51	2009年7月24日	施工8标龙归站—人和站区间(二)龙人二右线贯通
52	2009年7月27日	施工2标梅花园站—同和站区间南梅区间左线贯通
53	2009年6月29日	机场南移交车站部
54	2009年9月15日	施工11标高增站—机场南站区间移交铺轨
55	2009年9月18日	机场南轨行区移交铺轨
56	2009年10月27日	施工10标高增站—人和站区间左线贯通
57	2009年11月6日	施工1标燕塘站—梅花园站区间广州东至燕塘双线初期支护贯通
58	2009年11月22日	施工4标嘉禾南始发井—同和吊出井区间右线贯通
59	2009年12月2日	施工3标同和站—永泰站区间(一)右线到达,标段贯通
60	2009年12月11日	施工4标嘉禾南站始发井—同和站吊出井区间左线贯通,标段贯通
61	2009年12月27日	施工3标同和站—永泰站区间(一)左线到达吊出井,标段贯通
62	2010年4月18日	施工1标燕塘站—梅花园站区间右线贯通
63	2010年4月20日	施工1标燕塘站—梅花园站区间左线贯通,全线贯通
64	2010年6月30日	嘉禾以北三权移交,土建工程只剩余梅花园站一号口及A1风亭、燕塘站原复建楼的两组风亭出地面施工
65	2010年7月12日	梅花园站出入口、站内工程、盾构井封堵全部完工,移交
66	2010年7月30日	长轨通
67	2010年9月13日	全线三权移交
68	2010年10月31日	全线通车

第二节 工后效果

一、主要工程技术措施

(一)花岗岩地区采取的主要技术措施

1. 深基坑工程针对花岗岩残积土层采取的技术措施

花岗岩残积土具有遇水软化、崩解的特性。当遇水浸泡时,土层会迅速软化崩解,基坑极易发生险情。对此,三号线北延段花岗花地区(广州东站—永泰站)的深基坑工程主要采取了以下技术措施:

(1)加大围护结构嵌固深度。在常规5.5m基础上增加1.0~1.5m,避免因基底软化导致围护结构踢脚等险情发生。

(2)增强支撑体系的安全储备。第一道支撑全部采用混凝土支撑;所有角撑的围檩均采用混凝土围檩,以提高角撑的抗剪切和抗滑移性能;考虑到该类地层扰动敏感性大,基坑开挖后的力学参数与土工试验参数有较大差别,故将底层钢支撑设计轴力调增 10%～30%。

(3)根据各站花岗岩风化程度及分布情况,对燕塘、梅花园、同和、京溪南方医院等站采用旋喷桩预加固等基底处理措施,确保基坑安全。

2. 盾构工程针对花岗岩球状风化体采取的技术措施

花岗岩残积层中高强度的孤石,会对盾构施工带来巨大的工程风险,导致掘进困难、刀具磨损严重、姿态和地面沉降难以控制等问题。对付孤石最有效方法是在盾构掘进之前及早发现孤石,采用线路绕避或地面预先处理孤石的方法,降低盾构洞内处理的难度及风险。为此,在三号线北延段提出了加密钻探方案,对燕塘站—梅花园站、梅花园站—京溪南方医院站、京溪南方医院站—同和站、同和站—永泰站四个区间进行了筛选探查,共揭露出 34 处孤石点。分别采用线路调整、提前处理孤石等措施,顺利控制住孤石地带的施工风险。

3. 盾构工程针对花岗岩全断面硬岩采取的技术措施

燕塘站—梅花园站区间、梅花园站—京溪南方医院站区间、同和站—永泰站区间均存在全断面花岗岩硬岩,设计使用钻爆法开挖后盾构拼装管片通过的工法,累计近 3km 的单线隧道使用此种工法。

4. 矿山法工程针对花岗岩残积土层采取的技术措施

在广州东站—燕塘站区间过广汕路、燕塘站暗挖段、京溪南方医院站北风亭的矿山法工程中,采取了全断面水平深孔注浆加固、隧道径向注浆止水、地面袖阀管注浆加固、地面旋喷桩加固、WSS 注浆、严密监测等多种技术措施。

(二)岩溶发育地区主要技术措施

岩溶发育地带地下工程风险极大,易引发大量涌水和地面塌陷等严重事故。三号线北延段从岩溶判别、风险规避、处理方案等三方面入手,合理调整线路规避高风险段,并编制下发了《岩溶地区设计技术要求》,根据各区段的风险情况、工法特点,分别采用了不同的技术措施,如搅拌桩土墩柱,溶、土洞袖阀管注浆填充,盾构预留注浆管等。

(三)富水砂层发育地区主要技术措施

在深厚富水砂层中进行地铁工程建设风险较大,对于盾构法,始发到达及联络通道施工风险大,盾构掘进过程中容易造成地面塌陷;对于明挖法,渗水漏砂易引发基坑失稳或地面沉降。对此,主要采取了以下针对性的技术措施:

(1)基坑围护结构设计采用防渗性能好的地下连续墙,并在墙间接头增设旋喷桩止水。

(2)高度重视盾构选型研究,对以砂层地段为主的区间,盾构选型时优先考虑泥水盾构。

(3)针对富水砂层地区的盾构联络通道,采取微调联络通道位置、旋喷桩地层预加固、全环钢管片和安全门等处理措施。

(4)严格控制富水砂层地区的端头加固风险,重大方案均邀请专家进行论证,全线端头加固根据不同的地质情况、实施条件,采用旋喷桩、三轴搅拌桩、素混凝土墙、袖阀管注浆等四大类十多种不同形式的方案。

(5)针对富水砂层地区的过街通道矿山法施工,采取了大管棚预先加固及前进式注浆预加固措施。

二、工后效果评价

(一)明挖基坑施工效果评价

出于工期考虑,三号线北延段的始发井与车站分开建设,全线深基坑数量多达24个,最深基坑为3标同和站—永泰站区间(一)竖井,深度达39m。24个基坑所处的地质条件和周边地理环境各不相同,但从总体施工情况来看,全线明挖基坑的位移变形控制、周边建(构)筑物基础及地基沉降与开裂控制均在安全可控范围内,整个建设期未发生基坑坍塌等严重的安全和质量事故。主要的经验有:

(1)花岗岩地区的明挖基坑包括燕塘站、梅花园站、京溪南方医院站、同和站、3标同和站—永泰站区间(一)盾构始发井和吊出井,虽然设计上已采取了很保守的措施,但对花岗岩残积土层特性的认识仍有不足,在京溪南方医院站开挖过程中出现过局部基底隆起的险情,为了避免梅花园站、同和站发生类似险情,后来均采取了基底预加固处理措施;燕塘站由于三号线方向开挖深达32m,常规的地面加固手段达不到预期效果,经广州地铁地质灾害防治小组多次论证,为了防止基岩破碎带中的承压水造成基底突水,在燕塘站基坑周边以4m孔距布置两排岩层注浆孔,最深达75m,以尽可能截断基坑与断裂破碎带的水力联系。通过以上措施,最终在该类地层的基坑均安全开挖到底。

(2)岩溶地区的明挖基坑主要有白云大道北站、嘉禾望岗站—龙归站区间中风井、高增站—机场南站区间始发井,通过预先进行溶洞处理,均顺利开挖到底,未发生险情。

(3)富水砂层地区的明挖基坑主要有龙归站、人和站、人和站—高增站区间盾构始发井及中风井、高增站、高增站—机场南站区间盾构吊出井,其中人和站、高增站—机场南站区间盾构吊出井采用了地下连续墙支护,开挖过程顺利;而龙归站、人和站—高增站区间盾构始发井、高增站由于基坑开挖深度不大,设计采用钻孔灌注桩支护加桩间旋喷桩止水方案;龙归站、高增站在开挖过程中出现了局部涌水、涌砂现象,通过抢险堵漏后得到处理;人和站—高增站区间盾构始发井则先施工周边连续止水帷幕,后开挖到底,后施工的人和站—高增站区间中风井原设计为钻孔灌注桩支护,吸取始发井的教训后变更为地下连续墙支护。

(二)矿山法施工效果评价

三号线北延段有广州东站—燕塘站区间、燕塘站的站台层局部、京溪南方医院站北风亭及风道、永泰站过同泰路的通道、白云大道北站过广从路的通道采用了矿山法施工,以及燕塘站—梅花园站、梅花园站—京溪南方医院站、同和站—永泰站区间(一)硬岩段采用全断面花岗岩硬岩的矿山法施工。从总体施工情况看,全部矿山法施工安全均得到了保证,没有发生隧道冒顶、责任伤亡、道路塌方及交通中断等事件,最终均取得了预期效果。

广州东站—燕塘站区间,矿山法竖井开挖阶段即发现地下水量大,进洞后开挖困难,先后停工数月研究处理方案,最后采用了全断面水平深孔注浆加固、隧道径向注浆止水、地面袖阀管注浆加固相结合的处理方案;另外,在燕塘站—梅花园站盾构区间硬岩段矿山法施工过程中,由于临近瘦狗岭断裂范围,微风化花岗岩裂隙发育、地下水较大,导致地面上临近隧道的新燕花园D栋发生下沉开裂,采取了钢管桩、注浆等加固措施处理。

(三)盾构隧道施工效果评价

从三号线北延段11个盾构标共24台盾构机的总体施工情况来看,绝大部分盾构施工安全、隧道结构与防水质量均得到有效保证,施工过程中没有发生大的安全和质量责任事故及周边建(构)筑物损毁安全事故,并且成功下穿了广州大道、广从路、北二环高速、流溪河、机场高速公路等道路、河流和桥梁。

主要的经验教训有:

(1)永泰站以南的盾构区间,成功克服了花岗岩球状风化体这一难题,其中区间2标梅花园站—同和站盾构区间位于京溪南方医院住院部、手术室附近的孤石群,由于不能有大的震动和噪声,采用了3排21根人工挖孔桩,精确地开挖至孤石处,将影响盾构掘进的孤石用静力破碎机全部破除清出,保证了盾构顺利通过。但对花岗岩上软下硬地段的掘进困难仍然估计不足,其中区间1标燕塘站—梅花园站区间的地质情况最为恶劣,硬度极高的微风化岩石和软弱的残积土犬牙交错,并且沿线通过数十栋老旧建筑物,虽然设计在线路调线避免上软下硬等方面采取了相应措施,但该段在实施过程中仍不顺利,房屋失水沉降、盾构掘进困难的情况较为严重,多次发生地面房屋沉降、开裂的险情,施工中采取了土压平衡盾构做泥膜、土压平衡盾构机内注入膨润土泥浆掘进、洞内更换刀座、分段排气回填等新工艺、新措施来克服这些重重困难,在南华工商学院地段5个月时间内只完成50环掘进;另外,区间3标同和站—永泰站区间在通过上软下硬地段时,也是历经数十次开仓换刀,3个月时间内仅完成不到100环的掘进。

(2)岩溶发育区的盾构区间包括永泰站—龙归站、人和站—高增站及高增站—机场南站区间。对区间详勘、补勘发现的溶、土洞均通过事先处理,施工过程中基本顺利,其中人和站—高增站区间克服了人和科技城岩溶群高风险地带,但在区间4标永泰站—白云大道北站的掘进过程中,多次遇到岩溶突起,掘进受阻,需从地面处理。

(3)富水砂层发育区的盾构区间包括龙归站—人和站区间、人和站—高增站及高增站—机场南站区间的大部分地段,施工过程基本顺利,未发生大的险情。但在龙归站—人和站区间左线约200环,管片拼装完成后发现有不同程度的上浮,需要采取调线调坡措施,采用短轨枕、接触网、特殊的支座及绝缘设计,区间给排水采用横向重力排水设计等方法解决。

(4)全线采用24台盾构机,共计66次盾构始发、过站及到达,大部分位于不良地层,由于采用了针对性强的加固方案,没有发生重大险情,仅有少数几次出现涌水涌砂,经处理后受控。

三号线北延段建设的成功得益于科学技术的成功应用和精细化的土建管理水平。面对纷繁复杂的地质条件和极大的建筑保护风险,广州市轨道交通三号线北延段的全体建设者迎难而上，秉承科学组织、严格管理和精力施工的理念，在技术创新和严格管理中化解施工风险，在艰难的施工环境中打造出了一支善打硬仗的轨道交通建设队伍，从而为广州市城市交通基础设施的跨越式发展奉献了一项优质的现代城市轨道交通精品工程。

第三节　技　术　创　新

广州市轨道交通三号线北延段土建工程建设，开创了国内轨道交通建设的诸多先河，其建设过程中综合应用了明挖法、盾构法、矿山法等多种工法以及针对花岗岩球状风化体、岩溶、砂层发育地层的加固和预处理技术，其工程规模和车站基坑深度等技术指标均位居广州市轨道交通建设项目的前列，相关先进工法的大规模综合成功应用，其技术难度之大和涵盖范围之广，都使得本工程具有鲜明的技术特色和创新之处。

现将三号线北延段土建工程建设取得的创新应用研究成果综述如下：

（1）花岗岩地层球状风化体处理和盾构土建技术

分别以同和站—永泰让区间全断面花岗岩硬岩盾构施工、三个区间隧道（燕塘站—梅花园站区间、梅花园站—京溪南方医院站区间和同和站—永泰站区间）盾构穿越矿山法圆形隧道施工为工程背景，针对三号线北延段花岗岩地层盾构施工风险、花岗岩球状风化体综合处理、花岗岩全断面硬岩段施工进行了分析和研究，结合相关工程实践对三号线北延段花岗岩地层盾构施工进行了工程效果评价和技术分析总结。

（2）岩溶发育地区盾构土建技术和周边建（构）筑物保护

以土建10标高增站—人和站区间溶、土洞及软弱土层地基处理、永泰站—白云大道北站—嘉禾始发井区间岩溶发育地区盾构土建工法以及周边建（构）筑保护为研究对象，针对三号线北延段岩溶地区盾构土建技术进行了研究，其主要研究内容有：通过采用岩土工程有限元数值模拟方法探讨了溶洞对区间盾构结构受力性能的影响，相应的分析结果为岩溶地区盾构施工风险管控技术指标和措施提供了理论基础；针对岩溶地区盾构掘进地面房屋保护及变形控制技术进行了研究，通过上述工程实践验证了岩溶地区盾构土建技术的合理性和有效性。

（3）砂层发育地区盾构区间、基坑土建技术及辅助工法

通过数值模拟，对砂层发育地区盾构施工、盾构机选型、施工风险管控技术进行了分析，以相关研究成果为指导，与7个砂层发育地区土建施工标段的工程实践进行验证，分别进行了泥水平衡盾构和土压平衡盾构掘进的工效研究和技术评价，取得了砂层发育地层盾构土建技术的应用技术研究成果；利用相同的研究方法针对砂层发育地区车站基坑土建技术进行了研究，并以人和站基坑土建实践验证了相关研究成果的合理性和有效性。

（4）花岗岩地区深基坑土建技术及风险管控

以燕塘站、京溪南方医院站及同和站地下连续墙为研究对象，针对花岗岩残积土层基坑施工工艺、风险分析及技术措施进行了研究，相关工程实践验证了岩溶地区盾构土建技术的合理性和有效性，取得的可贵经验可为类似工程提供参考和借鉴。

（5）岩溶发育地区深基坑土建技术及风险管控

采用岩土工程有限元方法，针对溶、土洞发育地层对地铁车站围护结构的影响程度和范

围进行了计算机模拟分析,在此基础上进行了岩溶发育地区基坑施工风险分析和技术管控措施研究,完成了以白云大道北站基坑土建技术工程实践为对象的相关技术的合理性和有效性研究。

综上所述,通过采取理论联系实际和现代科学研究手段,借助全体参建者的不懈努力和辛勤工作,不但达成了既定的工程建设目标,打造出了一项优质工程,而且也取得了多种先进工法的综合应用研究成果,从而取得了良好的经济和社会效益。